U0570420

小学 道德与法治
课程内涵与教学法

XIAOXUE DAODE YU FAZHI

KECHENG NEIHAN YU JIAOXUEFA

王华斌 ◎ 著

哈尔滨出版社

H.P.H

HARBIN PUBLISHING HOUSE

图书在版编目（CIP）数据

小学道德与法治课程内涵与教学法 / 王华斌著 .
— 哈尔滨：哈尔滨出版社，2021.5
ISBN 978-7-5484-6075-6

Ⅰ . ①小… Ⅱ . ①王… Ⅲ . ①政治课—教学研究—小学 Ⅳ . ① G623.102

中国版本图书馆 CIP 数据核字（2021）第 090803 号

书　　名：小学道德与法治课程内涵与教学法
XIAOXUE DAODE YU FAZHI KECHENG NEIHAN YU JIAOXUEFA
- -
作　　者：王华斌　著
责任编辑：曹雪娇
封面设计：智诚源创
- -
出版发行：哈尔滨出版社（Harbin Publishing House）
社　　址：哈尔滨市香坊区泰山路82-9号　　邮编：150090
经　　销：全国新华书店
印　　刷：武汉颜沫印刷有限公司
网　　址：www.hrbcbs.com　　www.mifengniao.com
E-mail：hrbcbs@yeah.net
编辑版权热线：（0451）87900271　87900272
- -
开　　本：710mm×1000mm　1/16　印张：13.75　字数：220千字
版　　次：2021年5月第1版
印　　次：2022年8月第2次印刷
书　　号：ISBN 978-7-5484-6075-6
定　　价：46.00元
- -
凡购本社图书发现印装错误，请与本社印制部联系调换。
服务热线：（0451）87900279

前　言

《道德与法治》作为义务教育国家统编教材之一，承担着维护国家意识形态安全、贯彻党的教育方针、培养社会主义建设者和接班人的重要任务，让社会主义核心价值观的种子在儿童心中生根发芽，形成道德自觉和文化认同是本书的出发点。

教育的目的是涵养人性，改善心智，提升素养，修炼精神。儿童是祖国的未来和希望，正值人生关键转变期的儿童，其价值观受到各种因素的影响。中国文化的根本精神是人的自我约束、自我管理、自我提升、自我觉悟。要培养儿童立德成人、立志成才，必须提高其综合素养，引导儿童做一个心灵纯洁、人格健全、品德高尚的人；做一个有文化修养、有人文关怀、有责任担当的人。

德育教育的基本目标是知—情—行—思。小学阶段主要是"知"的阶段，应注重德育活动的趣味性，以培养兴趣和基本认知为主，注重对德育内容的"了解"和"体验"。初中阶段主要是"情"和"行"的阶段。而高中阶段主要是"行"和"思"的阶段。德育的入口之处是规范，实施之处是细节，评估生成之处则是养成自觉。苏霍姆林斯基认为，生活的意义就在于生活本身，在它准确的理解和正确的组织之中，在社会与个人目的的相吻合之中，也就是在为祖国、学校、亲人、父母履行义务，在做好事、取得个人幸福、生活的欢乐之中。所以开展学校道德与法治教育有深远的意义。

让教师和儿童在校园生活场域中相遇而长，成为校园场域中彼此生活的参与者、相关者。相对于儿童，成人靠什么来担当教育者的角色？有一个可能的答案是，成人是经历过成长的人，因此他可以帮助正在成长的人，可以运用成长经验帮助儿童的成长。所以只有在生活场域中，引导学生认识个体与个体、群体与群体之间的平等关系，人和人之间的道德关系才得以建立，这也是生活德育对道德的重要理解。

知识的道德意义要通过体验与生活世界发生联系，才能够体悟和获得。在课堂教学中，教师应该重视各种场境体验的方法。德育本身必须是道德的，才可能培养出有德性的学生。《论语》有云："志于道，据于德，依于仁，游于艺。"好的道德课堂本身必须表现出卓越的教育伦理品质。道德课堂是引导儿童去探寻生活意义的课堂，是充满尊重的课堂；同时帮助儿童生成和经历有意义的生活，去形成内在于人的、有道德意义的世界。真实的课堂，教师与学生能得到共同成长，是形成成长共同体的良好生态课堂。

道德是有层次的，助人为乐是道德的最高境界，不妨碍别人、乐于助人、尊重别人是最基本的道德准则。"先天下之忧而忧，后天下之乐而乐"，这是一种高尚的道德境界，而"己所不欲，勿施于人"就是最基本的道德了。道德教育应该从基础的道德生活常识抓起，要保证道德教育是学生可以亲近的，真实、真诚、实在的，这是当下小学道德教育的要求，不能仅满足于表面化的"热闹"和"完美"，要引导和鼓励学生做真人。

《道德与法治》教材是基于儿童生活经验来编写的，内容反映儿童成长过程中可能遇到的问题。德育归根结底是为了学德，德育具有约束和激励两大功能。道德学习是生活道德建构的基石，生活道德不是教育之外的活动，而是本真教育的坚守。本真教育是一种既教人怎样生存，又引导人为何而生存的教育。这两方面教育的统一是由人的生存本性所决定的。因此，教师要深入理解教材，结合区情、校情对教材进行灵活处理，以"成长叙事"来建构品格，让教学内容与活动设计有机结合。教材是儿童成长的同路人，以儿童生活为线索，以生活世界作为原材料来组织结构，循情据理又有实践品性，以追求文明素养达致整体提升。教材所选用的故事有趣而精准，目的是唤醒儿童回到生活情景中，以焕发儿童追寻更加美好的生活。李嘉诚说："鸡蛋从外打破是食物，从内打破是生命。"人生也是如此，从外打破是压力，从内打破是成长，这就是道德与法治课程的初衷，以儿童为本，理解儿童，发展儿童。

当然，是课程就会存在缺陷，需要教师正视，在促进学生道德成长的同时，教师也获得了成长，达到教学相长的效果。教学有法，教无定法。小学道德与法治课程旨在引导学生在实际生活中养成良好的生活习惯，培养正确的道德观念，构建良好的道德认知，树立规则意识、行为准则、判断意识等，促进学生道德成长，以形成情感认同、价值观认同、文化认同以及民族认同。

由于家庭教育功能的减弱，学校便成为提供学生适当教育与帮助的重要场域。学校是营造良好道德文化的理想基地。如何更好地建境为人，适境而生，让学生通过学校教育的引导，发展成为具备处理各种问题能力的人，这是当今教育需要解决的重要课题。寻找就寻见，在如今时代，小学生在成长的过程中，需要"格物致知，诚意正心"的修身道路。成长是最庄严的典礼，典礼不是走一个程序，而是营造精神发育和人格完善的庄严，促进生命成长获得质的飞跃。真正让学校走进学生的心灵，让学生走进学校的历史，鲜花盛开，蝴蝶自来。

　　本书深入浅出地解读道德与法治这门课程的内涵，通过作者多年从事德育和教学工作的经历提炼出"六种教学法"和"四情境"课堂教学设计，逐一剖析教学法和情境的一致性与独特性问题，为课程的深入实施提供新的研究和实践；同时，通过教学实践，实施"班级授课与全校性德育大课堂同频推进"的创新做法，通过精心引导和精细栽培，在循序渐进中引导学生自尊、自信、自立、自强，做到厚植家国情怀，身怀民族大义，立定高远志向，自觉报效社会，以正确的"三观"打开笃学尚行、止于至善的人生大门；通过完善校本课程体系，引发学校课程体系的深度改革，效果显著；将道德与法治课程所涉猎的个人、家庭、学校、社会、国家、世界六大领域整体都纳入课程体系，全面反映了本课程建构的思想和逻辑，使生活德育得到进一步丰富和发展。

目　录

第一章　寻根问源

在杜威看来，道德的涵义是宽泛的。道德普遍地存在于人的一切行为中，不能将其限定于某个专属领域。道德是在实现自身利益前提下的利他化，是一种朴素的道德，是一种日常生活中的道德。如何正确理解道德教育的出发点，以及如何恰当地开展道德教育，杜威理论给予了重要的启示。因此要深刻领会学校、生活、教材教法的"三位一体"及"做中学"等观点的重要意义。

第一节　探寻：道德与法治课程的时代意义

道德与法治是义务教育阶段的一门国家课程，承接品德与生活、品德与社会、思想品德课程改革成果，融入了《青少年法治教育大纲》的内容，聚焦道德与法治两个社会行为的基本规范，强化教育发展的国家意志，突出社会主义法治教育。这正是落实立德树人根本任务、培育社会主义核心价值观、加强核心素养教育的重要举措。道德教育是时代精神建构所需的基石，通过对时代特征的考证，厘清时代精神，分析积极和消极因素，找出时代最缺乏、最迫切需要的精神内核；通过道德教育来巩固、强化有益于时代、有益于未来的价值；同时，通过道德教育对我们这个时代缺乏的价值进行弥补，进行时代价值的重植与创新，为未来发展奠定精神价值基础。

一、缘起：道德与法治课程的实施背景

道德与法治课程是一门思想引领、政治启蒙的课程，课程教材是作为国家意志载体在教育领域的具体反映。坚持德育为先，育德塑魂，引导学生深入了解中国共产党史、中国革命史、改革开放史和社会主义发展史，继承革命传统，传承红色基因，深刻领悟实现中华民族伟大复兴是中华民族近代以来最伟大的

梦想，培养学生对我们党的政治认同、情感认同、价值观认同，不断树立为共产主义远大理想和中国特色社会主义理想而奋斗的信念和信心，培育具有民族精神、家国情怀的一代新人。加强学生爱党、爱国和爱人民的教育，引导他们了解家乡发展变化和中华优秀传统文化，了解国家发展历史和党的光荣传统，理解日常生活的道德规范和文明礼貌，初步形成规则意识和民主法治观念，养成良好的生活、行为习惯，培育有中国特色社会主义道路自信、理论自信、制度自信、文化自信的一代新人。全面加强社会主义核心价值观教育，引导学生牢牢把握国家层面富强、民主、文明、和谐的价值目标，深刻理解社会层面自由、平等、公正、法治的价值取向，自觉遵守公民层面爱国、敬业、诚信、友善的价值准则，将社会主义核心价值观贯穿始终。引导学生过有理想追求、有思想境界、有良好道德、有法治素养的生活；引导学生明确学习的总体目标，确立正确的学习观和发展观；引导学生学会生活、学会交往、参与社会，培养其良好的人际交往能力、社会责任感和社会参与意识；引导学生树立正确的历史观、民族观、国家观和文化观。

教育需要回归生活，就是要回归到人性需要上来——"利己则生，利他则久"，回归儿童的天性。道德教育回归生活或生活德育论，是教育回归生活的一个构成部分。"灌输论"的道德教育将道德理解为知识的输出与接收，理解为反射性的、程序化的行为规范训练。结果作为人性需要和生活之道的道德，变成儿童天性与生活需要相关联的知识体系和"操作系统"，儿童难以学会去创造美好生活，道德教育回归生活或者生活德育论的提出，就是对道德教育的知识灌输和行为管束的纠正。

生活德育论作为一种理论主张，有自己的主题。第一个关键词是"生活"。首先人与生活是一体的，人就是其生活状态下的人，不存在生活之外的抽象的人。生活就是人的生命活动展开的过程，人只有通过自己的生活，才能实现自身的生命意义，丰富、建构自己的人性，才能真正成为人。生活是人的存在方式，人就处于生活之中，现实的人，生成于现实生活，生活过程所造就的就是人的本身。生活是一个动态且连续发展变化的过程，生活就是"生活着"。生活的过去形态，是人可以返观的对象。人总是不满足于现状的生活，而是以此为基础，去建构新的生活。生活作为一种真实存在，是由人的意志和行动所创造的，具有建构性。可见，道德教育回归生活，是引导成长中的儿童发现现实生活的问题，并帮助他们解决问题以建构美好的生活。

第二个关键词是"道德"。对于道德有三种理解：一是认识论的，二是价值论的，三是存在论的。从认识论的角度看，对人来说，道德主要不是知识，而是一种价值。因此，对道德的理解不能失去价值论的维度。道德存在着生活的意义，否则道德就会变成与人及生活无关的抽象物。从价值论的角度看，道德是一种目的性的价值，对人及其生活来说，道德是"善的""好的"，是值得追求的。作为价值的道德和作为知识的道德存在不同，一方面在于道德价值关涉人的需要、情感与态度、评价与判断；另一方面则在于道德价值直接与人及其生活融为一体，是生活的内在构成。从存在论的角度看，人不是抽象的存在，而是动态的生活者。从动态的维度看，人的存在就是生活，人即生活，这就存在一个如何生活的问题。道德作为存在目的与方式，或者作为生活所实现的品质，是与存在和生活一体的，不存在分离的问题。

第三个关键词是"道德教育"。生活德育论或道德教育回归生活是具有方法论意义的，其主张是从儿童的生活出发，在儿童的生活中学习道德。这是与道德知识传授完全不同的一种教育方式，其核心不在于道德知识体系，而在于儿童的生活实际及其成长的精神需要。从这个角度看，生活德育论是一种"德育范式"，有一套德育理念及在该理念支撑下的实施策略，具有方法论的性质。

生活德育论作为一种德育理论，能够直接指向德育实践，目的是引导儿童去建构有道德的生活。道德教育的目的在于积极引导儿童进行生活的建构，引导儿童去建构他们自己的真善美生活。一句话，道德教育不存在迁就现实生活的问题，而是从不完善、有缺陷甚至有道德危机的现实生活开始去建构，尽可能完善美好生活，并经由这种美好生活而成为"好人"。

目前，学校德育存在的现实问题是往往将道德教育的知识空洞化、形式化进行灌输，组织各种形式主义的德育活动，不但忽略了儿童道德成长和幸福生活的正常需要，往往还使其成为满足正常需要的障碍，儿童得不到应有的尊重。所以，需要让德育回归本意。

二、更迭：德育教材的历史沿革

（一）国家政策层面

习近平总书记在中共中央政治局第三十七次集体学习时指出："要强化道德对法治的支撑作用。坚持依法治国和以德治国相结合，就要重视发挥道德的教化作用……要在道德教育中突出法治内涵。"这段话包含两层意思:一是突出法治内涵的道德教育是德法兼治的应有之义;二是突出法治内涵的道德教育为新时代道德教育的正名和革新提供思路和启发。2014 年,党的十八届四中全会通过的《中共中央关于全面推进依法治国若干重大问题的决定》指出:"把依法治国纳入国民教育体系,这要从青少年抓起,在中小学设立法治知识课程。"教育部办公厅于 2016 年 4 月 28 日发布的《关于 2016 年中小学教学用书有关事项的通知》(以下简称《通知》)明确指出:"为贯彻落实党的十八届四中全会关于在中小学设立法治知识课程的要求,从 2016 年起,将义务教育小学和初中起始年级《品德与生活》《思想品德》教材名称统一更改为《道德与法治》,"这给中小学法治教育带来了新的发展方向,将此整合成为一个系统性、长期性的课程,在中小学课堂教学中实施。中小学生的法治素养成为义务教育阶段中学生核心素养的一个重要组成部分。课程的每一次更名,都反映了经济社会的发展变化和对学生道德品质、政治思想、价值观念等的新要求。这是一门什么样的课程?教育教学的目标有哪些变化?怎样教、怎么学、如何评价?课程的目标是否能达成?思考和回答这些问题,需要站在时代发展的立场,立足思政课程教与学的实践,遵循教育教学规律和学生成长规律,准确定位这门课程的性质,充分分析和挖掘其德育价值和发展路径。

先来弄清楚课程中为何用"法治"而不用"法制"?"法制"是法律制度的简称,属于制度的范畴,是"制度"的"制",集中治理,对违规者依法处罚,表现为一个国家从立法、执法、司法、守法到法律监督等方面,都有比较完备的法律和制度。"法治"是法律统治的简称,"法治"的"治",是培养成遵纪守法习惯,让"法育"成为教育教学重要维度,是一种治国原则和方法。实行"法治"的主要标志,是一个国家的任何机关、团体和个人,都严格遵守法律和依法办事。"法制"是"法治"的基础和前提条件,"法治"是"法制"的立足点和归宿,"法制"的发展是最终实现"法治"。从培养学生的法治意识和法治信仰的角度来看,用"法治"更为合适。

德育活动是多种多样的,依内容分有:道德教育、爱国主义教育、集体主义教育、理想教育、劳动教育、科学教育、世界观教育、人生观教育、个性心理素质教育等。每项教育含有"法治"内容,这是否和传统以"礼"和"德"治理天下不相匹配?首先,道德与法治课程的名称符合唯物辩证法。对国家和社会的治理来说,法律和道德相辅相成,法治和德治相得益彰,道德解决不了的问题，需要法律来规范；法律管不到的地方，需要道德去弥补。如果说道德提倡的是比较高尚的境界，那么法律则规定了人们的行为底线。对学生道德的培养，重在良好道德修养和行为习惯的养成。当教育形成"以德育人"的良好传统时，每个公民都能明确自身权利和国家权力的关系。

基本的法治意识和社会道德是合格公民应具备的基本素养。就未来社会和国家对公民的基本要求而言，法治素养会成为公民的基本素养；具有基本的法治观念和法治知识，将成为公民在社会共同体中生存的必备条件。从法治教育的实施角度来看，法治教育可以从法治知识的传授、技能的训练和理念、信仰等价值观的培养三方面进行。对中小学生这一特殊的教育对象，法治教育有特殊的教育目标、教育内容和教育方法。中小学的法治教育，是有目的、有计划、有组织地对中小学生实施法治知识及法治理念的启蒙教育，使学生在法治教育的过程中形成对法律、人权、民主的概念，培养学生解决问题能力、抽象思维能力，使学生成为懂法、信法、守法、用法的合格公民。而公民教育是为现代以及未来社会培养合格公民的教育，是使公民获得参与社会、生存与发展基本素养的教育。公民教育体系的核心是法治教育、道德教育和政治教育。

"思想品德"更换成"道德与法治"，不仅仅只是名称的改变，而是理论方面的新突破。一句话，就是针对中小学学生进行"依法治国"的宣传与教育，使其从小树立法治观念和守法意识。

当前，我国改革发展进入关键阶段，推进国家治理体系和治理能力现代化，要求坚持法治和德治相结合。十八大以来，我国改革开放和社会主义现代化建设全面开创新局面，特别是"五位一体"总体布局和"四个全面"战略布局的推进，对教育工作特别是学校德育工作提出了新要求。为了将党和国家的重大战略部署贯彻到学校教育工作中去，2014年3月，教育部印发《完善中华优秀传统文化教育指导纲要》和《关于全面深化课程改革落实立德树人根本任务的意见》。2016年6月，教育部、司法部、全国普法办印发《青少年法治教育大纲》（以下简称《大纲》），从指导思想、总体目标、分阶段内容、实施途径等多方面做出规定，宗旨是提高国民教育体系中法治教育的系统化和科学化水平。《大纲》除了倡导"多学科协同""要在各学科课程中挖掘法治教育因素"，并"充分利用主题教育、校园文化、党团队活动、学生社团活动、社会实践活动等多种载体全过程、全要素开展法治教育"以外，更重要的是规定了"法治教育要与德育课程紧密结合"，要在德育课程中完成《大纲》要求分学段的教学内容，宗旨是实现道德与法治教育的有效融合。可见，此次教科书修订在《义务教育品德与生活课程标准（2011 版）》和《义务教育品德与社会课程标准》的基础上，强调了社会主义核心价值观的引领，强化了中华优秀传统文化和法治教育的内容，进一步明确了德育课程在全面深化课程改革、落实立德树人根本任务中的作用。

《国家中长期教育改革和发展规划纲要（2010—2020 年）》指出："坚持德育为先，立德树人，把社会主义核心价值体系融入国民教育全过程。"以德育课程为主阵地，系统部署加强青少年法治教育工作，是立德树人育人目标的内在规定，以及培养合格公民的现实需求。德育和法治教育都是实现立德树人教育任务的重要方式，在深层理念上两者相互融合统一。同时，德育课程从学生的认知水平和生活实际出发，围绕学生不同阶段的成长发展实际，注重培养学生的道德素养、公民意识、社会责任感和实践能力，目标是培养社会主义合格公民。法治教育自然就是"题中之义"。道德与法治课程的开设，标志着义务教育阶段德育课程将加强社会主义核心价值观教育和法治教育，实现德育课程的迭代升级。

一段时间以来，道德教育被淡化、异化和空心化，在许多地方、许多时候变成简单枯燥的纸上谈兵。学生在这门课程上没有得到应有的情感体验和生活实践，导致所学知识与行为脱节。同时，道德教育还存在着研究法治时不深入去研究课程，而研究课程时又不深入研究法治，需要克服法律内容存在碎片化、表层化、不够系统等问题，因此，需要建立道德与法治教育相互渗透、相互融合、相互启发的立体化课程体系。

"道"是指事物发展的普遍规律，是万物的本体；而"德"是指具体事物的特殊规律。道德教育必须进行世界观、人生观以及价值观"三观"的教育。而道德与法治在本质上是一致的。道德是内德，是存在于自己内心的法律。法律则是外德，是外在的强制性道德。将道德与法律紧密结合起来，可以让学生更清晰地知道什么该做，什么不该做，什么是应当追求的，什么是做人做事的底线。这才是将小学的品德与生活、初中的思想品德改为道德与法治的价值所在。所以，从思想政治课，到品德与生活课、思想品德课，再到道德与法治课，不仅是名称的改变，更是教育思想的进步、教育理念的更新、法治教育体系的突破和完善。

（二）学生发展需求层面

习近平总书记曾说："国无德不兴，人无德不立。"中小学阶段，青少年正处于人生观、价值观、世界观逐渐形成的关键时期，需要养成良好的行为习惯，加强道德修养，掌握基础的法律知识，才能具备明辨是非的能力。因此，在这一阶段，加强和改进中小学道德与法治教育工作，帮助学生形成积极健康的心理，每个教育工作者都责无旁贷。在日常的道德与法治教学过程中，教育工作者需要将心理道德建设和法律常识普及落实到位，从而帮助学生形成正确的人生观、价值观、世界观。

从现实的要求来看，良好的道德素养和法律素养是公民素养的核心。随着社会的进步和发展，与之相匹配的公民素养要求也尤显重要。当前我国公民的道德素养和法律素养并不高，亟需加强公民的道德教育与法律教育。中小学阶段是青少年的道德素养和法律素养整体提升的关键时期。因此，在中小学阶段开设道德与法治课程，并将道德教育与法律教育进行融合是符合时代要求的。

三、追问：道德与法治教育教学的意义

道德与法治课程的宗旨是引导学生在实际生活中养成良好的生活习惯，培养正确的道德观念，构建良好的道德认知，逐步树立自我的规则意识、行为准则和判断意识等，促进学生道德成长。德国哲学家康德曾说："这个世界唯有两样东西能让我们的心灵感到深深的震撼，一是我们头顶上的灿烂星空，一是我们内心崇高的道德法则。"道德约束心灵，法则规范行为，两者结合构成了约束人类的规矩。思无涯，行有矩，天行有常，人行有序。对人讲人性懂得感激，对事讲规矩能负责；对物能爱惜，对己能严格。只有这样，万事万物才能正常运行，社会才能进步。

（一）把握战略意义

青少年阶段是人生的"拔节孕穗期"。这一时期青少年心智逐渐健全，思维进入最活跃状态，最需要精心引导和栽培。"蒙以养正，圣功也。"青少年教育最重要的是教给他们正确的思想，从"起跑线"上讲明规则，摆正方向，引导他们向阳而生。

1. 从党和国家发展大局来把握

道德与法治课程聚焦政治启蒙和价值观塑造，以维护国家意识形态安全，

从培养社会主义建设者和接班人的高度来抓，在培养和践行社会主义核心价值观上落细、落小、落实。做到每堂课不仅传播知识，而且传授美德，让社会主义核心价值观的种子在学生心中生根发芽，形成道德自觉和文化认同。

2. 从党和国家工作大局来把握

（1）办好道德与法治课，最根本的是要全面贯彻党的教育方针，解决好"培养什么人、怎样培养人、为谁培养人"这个根本问题。坚持社会主义办学方向，落实立德树人的根本任务。坚持教育为人民服务，为中国共产党治国理政服务，为巩固和发展中国特色社会主义制度服务，为改革开放和社会主义现代化建设服务，扎根中国大地办教育。

（2）办好道德与法治课，最重要的是解决好信心问题，"欲人勿疑，必先自信"。我们应该有信心办好道德与法治课；发挥好教师的积极性、主动性和创造性；守正创新，不能偏离马克思主义、社会主义理论，更不能刻舟求剑，要与时俱进。

（3）办好道德与法治课，就是要开展马克思主义理论教育，用新时代中国特色社会主义思想铸魂育人。引导学生增强中国特色社会主义道路自信、理论自信、制度自信、文化自信，厚植爱国主义情怀，把爱国情、强国志、报国行自觉融入坚持和发展中国特色社会主义事业、建设社会主义强国、实现中华民族伟大复兴的奋斗之中。

3. 从百年未有之大变局来把握

未来30年，我们培养的人要能够完成"两个一百年"的伟业，这是教育的历史责任。我们党立志于中华民族千秋伟业，必须培养拥护党的领导和社会主义制度，立志为中国特色社会主义事业奋斗终身的有用人才。培养的学生"三观"要正，形成生命中的精神内核，守正创新，用新时代中国特色社会主义思想铸魂育人，增强道路自信、理论自信、制度自信、文化自信。

（二）建构生活意义

新课程改革之后，中小学德育课程确定了"品德培养回归儿童生活"的基本理念，明确提出要解决传统德育课程过于知识化取向的问题，实现道德教育的有效性。统编版《道德与法治》教材的宗旨是引导教师和学生在"以人为本"的基础上来理解道德，并将道德与生活之间的内在联系，通过各种学习活动阐述清楚。毫无疑问的是，这种内在联系不仅对于改进道德教育，对于提升少年儿童的生活质量，以及他们未来一生的生活质量，都有着至关重要的作用和意义。儿童的幸福生活是道德与法治课程的核心意义所在。

马克思主义伦理学认为，幸福不在遥远的天国，也不在人的任意想象中，幸福就在人们的现实生活中，就在人们的道德实践里。亚里士多德认为：幸福不是来自神，而是通过德性或某种学习或训练而获得的。也就是说，我们只有在以"生活"为中心的实践中，才能真正地教会学生和引导学生获得幸福生活的能力。

1. 道德与法治课程引导学生建构有尊严的生活

尊严是人格的体现，是人之为人最起码的要求，它不仅体现着对人的尊重，更体现着康德所说的"人是目的而不是工具"。尊严也是一个政治概念，具体体现在政治生活中的独立、自由、民主和平等，其根本标志是公民是否具有独立的人格、公民权是否得到落实、公民的自由是否得到了保障。道德与法治教育在培养公民独立人格、启蒙公民意识、捍卫公民权利、履行公民义务等方面具有重要的作用。公民的尊严需要自由、民主、法制社会的建设来保证，公民教育作为道德与法治教育的重要内容，就是要通过一系列学习活动，使人成为有独立人格、有尊严、有自尊、有权利、有义务、有自由和平等地位的现代公民。人格独立主要表现为独立思考、独立做事、能够完成自我控制，也就是一个人的独立性、自主性和创造性。同时，人格独立还表现为有宽广的胸怀，不会为自己的利益去驾驭和束缚别人，能够尊重他人的行为和思想。所以少年儿童从小就应该去体会：人只有过一种有尊严的生活，才是幸福生活的基础。

2. 道德与法治课程引导学生建构一种有意义的生活

人只有通过学习才能真正建构起意义世界，意义世界所表征的并非是人的"是其所是"，而是"应其所是"。为此，它不可能像其他生物那样，生来就是如此，就是"是其所是"，而不需学习。应该怎样才算是人，人之为人的根本；人为什么而生存，生存的意义是什么；人应该怎样生活，生活的理想与价值等等，这类意义世界的问题是要通过学习去把握的，也就是我们通常所说的，要学会做人。所以生活世界既是事实世界又是意义世界，是两者相互联结的世界。回归儿童的生活世界不仅要关注儿童的生活世界，更要关注生活世界的意义性。正是在这个意义上，鲁洁教授提出，小学德育课堂是"行走在意义世界中"的实践。道德与法治课程要"引导儿童去理解、体验自己生活中有意义、有价值的内容，感受生活美好的方面，热爱自己的生活，逐步形成'生活对我是有意义的'积极的生活态度"。这意味着在课堂教学中，学生回忆他们的生活经历时，不仅仅要叙述，还要在叙述的过程中感受这些生活所带来的积极体验。比如，让学生回忆他们曾经在大自然中玩耍的经历，不仅仅要让他们叙述玩了什么、怎样玩的，更要让他们回味在大自然中玩耍时的愉悦心情，进而形成对大自然的积极态度，为他们热爱大自然、呵护大自然打下生活的基础。

关注儿童生活世界的意义性，不仅要让他们感受生活是有价值，还要让他们感受到生活中的自己是有价值的。因为"儿童们不仅享有生活的价值，同时也在建构有价值的生活。当他们能为他人、为生活的需要而付出努力时，当他在帮助别人解除痛苦和烦恼时，他也会因体现了自己的价值而备感幸福与快乐、自尊与自信"。这意味着儿童在付出和创造过程中所获得的积极体验，是他们认同生活中的"我"是有价值的关键。小学道德与法治教师要帮助学生不断拓展和丰富其意义世界，使那些原本不具有意义的生活事件，能够进入他们的意义世界之中。比如，刚进入小学的学生尚未意识到遵守规则对于班级共同生活的意义，但是教师通过一个遵守与不遵守规则的对比体验活动，就会让学生意识到遵守规则对于班级共同生活的意义，从而丰富他们的意义世界。

回归生活的道德与法治课堂的根本理念之一，就是"通过生活"学习道德。"通过生活"进行道德学习并非回到儿童现实的社会生活中进行道德学习，而是将道德的学习过程、学习方式、学习手段"生活化"。从新课程理念来讲，德育课堂教学目标就是对儿童生活经验的"持续不断的发展改造和推进"。因此，儿童生活经验不仅仅是一个教学的出彩工具、一个课堂教学的"道具"，它更是课堂教学的目的所在。回归生活的德育课堂，应该全方位地展现学生在合作时的意义感受，而不能只停留在快乐和开心这样的意义上，特别是要引导学生体会到对合作的理解与意义，在课堂教学中点亮儿童生活中已有的"生活经验"，绽放出儿童生活中已有的价值和意义。

人是有意识、理想和追求的，生活为人所独有，生活的特质就在于意义，而意义来自人的不断追求，来自对幸福、对美好生活的期盼。鲁洁教授认为，道德的原则在于指导人创造一种更有意义的生活。这种意义来自追求和理想，来自抱负和志向。所以，道德与法治课程要始终朝着有意义的方向引导人，包括对个人的意义、对社会的意义、对国家的意义和对世界及人类的意义。人的任何行动，都是为了追求一种更有意义的可能性生活，有意义的生活是一种幸福的生活。人生活在现实中，但人不满足于现实，而期盼明天、期盼未来，期盼一种更有意义的可能性生活。一个人追求的意义越远大，志向越远大，境界越高尚，活得越洒脱，就越幸福。道德与法治课程应该立足于现实生活，但不复制现实生活。因为现实生活只能规定人的现在，不可能规定人的未来。道德与法治课程要帮助学生建构生活，而这个建构的过程是引导学生创造生活的过程。

3.道德与法治课程引导学生建构一种有文化的生活

在新的历史条件和时代背景下，加强道德文化建设，是一项复杂而艰巨的社会系统工程。它不仅需要强有力的制度保证，更需要有效和直接的道德素养提升途径——道德教育。这是最为根本的途径，而最新的道德与法治课程又使道德教育的作用更加生活化和有效化。道德教育不仅正面宣传和引导积极高尚的道德价值观，弘扬中华民族优秀的道德文化传统，而且在学习活动当中批判庸俗和低级的道德文化，遏制大众传媒对低俗文化的传播，培养品德底线的羞耻感，使社会形成正确的善恶判断、积极向上的道德风气。道德与法治课程正是通过正确的、向上的文化生活，潜移默化地影响学生的行为方式和发展状态。引导学生过一种有道德的文化生活，这表明人本身就有道德性，同时也引导和发展人的道德性，道德生活是一种自足的幸福生活。

4.道德与法治课程引导学生建构一种有爱心的生活

人的生活与他人的存在息息相关，每一个人都与他人存在着各种联系人在多种联系中的道德性，就直接体现在人的生活幸福指数上。一个有道德的人，为什么是一个幸福的人？这是因为道德不是孤立的，而是在联系中相互拥有和交流的，这也来自合作的需要。人的生活不可避免地需要合作，而这种合作是有道德的合作、有爱心的合作。我们都知道，给予比获取更幸福。一个有道德的人，在分东西时能够想到别人，面对危险时能想到冲在前面，这样的人就会得到人们的尊重、爱戴和拥护，那么给予方就会在情感上产生强烈的幸福感。从这个角度说，助人为乐不是强制别人把助人当作一个乐事去做，而是在帮助他人、温暖他人的过程中，自己也能够享受到快乐和幸福。我们因为能够享受到过程和结果中的幸福，才会乐于去做、去奉献。所以，我们说道德的幸福感和愉悦感是来自合作的，来自合作中的爱。这也是为什么说道德与法治课程实际是在引导学生建构一种有爱心的生活。爱必须走向他人，走向社会，走向人类。爱他人，爱社会，爱人类，收获博爱和大爱，不仅使自己获得真正的幸福，而且能实现幸福最大化。

我们常说"教真育爱",这是教育价值的追求,"爱"的智慧在教育中培养,"真"的能量在教育中释放。所谓"教真",就是要崇尚真理,传承真理,求真知、传真知、学真知、做真人、行真事;就是使受教育者认识真理,追求真理,为真理而奋斗;让受教育者真正有收获,"来时腹中空,去时力无穷"。所谓"育爱",就是要培养受教育者的爱心,不但爱自己,还要爱别人、爱家庭、爱团体、爱民族、爱社会、爱自然,要有博爱之心、大爱之心、自爱之心。道德与法治课程在引导学生去拥抱幸福生活的同时,还引导学生走向合作,学会互爱,强调利他行为的价值意义和参与合作的共赢模式。让儿童创造自己的规则和道德,这才是最大的教育智慧。道德不是专门用来限制人、束缚人的,而是让人体验和享受的。也只有这样,我们才能享受到爱与被爱的幸福。儿童在创造道德的同时,体验道德的快乐,也享受道德的自由。道德教育从儿童出发,从本质上说,就是从儿童创造和体验道德出发。这也是统编《道德与法治》教材中有多样性的激发学生爱心、合作的学习活动的原因。

5.道德与法治课程引导学生建构一种有信念的生活

道德与法治课程的设置始终围绕儿童的现实生活,但也不仅限于现实生活,因为道德教育的根本在于超越现实,是引导人性朝向一种美好。这也是道德教育的永恒追求。道德与法治课程教学帮助学生去建构幸福生活理念,其根本就是引导学生走向和拥抱人性的光辉,建构崇高的道德理想和精神生活,带着朝向美好人性的信念去实践和生活。

亚里士多德一直强调,幸福是一种最高的善,一种完美的善。这意味着幸福的获得需要一种崇高的道德。道德的高度决定着幸福的高度,幸福有自爱的幸福,爱他人的幸福,爱人类的幸福。马克思在谈到职业选择时说道:"如果我们选择了最能为人类福利而劳动的职业,……那时我们感到的将不是一点点自私而可怜的欢乐,我们的幸福将属于千万人。"这就是崇高的道德所带来的人类最大的幸福。

(三)素质教育表达

道德与法治课程聚焦着道德与法治两个社会行为基本规范,紧扣立德树人的根本任务、以德治国与依法治国相结合的治国理政方略,是新时代基础教育课程与教学改革的亮点、难点和重要突破点。其核心内涵是习近平新时代中国特色社会主义思想和中国梦的教育,社会主义核心价值观的教育,民族精神和新时代精神的教育,爱国主义、集体主义、社会主义的教育,总之是如何引导人们树立正确的历史观、民族观、国家观、文化观的教育。其主题包括社会公德、职业道德、家庭美德、个人品德建设及社会主义民主法治教育。从道德与法治课程的转型背景、性质内涵、价值使命来看，道德与法治课程关系着党的教育方针、目的和根本任务的实现，关联着下一代国民整体思想道德素养和全社会文明程度的提升，是实施素质教育的主阵地。

1. 道德与法治课程是实施素质教育的主阵地、主渠道

第一，要砥砺学生的人格素养、思想道德、精神品质、理想信念和文化修养。道德与法治课程从家庭—学校—社区—国家—世界生活场域逐步拓展，选取学习素材，突出德法兼修，强化实践体验，全面系统地落实社会主义核心价值观，是重点强化国家意志教育的主导课程，也是系统培育学生人格、家国情怀、思想道德、精神品质、理想信念的直接载体和平台。第二，要重视和上好道德与法治课，这也是一所学校是否真正实施素质教育的试金石。如果一所学校一门心思围着考试科目转，对非考试科目弃之如敝屣，那么，它实施的就是不折不扣的应试教育。反之，如果能依照国家课程方案开齐课程、开足课时，则是实施素质教育的良好开端；如能重视、强化道德与法治课程的实施，扎实按照"两标一纲"的要求实施本课程，就更能反映学校实施素质教育的坚定立场和鲜明态度。

2. 道德与法治课程能增强学生的社会责任感、法治意识实践创新能力

道德与法治课程既是一门聚焦思想道德教育的主导课程，同时也是一门社会性、实践性、综合性、开放性的活动课程，对促进学生的社会性发展，培育学生的社会责任感、法治意识和实践创新能力有着特殊的价值和作用。道德与法治课程开设的主要依据是"两标一纲"，即《义务教育品德与生活课程标准（2011 年版）》《义务教育品德与社会课程标准（2011 年版）》和《青少年法治教育大纲》。"两标一纲"对学生的社会责任感、法治意识和实践创新能力都有明确的规定和要求。《义务教育品德与生活课程标准（2011 年版）》规定本课程是"以小学低年级儿童的生活为基础，以培养具有良好品德与行为习惯、乐于探究、热爱生活的儿童为目标的活动型综合课程"；《义务教育品德与社会课程标准（2011 年版）》规定本课程"是在小学中高年级开设的一门以学生生活为基础、以学生良好品德为核心、促进学生社会性发展的综合课程"。《青少年法治教育大纲》要求青少年法治教育要"充分发挥学校主导作用，与家庭、社会密切配合，拓宽教育途径，创新教育方法，实现全员、全程、全方位育人"。

所以，本课程的教学实施应不局限于课堂和学校，必须深度融入现实社会生活，通过开放的、实践的、活动的方式组织教学。这就使得思想道德教育与个性发展、社会教育、实践教育存在着紧密的联系。

第二节 探索：道德与法治课程的理论内涵

我们先了解一下德育的内涵。德育的内涵是政治教育、思想教育、道德教育、个性心理品质教育。这四个方面既互相区别又相互联系，过去只讲政治教育、思想教育的问题，现在要特别重视道德教育和个性心理品质教育。法律是成文的道德，道德是内心的法律。法治作为社会主义核心价值观的组成部分，是一种治国理念，也是现代人的价值追求和生活方式。十九大报告明确提出，培育和践行社会主义核心价值观要强化教育引导，既赋予道德教育"法治价值观"培育的重要责任，又为法治理念融入道德教育指明了方向。法治内涵丰富，主要包含法律信仰、权利意识、契约意识、规则意识，它们为新时代道德教育的变革输入了新鲜血液。那么道德与法治课程的基本理念是什么呢？简单来说，就是引导儿童热爱生活，学会关心，积极探究，这是课程的核心；珍视童年生活的价值，坚守儿童立场，尊重儿童的权利；道德存在于儿童的生活中，德育离不开儿童的生活；让教与学根植于儿童的生活。

一、初探：道德与法治课程的性质

小学道德与法治是一门富有魅力的课程，既是德育课程，也是综合课程，旨在实现道德教育与法治教育的内在融合，倡导"德法相融"，需要以教材的新理念和新方式为引领，找准新方向，探究新对策，不断创造出有温度、有魅力、有效、有趣的道德与法治课堂。弄懂道德与法治课程的性质，先回答好以下几个问题：我是谁？需要做什么？要为谁？需要达成什么目标？这些关键、核心问题的回答非常重要。道德与法治课程的革新换名，并非只是字面上增、换几个关键词，而是关涉课程根本性质的一次具有划时代意义的课程改革。

道德与法治课程的教学内容只有应用到现实生活中，才能实现以下教学目标：

第一，生活性。小学道德与法治的生活性比较强，学习到的理论知识也会被应用到现实生活中，在具体的教学活动中，教师需要给予学生正确引导，让学生更好地体验和创造生活。

第二，活动性。小学道德与法治课程不仅是依靠课本知识的输出和吸收，还是一门以活动实践为基础的体验式课程。学生可以参与各种实践活动，在参与实践活动的基础上进行体验、感悟和吸收。

第三，综合性。小学道德与法治课程涉及的内容比较多，需要将各种知识进行融合。

第四，开放性。该课程以现实生活为基础，开放性较强，能够在生活的基础上，逐渐调整教学知识，实现实践活动的多样性，重点关注儿童的健康成长。

下面从五个方面就课程的性质进行系统阐述。

（一）有限度的融合性

道德与法律在课程当中一定是充分融合的。如果说法律是"治标"，道德则为"治本"；如果说法律是"主外"，道德则为"主内"。实际上，道德与法律虽然融合，但在课程中，是一种有限度的融合，两者不能等同。法律是最基本的道德，人们所自觉遵守的法律必须有道德作为基础。在现实生活中，法律是以权威性和强制手段规范社会成员的行为，属于外在赋予的"他律"规范，这与道德所说的自由和内在意志有根本的区别。但如果法律是建立在以"自律"为原则的道德意义上，促使公民发自内心地自愿服从它、遵守它，那么这时道德与法律就具有密切关联性，道德行为离不开法律的保障。在一个完全没有制度性边界和框架的社会中，任何一种充满道德意义的、崇高的行为，都会失去区分权利和义务的标杆，甚至这种高尚行为会被嘲讽和讥笑，这时道德行为就失去了保障性。只有人类生存在符合理性的状态中，道德才能呈现出应有的光芒和意义。

道德与法治课程有"道德"与"法治"两个关键词。"道德"取代了原来的"品德"。为何要变更为"道德"？品德是指"个人在一系列道德行为中，表现出来的比较稳定的、一贯的特点和倾向，是一定社会的道德原则和规范在个人思想和行为中的体现"。而道德是"依靠社会舆论、信念、习惯、传统和教育的力量调整人们之间以及个人与社会之间行为规范的总和"。品德是基于个体层面的修德、养德；而道德是基于社会层面的，反映整个社会的要求，其内容全面而完整。品德是道德的构成部分，个人品德是在社会道德的影响下形成发展的。离开了道德，品德也就不复存在。用道德取代品德，主要是从国家和社会层面的大处着眼，以此引领、观照个人的品德修养，促使德育教学不致于肤浅；同时，也是为了培育学生优良的道德意识，能对相关的社会事件、问题做出正确的判断。这对于引导学生"扣好人生的第一粒扣子"是极为重要的。

道德与法治课程的另一个关键词是"法治"。这是国家发展、社会进步的必然选择。进行法治教育必须从道德教育入手，后者可以间接提升前者的效果。从2012年党的十八大召开至新课程问世四年间，我国社会发展、进步的速度非常快，硕果累累。仅从法治维度而言，科学立法、严格执法、公正司法、全民守法深入推进，法治国家、法治政府、法治社会建设相互促进，中国特色社会主义法治体系日渐完善，全社会法治观念明显增强。教育要与时俱进，就必须在义务教育德育课程中增加、凸显法治教育的内容，以培养未来公民的法治意识、法治观念。优秀的道德品质与良好的法治意识，是健全人格的根基，是公民素质的核心。道德与法治是相互联系的。习近平总书记说："法安天下，德润人心。""要努力做到以道德滋养法治精神，以法治体现道德理念，使道德教育与法治教育相互融合、相辅相成、相得益彰。"道德是内心的法律，必须强化道德对法治的支撑作用。我们要在道德教育中突出法治内涵，注重培养少年儿童的法治观念、规则意识，引导学生自觉履行法定义务、法定责任和家庭责任。面对新时代境遇，道德与法治课程更加关注公民道德观及学生道德品质的培养；更加注重在法治中国、法治社会的视域下，引领学生法治意识的培育。因此，道德与法治将"道德教育"与"法治教育"作为课程的两大支点，是情理之中的事。道德教育与法治教育具有互补性功能，即：第一，道德层次性需要与法律普遍性要求的互补；第二，道德"自律"与法律"他律"的互补。因此，在小学道德与法治教学中，教师要将法治教育与道德教育有机结合，从而达到"道德与法治"的教育目的。

（二）有基础的生活性

道德与法治课程坚持以少年儿童的生活为根基，体现了内容性与教育性的统一，即教材内容是国家意志的体现，但教材的设计、结构与儿童的道德发展规律，将国家要求与期望和儿童生活经验结合起来，一方面通过少年儿童经验的提升达到国家要求与期望，另一方面则将国家要求与期望接续传达到儿童生活经验之中，在儿童生活经验中找到基础，借助儿童生活经验生根、生长。其一，道德存在于少年儿童的生活中；其二，良好的道德品质、法治素养的养育必须在少年儿童的生活中进行；其三，道德与法治课程要注重引领少年儿童过更好、更有意义、更有尊严、更有价值的生活。生活性是道德与法治课程建构与实施最强有力的基础。注重生活性，课程才能接"地气"，有"童味"，才能开创课程建设独特的"中国道路"。

（三）传统文化渗透性

中华优秀传统文化是中华民族的精神内核与精神命脉，是中华民族的根与魂，是中国人的精神DNA。党的十九大报告指出："要深入挖掘中华传统优秀文化蕴含的思想观念、人文精神、道德规范，结合时代要求继承创新，让中华文化展现出永久魅力和时代风采。"著名作家余光中说："我国古典传统悠久而丰富，我们的教育一定要教这些东西，不能让它缺席。"我国优秀传统文化蕴涵着丰富的道德思想、法治思想，至今仍折射出时代的光泽。中华优秀传统文化是支撑中国站起来、富起来、强起来的力量源泉。道德与法治课程要引导少年儿童学习、践行社会主义核心价值观，培养少年儿童的道德精神和法治意识（这里的"道德精神"包含了八种精神：感受崇高精神、礼仪廉耻精神、慎独自律精神、创新超越精神、民主法制精神、开放兼容精神、科学人文精神和天人合一精神），使他们接受我国优秀传统文化的浸润和洗礼，以彰显我国优秀传统文化中的润德、养德，重法、守法的文化基因。这些势必成为道德与法治课程不可或缺的构成元素。道德与法治课程还要充分依托中华优秀传统文化所蕴含的"家国情怀""社会关爱""人格修养"等深厚底蕴，以先贤圣哲的名言、佳句、经典故事陶冶学生心灵。但是这种陶冶，应该站在儿童立场，以提升儿童文化素养为目的，而非以知识化来取代。也就是说，小学生的传统文化教育应该定位为文化精神的涵养教育，侧重文化素养的提升，侧重传统文化对儿童生活的整体性影响，而不是以传统文化知识的机械记忆为主要目的。

在道德与法治课程的学习中，可以从两个方面对中华传统文化教育的素养提升进行突破。第一个是要重视传统文化与少年儿童当下生活的联系。我们只有在儿童可感知的具体生活和情境中，润物细无声地渗透传统文化教育，才能真正地拉近传统文化与少年儿童生活的实际距离，并以此使中华传统文化对少年儿童的整个生活起到积极的影响和推动作用。《道德与法治》教材本身就是从儿童生活中的传统文化元素入手，引导儿童体验生活中的传统文化，增强对中华优秀传统文化的亲切感。第二个就是要重视传统文化中内在精神的教育。既然小学阶段的传统文化教育是文化素养的教育，那么我们就应该重视传统文化中的内在精神对儿童潜移默化的陶冶作用。

（四）核心价值主干性

习近平总书记强调，要把社会主义核心价值观"转化为人们的情感认同和行为习惯"。当下的少年儿童正是"担当民族复兴大任的时代新人"。基于总书记的期盼，道德与法治课程一定要加大力度，将社会主义核心价值观教育抓深、抓精、抓细、抓好落实，这是权衡课程价值最重要的指标。

道德与法治课程旨在引导学生准确理解和把握社会主义核心价值观的深刻内涵和实践要求，牢牢把握富强、民主、文明、和谐作为国家层面的价值目标；深刻理解自由、平等、公正、法治作为社会层面的价值取向；自觉遵守爱国、敬业、诚信、友善作为公民层面的价值准则，将其内化于心，外化于行，以培养学生良好思想品德和健全人格为根本，促使其养成良好的道德品质和法治意识，为一生成长奠定坚实的思想基础。

小学道德与法治课程内容涵盖了中华民族优秀传统文化教育、革命传统教育、法治教育等主题内容，并专门设置了中国梦、总体国家安全观等专题。而十八大以后党中央提出的社会主义核心价值观这一重要理念，不仅是未来党和政府工作的重要方向，更是为促进学生健康发展提供了重要支撑。

（五）学习活动核心性

《道德与法治》教材各个章节的内容，呈现出来的就是学生的各种学习活动，而对教师的"教"做了隐性处理。《道德与法治》与之前的德育教材相比较，有了一个重大突破，这个重大突破就是始终围绕学习活动来设计教材。

新教材的第一个突破点就是打破了德育教材的说教式结构。学生是活生生有血有肉的人，而不是可以随意填充的容器。过去启发性的灌输和填鸭式的传统教育方式，忽视了学生学习中最应该具备的自主性和积极性，容易引起学生的反感和抵触情绪。可想而知，在这种"软压迫"下所进行的德育教育，难以达到预期效果，甚至有可能适得其反。因此，教材架构做了许多调整，一改常态，将课程中的每个单元都设计成为学习活动所指向的"问题域"；课文题目也一改说教式主题，变成了学习活动的主题，激发学生的兴趣；正文内容则是变成了学习活动的引入、过渡和转换。也就是说，对于这种新型的以学习活动为核心的教材设计，教师必须按照教材所指引的教学方式去教学，需要按照符合学生身心发展规律的方式去设计、组织、引导、监控、辅助学生的学习生活。

第二个突破点在于教与学的互动性和共生性。在过去很长一段时间里，德育教材的内容都是来自国家和社会的要求，并没有将儿童道德与社会性成长的需求考虑进去。过去的教材编排是以教师的逻辑说教为原则，而非站在有利于学生参与和探索的立场。可想而知，这样的传统编排方式，教师的教占据绝对的主动地位，而学生的学只能处于次要地位。而在以学习活动为中心的新课程中，重构了教与学的关系。在教材定位上，立足从"教"教材到"学"教材的转变，这种转变体现在学生的活动中。《小学道德与法治课程标准》提出："课程超越单一的书本知识的传递和接受，以活动为教和学的基本形式。"课程的呈现形态主要是儿童直接参与的各主题活动、游戏或其他实践活动。课程目标主要通过儿童在教师指导下，通过活动体验、感悟和主动建构来实现；在教育定位上，化"德育教材"为"学德教材"。教师变说教者为教学的设计者、组织者、辅助者和指导者，教师和学生的关系转变为互动共生关系。

二、触核：道德与法治课程的学科核心素养和学科关键能力

（一）学科核心素养

道德与法治作为一门活动性综合课程，在丰富的教学情境、教学活动中帮助学生感知道德力量与法治精神。道德与法治课程的学科核心素养内涵丰富，学科的核心素养涵盖六个模块，分别是道德认知、关系理解、生活技能、公民意识、社会参与及社会行动、媒介应用。核心素养中蕴含着小学道德与法治学科的教学内容与教学思想。培养小学生道德与法治学科的核心素养，是促进学生学习效率与道德品质提升的重要途径。

六个模块中，道德认知模块包括道德觉识、价值认知、道德判断、道德取向、道德反省；关系理解模块包括人生认知、关系觉察、价值体悟、道德敏感、道德对话；生活技能模块包括日常生活、学习、交往、处事、休闲娱乐；公民意识模块包括国家意识、责权意识、规则意识、公共意识、独立人格意识、对话协作意识；社会参与及社会行动模块包括志愿者服务、公益劳动、家庭劳动；

媒介应用模块包括媒介识别、媒介选用、媒介批判、媒介责任和媒介法规。教师应立足于学科核心素养，依据学生的生理、心理特征，运用探索有效的教学策略，培养学生的道德品质与法治素养。

1.培养学生核心素养的教学意义

道德与法治教学应当把目光放远，将核心素养的培养作为首要教学目标。提升学生道德观念的目的是为学生未来发展奠定良好的基础。培养小学生的核心素养，就意味着小学道德与法治课程必须抛弃现有的传统思想，引入先进的教学观念和新颖的教学方法。这是激发学生对道德与法治的学习兴趣，是促进道德与法治课程教学改革的关键因素。因此，小学道德与法治教师应当认识到在教学中培养学生核心素养的重要性。同时，教师要顺应新课改中的教学要求，完善教学方式，丰富教学手法，创设新课改背景下的道德与法治新课堂，进行学习能力、道德情感、人文知识等多方面的有效教学，促进学生综合素养的全面发展。

2.培养学生核心素养的教学策略

（1）丰富教学方法，激发学生的学习兴趣

成功始于兴趣，终于毅力。任何一个人都不会自觉地去做不感兴趣的事，任何一个成功人士所取得的成就其实都是他感兴趣的事情。爱因斯坦说："兴趣就是最好的老师。"道德与法治教师应当丰富自己的教学方法，并以此激发学生的学习兴趣，开展基于核心素养的课程教学。在教学的导入环节，激发学生学习兴趣的方式方法有很多，例如：①贴近学生生活，实例导入。这一方面可以让学生从课堂教学中感受生活的真谛，乐于探究生活的乐趣；另一方面可以增添课堂的生活性与趣味性，拉近课堂与学生的距离。在选择生活实例及教学热点时，教师应从学生的生活实际及身心特点出发，重点选择学生生活中常见的例子，让课堂回归生活，实现道德教育与实际生活的有效融合。②遵循学生的身心规律，故事导入。小学生的好奇心、求知欲和探索欲望特别强烈。教师可以尝试从学生的心理特点入手，利用有趣的故事导入新课内容，激发学生对学习内容的热情与好奇，同时将教学内容化繁为简，提升学生的理解力与感知力。③实现寓教于乐，游戏导入。教师以游戏作为媒介呈现新课知识，可使课程内容更加浅显易懂、自然生动，让学生在游戏中对学习产生浓厚的兴趣，为接下来学习新课做好铺垫。教师还可以创设多样的教学情境，引导学生自主探究。例如：A.利用图片拓展视野。低年级学生对语言的接受能力和文字的理解能力较弱，但对图片的感知力比较强，往往能从图片中获得别样的学习体验。教师可以借助现代信息技术，利用生动有趣的图片创设学习情境，刺激学生的视觉，激发学生的想象力和创造力，有效改善课堂气氛，增加师生交流的机会。B.利用音乐焕发激情。音乐能够丰富人的精神世界，给人无穷的精神力量。教师可以利用音乐创设教学情境，营造轻松愉悦的教学氛围，让学生在接受音乐熏陶的同时，萌发获取知识的动力。C.利用视频引发思考。视频具有涵盖内容广、吸引力强、灵活度高等特征，易于被小学生接受和理解。教师可以根据教学目标，挑选一批与教学内容相适应的视频素材，将视频与课堂教学结合起来，有效调动学生的视觉和听觉，激发学生的学习热情。激发学生学习兴趣的课堂导入方式，可以促使学生迅速进入学习状态，进而帮助学生树立自己的人生价值，达成核心素养的培养。

（2）结合实际生活，提高课堂的教学效率

当下道德与法治课程教学的最大问题，就是教学内容和教学案例的时效性问题。教师应搜集现实生活中的事例，将其融入到课堂教学中，拉近学生与生活的接触与教师之间的关系，使学生将课堂学习的知识运用到生活中，对学生的健康成长和道德素养提升都有很大帮助。

（3）展开教学延伸，促进学生的综合发展

在传统的道德与法治教学中，教师只有课堂上有限的时间来进行教学，既无法满足学生的学习需求，也不能长久地保障学生的学习效率，以及学生的身心全面健康成长。因此，道德与法治教师可适当地开展教学延伸，为教学创设各种渠道，充分利用身边的教学资源，促进学生的综合素养得到全方位发展。

（二）学科关键能力

小学道德与法治学科的关键能力包括社会认知能力和社会问题解决能力。社会认知能力包括角色认同能力、道德判断能力和问题辨析能力；社会问题解决能力包括发现问题、提出和分析问题以及解决问题的能力。

三、相融：道德教育与法治教育的融合与契合

（一）道德教育与法律教育的关系

道德与法律存在于生活世界中，二者是同源共生的关系。只有生活世界合理化到一定的阶段，道德和法律才开始分离，才具有各自的独特逻辑。不过，

二者的分离并不代表它们不再发生联系，对于完善社会生活而言，道德与法律是可以互补的。人们自觉遵守的法律必须以道德为基础，法律往往充当着国家权力的组织手段，并由国家权力为其提供实施的强制力保障。因此，在现实生活中，法律是以权威性和强制手段规范社会成员的行为，是一种外在的"他律"规范。同时，在实现道德选择上的自由也离不开法律的保障。

1. 在道德教育中树立法律信仰

首先，需借鉴传统世俗化信仰的形成方式。法律信仰是对法律产生敬畏和信赖，从而形成一种自觉的守法精神。道德与法治课程改革是通过生活化、内在化、细节化的教育尝试，树立法律信仰。小学六年级上册《道德与法治》的内容为"法治专册"，第一次出现"法律"概念，让小学生感受生活中的法律进而上升到公民和国家认同；到了初中，开始有维护宪法权威、培养法治精神的内容；进入高中、大学阶段，德育中的法治内容更加理论化、丰富化，离信仰确立更加接近。其次，通过对法律正当性的道德论证推动法律信仰的形成。法律离不开道德，法律信仰的树立需要对法律的正当性进行道德论证。人们对法律的认知首先来源于道德认知。通过启迪个人良知，形成对法律正当性的认同，更符合中国人的信仰形成；通过挖掘法律包含的正义、诚信、公正、敬畏、人道等伦理道德元素，人们由内而外形成法律信仰。最后，让道德信仰与法律信仰互为支撑。道德信仰和法律信仰的最终目的，都是让人们寻找到人生坐标和人生价值。道德信仰追求"仁爱之心"，法律信仰同样如此。法律信仰有助于推动传统私德向现代公德转化，促进时代道德信仰的生成。

2. 在教育目的上，两种教育共同促进公民素养的提升

对于完美的人格而言，道德教育与法律教育都很重要。人性往往兼具"天使"与"恶魔"两种本性。因此，人性的问题单靠道德是不能解决的，还需要法律来保障。在现代社会中，人们更是要通过法律对公民身份进行确认。因此，公民既是法律意义上的人，也是道德意义上的人。对于中小学的道德教育与法律教育而言，它们不同于专业的伦理学教育和法学教育，应定位于儿童公民素养的提升。因此，中小学的道德教育与法律教育二者虽然侧重点有所不同，但在教育目的上是可以做到统一的，即共同促进儿童公民素养的提升。

3. 道德教育与法治教育的关系处理

一个合格的公民不仅需要法治素养，还需要良好的道德素养，二者相辅相成。学生道德素养是法治素养形成和深化的基础，如根据泰普的"法律社会化"

序列模型，儿童对法律推理的基础，仅仅处在遵守法律的水平，儿童只需要知道什么是法律不允许做的行为，及违反了法律会受到的惩罚等规则。但由前习俗水平过渡到习俗水平即法律的维持阶段，儿童需要思考自身欲望的满足与社会公平的关系，对社会行为好与坏的区分需要在正确的道德观念下进行。因此，法治教育需结合并建立在良好道德认知的基础上，道德教育有利于儿童形成正确的世界观、人生观和价值观。同时思维和道德素养的发展是学生贯彻法治理念、形成法治信仰的基石。

4. 在道德教育中尊重主体权利

权利是法治社会才有的概念，权利出现伊始，便与义务形影不离。重建人类的心灵家园，是新时代道德教育的首要任务。教育者（教师）是教育过程中的主体，主要体现在：教育者是社会文明的传播者，是科学知识的传播者，是教育活动的设计者、组织者和实施者，对教育活动的开展起领导作用，是学生学习的指导者，是学生道德养成的示范者。受教育者（学生）是教育过程中"学"的主体，是社会文明和知识接受的主体，是学校和教师所评价的主体，是教育任务完成的主体。受教育者的身心发展特点影响着教师的"教"。教育者不能把自己当作非人格化的教育工具，应以身示范，对受教育者形成潜移默化的影响。对于受教育者来说，第一，应正确理解和享有自身权利，同时充分尊重教育者的权利，不能逾越义务界限；第二，增强自己的批判精神和反思能力，对教育内容和社会现象提出自己的思考；第三，将知识与实践融为一体，在现实生活中积极践行道德义务。

5. 在道德教育中养成规则意识

规则是秩序的保障，包括法律规则、道德规则、游戏规则等。社会生活的正常运行离不开规则。规则意识是指人们对规章、制度的认知与认同。过马路闯红灯，学生屡禁不止的迟到、作弊，游客聚众围观、喧哗，高危行业的重大安全事故……这些现象与公众规则意识薄弱有直接关系。规则意识薄弱表现为：不知道相关规章制度的存在、对规章制度一知半解、知道规章制度却拒不遵守。规则意识薄弱会给个人、社会乃至国家带来严重的负面效果。对个人来说，轻则破坏形象，重则威胁生命安全；对于社会、国家来说，不遵守规则会影响社会稳定，会阻碍我们融入国际社会的进程。规则意识中的规则并不是指具体的某项法律或某条规章，而是一个抽象概念。它要求人们在日常生活中要守规矩，讲原则。现代社会充满了各种不确定性和风险，人类制定各种规则是规避风险的保障。规则意识的养成需要道德的自觉，这就为道德教育提出相应要求：首先，从碎片化灌输转向系统性培育。对具有强制性的规则硬性灌输容易引发人们的反感，会引起"我既不违法也不犯罪""这种禁令式教育对我无用"的抵触心理。碎片化是指教育者割裂了规则的系统性和完整性，认为随意灌输几条规章条文就能够让人们形成规则意识，这是很多人知法犯法的重要原因。规则意识的系统性培育正是道德与法治课程中所拥有的元素。比如：一年级《道德与法治》单元内容中已经涉及交通规则等安全常识。从"遵"到"尊"，从"学"到"用"，从认知到情感依赖，最后才能转化为坚守规则的意志和行为。其次，将规则意识和学生的切身利益相联系。学生之所以不遵守交通规则、学校规章、班级纪律、生产规则等，一个重要的原因是这些规则被高高挂起。道德教育要改变这种现象，必须将遵守规则与生命健康、家庭幸福、学业学位、工作前途、经济利益、安全生产等现实利益挂钩。这可以通过课堂案例、新闻采访、社区宣讲、网络直播等方式进行。最后，将规则意识提升到国家安全层面。道德教育要进一步提升学生的思想境界，让学生认识到守规则还能够保障国家安全，把它视作一项个人的爱国主义行动。

6. 道德教育与法制教育的实效性

（1）关注儿童生活，提升教育的实效性

新课程改革以来，中小学德育课程确定了"品德培养回归儿童生活"的基本理念，其目的是要解决过去德育课程的知识化取向，以及由此造成的道德教育实效性偏低的弊端。知识化的德育课程，只能让学生获得"关于道德的知识"，而不是"道德"。因此，它对于儿童道德素养提升的效果，正如杜威所言，是间接的、微弱的。中小学阶段的法律教育不是专业的法律知识教育，而是一种提升公民法律素养的教育，即重视法治精神和法治意识的法律教育。因此，对于中小学阶段的法律教育而言，法律知识的学习是第二位的。那么，如何才能有效地提升儿童的法律素养呢？其中一个非常重要的因素就是法律教育需要关注儿童的现实生活，只有对接儿童的现实生活，才让儿童直观地感受到法律就在自己的身边，才能够真切地感受到法律是对自己生活的保护，对自己的生活有意义，从而激发他们的法治意识。相反，如果法律教育脱离了儿童的现实生活，仅仅停留在法律条文的知识记忆层面，那么培养公民素养的目标就难以实现。关注儿童的现实生活，不仅可以提升道德教育的实效性，也可以提升法律教育的实效性。

（2）道德教育能间接地提升法律教育的实效性

要想培养儿童自觉的法律意识，就必须重视道德教育。因为，当道德与法律背后的精神共通时，道德教育可以促进人们自觉的守法。从价值层面看，但凡法律所禁止和制裁的行为，也是道德所反对和谴责的行为；但凡法律所要求和肯定的行为，也是道德所倡导和颂扬的行为。道德是法律的内在伦理基础，是法律公正属性得以维护和自觉遵守的必要条件。因此，道德教育的深入开展，有助于法律教育的进行；法律教育的深入，也能推动道德教育的进一步发展。道德教育和法律教育背后的价值追求是相通的，都是为了建构儿童真善美的生活。只是道德教育要求凭良心判断，多加反省和自惩自奖，如果这种道德教育能够有效的话，那么法律教育就容易取得成效。法律教育的目的是培养儿童的法治意识，即心中有法，而心中有法与心中有道德在形式上是一致的。从这个角度而言，不仅道德教育能促进法律教育，法律教育也能促进道德教育。

7. 道德教育与法治教育的儿童生活具有融合性

道德教育与法律教育的第一层融合依据，是道德与法律在儿童生活中的并存。儿童的世界是一个完整的世界，他们过的是一种完整的生活。同样，在儿童的内心与生活世界里，早期没有道德问题与法律问题之分。道德与法律的区分，是随着儿童身心发展，尤其是社会性的发展而逐步获得的。正如人类在发展进化中所展示的，先有习俗与道德，然后才有法律。儿童在社会性发展过程中，也是先获得道德意识与观念，然后才形成法律意识与观念。虽然这是一种表层的、显性的融合，但它是一种符合儿童生活特点和教育规律的融合，符合道德与法律共同社会生活起源的融合。这种融合有两种具体做法：第一，从现实生活需求出发来融合两种教育；第二，以儿童的生活场景，或者生活事件来融合两种教育。因此，道德与法律都与儿童的生活有着密切关系。杜威说："儿童的生活是琐碎和粗糙的，他们总是在以自己心目中最突出的东西暂时地构成整个宇宙，但那个宇宙是变化和流动的，它的内容以惊人的速度消失和重新组合。如果放任儿童按着他自己的无指导的自发性去发展，那么从粗糙的东西发展出来的只能是粗糙的东西。"这说明儿童的可能性及可能性的引导是一个深刻的话题。如果说道德与法律是儿童生活中帮助他们更好地生活的两个重要方面，那么就可以通过儿童的完整生活来融合两种教育，让它们对儿童生活产生整体影响。这两种教育不仅可以是表层的、显性的融合，也可以是深层的、隐性的融合，即重视法律背后的公平与正义，又重视法律对特殊人群呈现出法律正义和温情的一面。公平比太阳更有光辉，正义比权力更有力量，教育需要催生和发展公平、正义、民主、和谐的社会管理制度。因此，小学《道德与法治》教材中的法律教育，还体现法律保护儿童的温情一面。这种设计其实是在法律教育中渗透法律背后精神的教育，揭示法律与道德之间的深层联系；同时，通过法律教育来改良道德，发挥法律教育对道德的作用。如果说道德教育从价值层面向儿童指明了行动的方向，那么，法律教育则确定并细化了这种行为的底线和要求。

从法治教育的相关内容可以看出，一至六年级法治教育起步于规则教育，着力于社会生活中常用的规则和法律常识教育，逐步延伸到宪法和国家法治理念、意识教育，强调学法、知法、懂法、守法、尊法的系统化教育。规则教育是法治教育的基础，是小学中低年段法治教育的主要内容。日常生活中的法律常识、法治常识教育，由小学低年级至高年级呈现渗透和专题内容相结合、相交错的布局特点。小学六年级开设法治教育专册教育，内容聚焦宪法教育。那么，这里的法治教育与法律教育有什么关系呢？法律教育是法治教育的内容主体，但不是法治教育的全部。法治教育更多的是从社会和国家治理角度，整体把握国家、政府和社会运行的法治原理、原则、制度、体系、程序等内容。法治与人治相对应，体现了一种现代社会文明和政治文明。换一个角度来讲，法治教育是一种基于法治思想和制度体系的政治文明教育，包括规则教育、法律教育、依法治国、依法行政、依法管理等教育。规则意识是法治的思想规则，包含法治意识的诸多核心要素，如民主、平等、公平、公正、准则、程序、赏罚等。

（二）道德与法治课程的多维契合

1.育人价值的契合点

道德与法治课程意识形态属性比较强，具有极其重要而特殊的育人功能。其育人价值突出表现为通过"中华优秀传统文化、法治"等主题教育，由近及远、由浅入深地引导学生认识和践行社会主义核心价值观，做到"内化于心，外化于行"。一方面，本课程聚焦中华优秀传统文化教育、革命传统教育、法治教育、社会主义核心价值观教育，突出道德与法治两个基本规范教育，强调人的思想素质、道德品质、法治意识和社会行为的和谐统一，这是"知行合一"的价值追求，也是课程教学的基本价值观诉求。另一方面，道德与法治本身具有社会性，是社会的两个基本行为规范，对人们行为的共同要求，使得道德与法治教育具有鲜明的社会生活导向和实践行动导向,只有源于生活、用于生活,道德与法治教育才具有生命活力。

2.性质目标的契合点

目前,道德与法治课程标准尚未出台,主要依据"两标一纲"。《义务教育品德与生活课程标准(2011版)》指出,本课程是"以培养具有良好品德与行为习惯、乐于探究、热爱生活的儿童是为目标"的综合课程,具有生活性、活动性、综合性、开放性特点;《义务教育品德与社会课程标准(2011版)》指出,本课程"是以学生生活为基础、以学生良好品德形成为核心、促进学生社会性发展"的综合课程,具有综合性、实践性和开放性特点;《青少年法治教育大纲》在总体目标中强调"以社会主义核心价值观为引领,普及法治知识,养成守法意识,使青少年了解、掌握个人成长和参与社会生活必需的法律常识和制度,明晰行为规则,自觉尊法、守法"。从"两标一纲"对课程性质、特点及目标的表达来看,道德与法治课程追求有良好道德、有社会意义、有法治意识的生活教育,强调社会生活能力养成和正确行为导向。教育是关于人的、促进人发展的活动,人不仅是教育的对象,也是教育过程中的主体。以人为本,就意味着,不是以道德知识为本,不是以考试分数为本,而是以人的品德养成为本,以人的道德素养和身心健康发展为目的。这与参与式教学"促使学生在科学文化素质、思想道德素质,以及心理素质等方面得到整体的提高"的价值追求,以及注重"主体性、自觉性、选择性"的特征可谓同音共律。

3.教材内容的契合点

小学《道德与法治》教材"由近及远地安排了六大生活领域,包括:我的健康成长、我的家庭生活、我们的学校生活、我们的社区与公共生活、我们的国家生活、我们共同的世界"。其内容体系是紧扣社会生活而逐次扩展的层面进行建构的,充分表达了课程的社会生活属性。显然,社会生活教育是不能囿于课本、课堂的,本课程的教学时空不限于课堂和学校,走进社会生活应成为本课程重要的教学方法和路径选择,走进社会生活就意味着参与社会生活。生活教育强调要重视教育的生活意义,教育中生活韵味的增加,一下子拉近了教育与生活的距离,让教育显得饱满、丰富、生动和鲜活,教育整体显得幸福完整。生活教育的经验集聚的力量,能照亮通向未来生活的幸福之路。教育乃是人类生活延续继起传承的工具,是生活起承转合的桥梁,更是人类的轮回进化的"中继器"。教育是培养人,并以人为载体对生活进行改造,以促进生活向着更高层次迈进为目标。

4.教学方法的契合点

道德与法治课程讲求教育教学活动的"生活化取材""知行合一",注重学习活动的引导,让学生参与进来。教师的"教"就是学生学习活动和学习过程的设计、组织、参与、引导。《义务教育品德与生活课程标准(2011年版)》提出"通过引导儿童主动参与各类活动来进行教学,是本课程教学的一大特点",要求"切实调动儿童参与的积极性、主动性,让儿童尽可能多地体验到成功感,增强自信心"。《义务教育品德与社会课程标准(2011年版)》也强调"课程设计与实施注重联系学生的生活实际,引导学生在实践中发现和提出问题,在亲身参与丰富多样的社会活动中,逐步形成探究意识和创新精神"。可见,没有学生参与情景体验、生活感悟、社会实践、行为训练的道德与法治教学,是虚脱无力、缺乏实效的教学。

"人""道德""课程"是构成道德教育的基本要素,是道德教育理论的核心概念。儿童是道德教育的源头活水,儿童的道德教育必须从儿童这一源头出发,充分去发现儿童、理解儿童、解放儿童,方能发展儿童。这既是道德教育的逻辑起点,又是道德教育的归宿。道德教育的根本作为在于引导儿童进行生活建构。生活建构活动不是人与生俱来的本能活动,而是一种后天的习得活动。所以道德教育强调自律与他律,这种区分更好地让儿童体会到在社会生活中,道德与法律是两个重要的支柱,让儿童看到了道德与法律的互补性:道德是从高贵选择的角度来完善我们的生活,而法律则是从底线限制的角度来完善我们的生活。因此,小学道德与法治课程不能机械地融合这两种教育,因为道德与法律存在差异,道德教育与法律教育也存在不同。从本课程的综合性、生活性特点,以及道德与法律存在的联系,不难发现,道德教育和法律教育在一定条件下是可以融合的,可以相互促进的。因此,在小学道德与法治课程的教材编写和教学设计中,针对不同的主题考虑道德教育与法律教育的关系,既避免了将二者完全等同,也避免了将二者完全割裂。

四、定位:道德与法治课程理念和价值观定位

(一)道德是教育的源流本真

1.响应中央全面推进依法治国的战略布局

众所周知,道德和法治是国家和社会治理的稳压器。法治教育和道德教育

相辅相成，都不可忽视，要通过法律进行约束，通过道德教育进行教化，实现法治和德治相得益彰。从现代国家治理的基本方式来看，法治兴则国家兴，法治衰则国家乱。法治是国家发展和社会进步最坚强的保障，是中国特色社会主义事业取得成功的有力支撑。

2. 为儿童成人后的生活做准备

这是课程教育的源流本真。该课程是一门国家意志与个体发展相统一、思想性与实践性相统一、社会性与个性化相统一、规范性与开放性相统一的综合性、生活性课程，是发展素质教育的重要阵地。在生活中学习、在实践中提高，是实施本课程的主要途径，启发式、探究式、讨论式、参与式是本课程的基本教学方法。道德与法治课程提倡从生活教育到生活德育。生活教育既是生活德育的思想源泉，也是生活教育思想的衍生品。所不同的是，从学科知识的系统性、客观性、稳定性以及社会适用性来看，道德更加具有人本性、生活性、内生性等特点，更加强调道德的生活意义和社会价值。《义务教育品德与生活课程标准（2011 年版）》主张"道德存在于儿童的生活中，德育离不开儿童的生活""让教与学植根于儿童的生活"；《义务教育品德与社会课程标准（2011 年版）》也认为"学生的生活及其社会化需求是课程的基础"，等等。这些是生活德育理论的思想基础，体现了生活德育的思想精髓。需要指出的是，生活德育的本质不仅需要引导学生过有道德的生活，还要让学生理解这种道德生活是一种和谐、幸福的生活，更是与社会普遍规范相适应、与民族国家发展相关联的生活。

（1）生活德育的内涵。理解生活德育的内涵，必须要有立体、完整的视野。儿童的生活是整体的、多向度的、综合的。面向儿童的生活，不能只面向一个方面，尤其不能只关注他们的道德知识学习，只关注和面向儿童的符号世界。首先，生活的内涵不仅是指日常生活，如学习生活、家庭生活、人际交往等，这些固然是生活德育的基础和样态，还应包含社会生活、文化生活、国家生活、世界交往等宽广的领域，这也正是道德与法治课程内容由个人、家庭、学校、社会、国家、世界六大领域建构的内在逻辑。理解生活教育的丰富内涵，有利于我们整体把握生活德育，并懂得从生活角度把握各领域教育主题的生活意义及其道德内涵，不至于把日常生活解读为生活德育，而谈及经济社会、民族国家、世界意识、文化传统就自然归属于生活德育。生活德育不仅是为个人生活服务，更是为社会、民族、国家发展乃至世界进步服务，这是生活德育价值的完整意义，离开社会的、民族的、国家的、世界的立场，生活德育的内涵就会被窄化、矮化。

（2）生活德育的实践性。生活德育本质上是一种实践教育，在生活中学习道德，在学习中发展道德，是生活德育实践性的基本要义。《义务教育品德与社会课程标准（2011年版）》专门提出建议，指出"本课程的教学活动方式多样，如阅读、讨论、辩论、参观、调查、访问、游戏、角色扮演、模拟活动、两难问题辨析，以及撰写报告书，制作图表等"；《青少年法治教育大纲》专门提出社会实践要求，要求"各级教育部门和学校要积极组织学生参加法治社会实践活动。……在统一组织的学生社会实践活动中，要安排相当比例的法治实践内容，让学生在真实的法治实践情景中进行学习"。可见，实践教育是生活德育最有效的途径和方法，培育实践态度、能力也是生活德育内涵本身的追求。

3.遵循从少儿启蒙的原则

"蒙以养正，圣功也。"儿童是祖国的花朵，是民族的未来和希望。人生最美好的开端、远大理想的孕育、高尚情操的萌芽、良好习惯的养成都是在儿童时期。有识之士认为，教育的核心不是传授知识，而是培养人的健康人格。在这一点上，中华民族的传统美德，如《孔融让梨》《曾子杀猪》等都是很经典的事例。"儿时偷针大了偷金""只要功夫深，铁杵磨成针""老吾老以及人之老，幼吾幼以及人之幼""修身齐家治国平天下""历览前贤国与家，成由勤俭败由奢"……这些警句从孝悌忠信、礼义廉耻、勤劳耕读等方面来教育儿童从小树立正确的人生观、世界观、价值观。

4.同世界接轨，让社会主义核心价值观融入"人心"

《道德与法治》教材内容设计的核心是知识点的描述，以及知识的吸收与实践能力的关系，先将知识点提取出来，然后通过技能引领，并加以案例分析，以激发学生参与热情。同时，在解决日常问题的活动过程中，通过融入一些生活案例，让学生更直观地理解知识点。教材的内容全面，趣味性很强，立足对相关基本知识编排和叙述正确而合理，并具有科学性。

（二）突出法治内涵的依据

当前社会结构已经发生巨变，一味地就道德理想进行道德说教，难以引起共鸣。道德自律的弱化，实际上是个体缺乏道德的自我教育。而自我教育是对自己道德认知、道德反省、个体的生命系统与外在环境系统的自我组织行为。

自我组织能力的高低最终决定了道德教育效果的好坏。所以法治理念可以对其加以矫正。个体道德自律弱化有时会引发严重的违法犯罪现象，必须用法律对其制裁。不过，当涉及法律制裁时，已经不是道德教育讨论的内容，而是司法处理的问题。对于大部分未触及法律红线的，仍属于道德管辖的行为，仅仅依靠法律警示是不够的，需要突出"法治内涵"的道德教育，来挽救"自律弱化"滑向"违法犯罪"的危险。法治，不仅仅是生硬的规则体系与制度的客观组合，还是包容人类在认识与改造主客观世界过程中，对自身生活目的和价值理想的情愫记载。法治宣扬公平、正义、民主、自由、人权等理念，这些理念既有法律原则，也属道德范畴。用法治增强个体道德自律，是法治精神内化为个体信念的过程，也是道德自律生成的过程。

中共中央分别于 2016 年、2018 年印发了《关于进一步把社会主义核心价值观融入法治建设的指导意见》和《社会主义核心价值观融入法治建设立法修法规划》。这是坚持德法共治的必然选择，是在法治建设中贯彻落实道德要求的重大举措。"融入"的目的是让社会主义核心价值观培育走向制度化、常态化、规范化，但是"融入"的过程无法离开道德的影响和滋养。首先，法律思维和法治意识的养成需要道德教育。法律思维和法治意识的养成是以培育公民知法、守法为目的，并不局限于单一条款的宣传和灌输。道德教育能够帮助人们认识法律的本质和功能，认识道德和法律的区别与联系，从而产生对法律的敬畏和信任，最终形成全民守法的习惯和氛围。其次，道德教育有助于社会主义核心价值观之间的"无缝对接"。社会主义核心价值观包含国家、社会和公民三个层面的内容，如何协调三方面之间的关系是其落地生根的关键。这就需要道德教育养成个体的公共理性思维和价值选择能力，以应对不同情境和不同角色间的转化。最后，道德教育是加快社会主义核心价值观与法治建设一体化的润滑剂。核心价值观引入法治使其有了坚实的外在保障，但"徒法不足以自行"，它仍然需要道德教育的内在保障。突出法治内涵的道德教育可以加快法治价值共识的形成，让核心价值观入脑入心，提高核心价值观融入法治建设的成效。

（三）以学生立场为核心

在《道德与法治》统编教材中，教材将儿童的自在经验转换为"一个经验"，用于唤醒成串的儿童经验，用经验的表达实现儿童经验的重构，用体验来实现儿童经验的提升，用他人经验与儿童经验的交流对话，实现个人经验与社会文化价值的连续。其宗旨是使教材真正立足儿童、"入伙"儿童，成为儿童生活的伙伴，从而使儿童也真正"入伙"教材，成为教材价值观的建构者、体现者和维护者，进而成就儿童。

人是文化的存在，精神发育需要文化的滋养与看护。从这个意义上看，教材为儿童成长提供基本的文化滋养，可以从知识、情感、价值这样的维度来分类。各学科教材是人类最基本、最核心知识的"儿童版"，通过教材，儿童可以"上道""踩踏跳板"接触到各学科的知识精华。道德与法治课程是站在学生的立场上来思考，具有多方面的价值和功能，可以从不同的立场对课程进行定位。比如站在学生的立场，从课程对学生的意义来给课程进行功能定位，具有无可争议的优势。第一，这一立场抓住了课程的根本。课程存在的根本目的是为了教育学生，给学生以文化与价值滋养，这是课程的使命与德性之所在。第二，关于课程功能定位的其他立场，可以在学生立场进行统一和落实。一方面，无论学科立场也好，教师立场也好，社会立场也好，国家立场也罢，其实背后都有一个学生立场，都是为学生的成长服务，学生立场是这些立场的最大"公约数"。另一方面，其他立场之上的课程功能，也需要借助学生立场功能来实现。第三，学生立场是其他立场的"校准器"。不同的社会群体不可避免地会从自己的立场出发来定位课程，但这种定位必须参照教育学生这一根本目的，否则就会在自身立场上走得过远，以至于定位失当；从学科的立场上来定位课程，课程就是学科基础知识的凝练；从教师的立场上来定位课程，课程就是教学文本、教学指引；从国家的立场上来定位课程，课程往往是国家意图、知识的体现；从社会的立场上来定位课程，课程则是社会文化标准与文化规范的体现者、承载者。不同立场上的课程功能定位都有自己的依据，都有自己的逻辑和道理。问题是这些立场不能通约、不可替代，发生冲突时各说其理，找不到共同的标准，不好协调。不同立场的功能定位实际上忽略了更为根本的问题，即从不同立场出发的功能定位都需要借助、通过学生的学习来实现，不落实在学生身上，凝练的学科知识就是抽象的存在，教学文本、教学指引的意义就无从体现，国家意图、知识传承只能落空，不会落实，文化标准也无从树立，就失去课程的应有之意。

人是情感的存在，对世界、对人间、对事物有这样那样的好恶，健康的情感对人的意义不亚于对知识的掌握。教材直接或间接隐含的对世界、对人类、对事物的情感态度，就是孕育儿童健康向上情感品质的基本力量。儿童的成长离不开价值观引导，什么重要什么不重要，看重什么不看重什么，什么值得追求什么不值得追求，一方面儿童要自己去探索，另一方面也要靠教育引导。课程所给予的引导是全面而综合的，其他引导方式与课程的引导相比不能同日而语。课程所给予儿童的知识、情感、价值等最基本的文化滋养，是以融合的方式进行的，具有其他滋养方式所没有的优势。课程给予学生的情感培育与价值引导是与知识学习结合在一起的，一方面有知识高度，另一方面也具有其他教育方式所不具有的公正、严谨与全面。如，家庭也能为儿童奠定价值基础，却很难做到像课程那样站在民族、国家，甚至是人类的高度进行系统的价值观引导。课程教材是一个最基本的感染源，没有哪种感染源能像教材那样深刻揭示世界的面貌。一个国家的课程教材，在世界观问题上都是有共识的，或者说是一种共同的世界观之上的，从不同的角度深刻揭示世界的面貌，都是为了在儿童那里树立教材所主张的世界观。而且，这种树立的过程，往往是无声无息的，儿童在没有自觉意识的情况下，已经将教材所主张的世界观"迁移"到了自己的心灵结构之中。

人是群体的存在，没有群体的参照，个人甚至无法说清楚自己是谁。人从来既是"我"，又是"我们"。只有正规的、官方的课程才能从不同的角度进行分工与设计，一体化进行多维度、多样态的国家与民族认同教育，使学生逐步体悟到"我们是谁""我们在哪里""我们从哪里来""我们要到哪里去"等关键性的认同问题。杜威指出，"学校应尽可能消除存在于环境中的无价值事物。学校应该成为净化行为的媒介"。这一点更适用于课程教材。课程教材就是精选正向的、有价值的内容，排斥负面的、无价值的内容。这样做的目的有两个。第一，"固本培元"。教材的"固本培元"与对儿童的文化保护其实是一体两面的。一方面，教材的纯净而正向的教育，能够激发儿童本身所具有的纯正潜能，使善良情感在儿童心灵之中发育、壮大；另一方面，教材的纯净也是一种隔离，即在儿童尚未发育出足够应对丑恶事物的能力之前，让他们远离丑恶事物以免被污染。第二，给儿童心灵以文化保护，使健康的精神力量得到巩固和生长。

人是道德的存在，不学习道德，人就无法真正成人。教材能指引学生辨识是非对错、善恶美丑，虽然受多种因素的影响，但课程所给予的引导具有道德标准的意义。表面上看，课程对学生道德观的影响是有限的，但实际上是深远的，能够进入学生的无意识之中。课程的根本特性就是"教诲性"，即引导学生应该做什么、不应该做什么，选择什么、遗忘什么。也就是说，除了道德与法治教材，很多教材初看上去好像与道德没有关联，实际上所有教材都在进行无声无息的教诲。

第二章　洞彻事理

第一节　明晰：德育过程的规律

一、解义：德育过程的基本含义

什么是德育过程？许多学者对于德育理论的重要问题——德育过程的规律性问题各抒己见，其中比较集中的有两种解读：一种认为"德育过程是学生知、情、意、行的矛盾统一过程""是学生思想内部矛盾运动过程"等，这类见解把德育过程说成受教育者思想品德的形成过程；另一种则是德育过程划分为了解学生、制订教育计划、执行计划、指导学生行为实践及进行总结评价五个阶段，这个观点认为德育过程就是德育工作过程。

第一种说到学生德育的形成阶段，可视为德育过程整体的重要部分。德育工作者不能离开自己工作的对象去研究如何工作，必须认识并研究学生道德形成的规律，以便掌握规律，运用规律，提高德育工作效率。这种观点认为，德育过程是培养学生道德形成的过程，而道德是由道德认识、道德情感、、道德意志、道德行为四个因素组成，所以德育过程也就是培养学生知、情、意、行的过程。"知"，即道德认识，包括从具体道德情境中抽象出来的道德概念，运用这些概念所进行的道德判断和评价，以及有关这些知识系统化所形成的道德观点。"情"，即道德情感，是对道德规范产生的一种相应的情绪体验，包括具有形象性、具体性的一般道德情感和具有抽象性、概括性的道德信念和高尚情操。"意"，即道德意志，是指人们为实现一定的道德目的和道德行为所做出的自觉的、坚持不懈的努力，包括毅力和自控力。"行"，即道德行为，是指人们在一定的道德认识、情感、意志的支配和调解下，在行动上对他人、社会、自然做出的反应，包括一般的行为和多次行为练习所形成的习惯。知、情、意、行在道德形成中各有其特殊的地位和作用，它们既是相对独立的，又是相互联系、相互影响、相互渗透、相互促进的。"知"是道德形成的指南，"情"是道德形成的动力，"意"是道德形成的保证，"行"是道德形成的标志。道德认识指导、控制和调节着道德情感、道德意志和道德行为；道德情感和道德意志又影响着道德认识和调节着道德行为；道德行为则对道德认识的巩固和发展、道德情感的加深和丰富，以及道德意志的锻炼起着积极的促进作用。这种观点认为，培养学生道德可以概括为提高认识、陶冶情感、锻炼意志、培养行为习惯。有的专家把德育工作的进行步骤概括为"晓之以理、动之以情、持之以恒、导之以行"四句话。这种观点忽略了受教育者道德形成过程，对整个德育过程的研究不够全面。

第二种见解提到了教师对学生进行教育时所分的阶段，但是撇开教育对象去研究如何施教的问题，也并不恰当。笔者始终坚持系统论的观点，研究德育过程一定是基于整体而言的，而非局部或片面，在笔者撰写的《课程视域化物与育人》中专门谈及了整体系统性观点的重要性。所以，对德育过程基本规律的探讨，要通过对德育全过程的具体分析，尽可能地挖掘出存在于这个过程始终的，并为此过程所特有的主要问题，才会得出正确的结论。

那么，究竟什么是完整的德育过程？我们可以从三个方面来探讨这个问题。第一，完整的德育过程应该包含三个要素，即教育者，受教育者和德育手段。这三个要素是彼此相互作用的。第二，完整的德育过程还应具备三个紧密相连的阶段：一是教育者将一定社会成员的道德规范灌输给受教育者，受教育者根据自己的需要，有选择性地接受社会道德规范的要求，内化为个体道德意识；二是受教育者个体头脑中的道德意识形成基本动机，支配或调节着自己的行为，又反作用于社会的道德规范要求，外化为个体的道德行为；三是在教育者和受教育者的共同努力下，将个体道德行为所产生的社会效果，通过反馈联系和行为判断，进一步调节自己的行为，产生反馈过程，出现教育者对受教育者的再教育，这意味着新的德育过程又开始。第三，完整的德育过程还要实现两次转化，这两次转化缺一不可。这两次转化的具体内容是：将社会的要求转化为个人的思想；个人思想再转化为个体道德行为。第一次转化是内化的过程，第二次转化就是外化的过程。这就是我们常说的"内化于心，外化于行"。上述三个方面条件具备，方可说这是一个完整的德育过程。完整的德育过程概述起来就是教育者按照一定社会的道德规范要求和受教育者身心发展、道德形成规律，对受教育者有目的、有计划地在心理上施加影响，形成受教育者一定道德的过程。当然，德育过程始终是一个多因素、多层次、多环节的过程，是一个随着时代发展而发展的动态发展的过程，同时也是一个可以认识、有章可循的过程。

二、掌握：德育过程的基本规律

德育过程的规律性就是指德育过程相对稳定的内部联系，如，存在于德育过程中的教育者与受教育者的联系；构成品德的知、情、意、行之间的联系；作为社会意识存在的道德规范与个体道德的联系，等等。对此类的联系进行探讨，都是为了认识德育过程的规律性，对这些联系的研究和探讨构成了对德育过程基本规律的认识。

通过前面对德育过程的分析，可以清楚地了解到，德育整体过程结构中存在着三个基本因素，即教育者、受教育者和社会的道德规范要求。这三个基本因素以相对稳定的方式相互联系、相互作用，以教育者掌握的社会道德规范要求为矛盾的一个方面，以受教育者原有的品德发展水平为矛盾的另一个方面，构成德育过程自始至终的、自身的特殊矛盾运动。德育过程是以这一特殊矛盾运动为存在方式的，矛盾的任何一方消失，德育过程的发展也就随之停止。受教育者的道德的形成和深化，正是这一基本矛盾运动的结果。矛盾的不断产生和化解，促使受教育者的道德不断得到形成和深化。教育者在德育过程中的任务，就是掌握这一矛盾运动发展规律，促进矛盾的转化，反复、持续地对受教育者提出社会道德规范要求，引导受教育者自觉接受这些要求，并转化为个人的道德。

德育过程的基本规律是第一层级规律，贯穿于德育过程的始终。而德育过程的具体规律是德育过程的第二层级规律，是具有多维度的体系。关于德育过程的具体规律，主要是从横向的要素关系和纵向的实施运行阶段这两个维度来建构德育过程规律体系的。本书着重从纵向的实施运行阶段来解读德育过程的具体规律。德育的目的是要实现受教育者道德"内化"与"外化"的两次飞跃，也可以说成是内化阶段规律和外化阶段规律。

从上述对德育过程实现两个转化的必要条件分析中可见，德育的基本规律不是孤立存在的，它作为德育过程的普遍规律是与诸多特殊规律相联结的，普遍性寓于特殊性之中。因此，我们研究德育过程的规律，不仅要研究它的普遍规律，还要研究它包含的特殊规律，研究其普遍规律和特殊规律的互相联结。理论上讲的德育过程是从各种实际的德育活动中抽象出来的概念。实际的德育活动是多种多样的，依内容可分有：道德教育，爱国主义教育，集体主义教育，理想教育，劳动教育，科学世界观，人生观教育，个性心理素质教育等，每一项教育又包含了培养品德认识的活动、培养品德情感的活动、培养品德意志的活动、培养品德行为习惯的活动、培养品德能力的活动等，所有这些德育活动都受到德育基本规律的支配。但是，由于各项具体德育活动都有自己特定的任务、内容和活动条件，德育过程的基本规律体现在每一项德育活动中都具有特殊性。因此，所谓掌握德育规律，遵照德育规律办事，并不是拿着德育的基本规律套用，而是要去了解德育基本规律与每一项德育活动的具体条件相结合所产生的特殊规律。这些特殊规律既体现德育规律的普遍性，又体现活动过程的特殊性。这些特殊规律在整个过程中起支配作用，所以又称之为德育的具体规律。不同层次的具体规律不是彼此割裂的，而是相互联结的。不同层次的具体规律之间的关系是普遍与特殊、共性与个性的关系。同一个具体规律相对于起支配作用比它大的规律来说是特殊规律，而相对于起支配作用比它小的规律来说又是普遍规律。因此，研究和掌握德育过程的具体规律，并不是简单地掌握这个过程的一条规律，而是要去研究和掌握这个活动过程中不同层次的系列的具体规律，这样才能真正弄清楚这个过程的客观整体性。

第二节　分析：基于德育过程的规律实施道德与法治课程

一、内化：基于内化阶段规律实施课程

（一）通过社会主义核心素养来实施课程

人是对象性存在，也是关系性的存在。这就意味作为个体的人，无法离开群体与社会而独存。

社会主义核心价值观的提出，不仅确定了社会的道德与价值目标，也为人的发展尤其是年轻一代的发展提供了明确的指引。儿童期是道德发展的启蒙期，小学阶段品德教育是社会主义精神文明建设的基础工程。我们在道德与法治课程实施过程中，必须坚持以社会主义核心价值观为指导，坚持道德教育的方向

性；坚持以人为本，从儿童的实际出发，充分认识这个发展阶段的启蒙性，以培养具有爱心、责任心，具有良好行为习惯和个性品质的儿童为根本方针，使社会主义核心价值观得到扎实的落地。

那么，如何有效进行社会主义核心价值观教育呢？社会主义核心价值观不是抽象的概念，而是有生活基础、有生命力的真美善的价值观念。找到社会主义核心价值观的生活基础，教育的效果才能得到保障。在这个基础上，再结合具体的教育主题，包括中华优秀传统文化、法治、国情等，由近及远、由浅入深，引导学生认识和践行社会主义核心价值观，才能做到价值观教育的"可亲、可爱和可信"。

（二）通过有效教学行为来实施课程

作为对施教过程有着举足轻重作用的教师，在道德与法治课程实施过程中，需要明确以下几点：第一，需要充分认识道德与法治课的意义，把道德与法治教学当成与语文、数学一样重视，专心投入；第二，如何基于学生道德与社会性发展需要设计、组织学习活动；第三，需要思考教材中已经设计好的学习活动如何"校本化""班本化"；第四，需要重新摆正自己的位置，即由讲授者、说教者转向学习活动的设计者、组织者、参与者、指导者、辅助者。教师在实施道德与法治课程中，需要始终为儿童进入学习活动留有恰当的入口。如果一个教学活动本身无法使儿童参与其中，那这个教学活动也就失去了应有之意。统编版《道德与法治》教材，虽然是以活动为核心的教材，但是如果教师的教，只是照搬教材中的活动，那么教学就失去了以儿童为中心的趣味性和生活性，就唯以达成教的逻辑和学的逻辑的一致性。

（三）通过方法和载体的运用来实施课程

我们在道德与法治课程实施过程中，需要将国家要求渗透于儿童德育中，使二者有机结合起来，力图实现国家要求的有效落实。道德与法治课程的教材在设计时是以儿童生活为基础的，沿着儿童生活不断变化与发展的逻辑展开。这就要求教育者在实施课程的过程中，时刻提醒自己，需要根据不同发展阶段儿童的情况，依据教材所给出的相应主题，不断优化和完善相互联系的主题域，形成充满趣味性和接童气的教学方法。

对小学生而言，学校是他们的主要生活场域，教师需要遵循学生这一生活场域展开的路径，找到这一路径上的典型事件，引导学生了解和认识周围生活，与生活场域中的人进行交往、交流，对生活场域中的事件进行思考和探究，并在相互作用中得到成长。

（四）通过以生为本的思想来实施课程

道德与法治教育的实施要彰显学生的主体性地位，尊重其道德需要。人是道德的主体，进行道德教育要把握好"人是目的"和"人的道德需要"这两个主题。"人是目的"这一主题要求我们的道德教育要充分彰显学生的主体地位，将学生自身的快乐和幸福作为教育目的。"人的道德需要"这一主题让我们认识到学生是具有道德潜力的个体，德育必须尊重个体的道德需要，促使个体发挥道德主观能动性。由此，我们可根据学生的主观精神参与情况以及自觉的主体性德育的理念开展德育工作。即"由德育主体相对独立自主地根据社会的道德原则和主体的道德需要，着眼于促进受教育者自主性德性素质的养成和提高，充分体现出人的生存价值和生命意义，能够自觉履行社会道德责任的德育理念"。在道德教育的过程中，教师要明确每一个学生都是一个道德主体，其具有道德需要，内心天然地具备道德自觉因子，能够进行独立自主的道德判断，并实施理性的道德行为。教师要唤起学生的道德自觉，必须促进其自主性德性素质的养成和提高，充分尊重个体的生存价值和道德需要。由此，每一个学生方可实现自我道德成长，成为道德自觉之个体。

当然，个体道德自觉需要走向共同道德，共同道德的形成有赖于文化认同的实现。个体的道德自觉经由认同过程得到再度升华，走向共同道德。从个体的道德自觉走向共同道德的过程，分为两个阶段。第一阶段是个体道德自觉的汇聚阶段。正因为道德不是规则，不是律令，带有自主、自由的性质，共同道德必定来源于每一自主的道德个体，可满足个体的道德需求。所以，个体的道德自觉是共同道德的初始来源。而实现个体道德自觉的"汇聚"，实际上也就是要求个体与个体之间实现"汇聚"。无论是精神汇聚还是物质汇聚，交往都是其最主要的途径，实现个体自主、有效交往，从而完成走向共同道德的第一个阶段。第二阶段是个体道德自觉的融合阶段。融合个体道德自觉是一个更为复杂的过程，是个体间碰撞和交往中实现的心理融合，是个人或群体间相互接受、自愿和谐共处的心理准备状态。相互接纳、相互认可、和谐共处的心理融合阶段，其实就是不同个体的认知、情感或态度融为一体的阶段。不同个体的道德自觉要融为一体，单纯通过交往是很难实现的。交往过程往往带有很强的随意性和盲目性，不足以产生目标效应，即使能够产生也将是一个极其漫长的过程，会经历一些循环往复。所以，从个体道德自觉走向共同道德的融合，更加需要某种共通的内核引领，文化认同的必要性才突显出来。道德与文化之间具有天然的联系，一种良性的文化生态有助于引领社会道德氛围走向真善美，是个体道德自觉融合的"熔化剂"。"基于道德与文化之间天然的、本体意义上不可分割的联系，道德教育始终存在于一定的文化谱系之中；道德教育的价值理想体现了文化的内在精神和价值理想，其具体内容也反映了某种文化类型所要求的人伦规范。"文化认同相比个体交往更加深刻而明确，是个体道德自觉走向共同道德的必经之路。在此意义上，引导文化认同意义重大，而课程作为国家意志和教育意图的体现，就起着至关重要的作用。

二、外化：基于外化阶段的规律实施课程

基于外化阶段的规律即通过外部环境的影响来实施课程。对法治教育的探索与创新思考主要有三方面。第一，在法治教育中，应该明确义务教育阶段所进行的法治教育，是为了提高公民的法治素养，而不是为了培养法律专业的专门人才。法治教育是德育课程的一个有机组成部分，与道德教育融合为一体。第二，在儿童还不能准确地理解法律概念之前，法治教育是可以有所作为的。这就相当于学前班，我们可将法治教育比作是"前法律教育"。规则性的规范教育、基本文明素养的培养、基础性的道德教育，都可以算是"前法律教育"。之所以称这些教育为"前法律教育"，是因为这些教育发生在儿童能够理解法律范畴之前，其本身不是严格意义上的法律教育。但这些教育有法律教育意义，能够为后续进行的严格意义上的法治教育奠定基础。第三，在多数情况下，法律教育要以分散的形式进行，即儿童生活涉及法律问题，就可以进行相应的法律教育。但是，当儿童权利意识逐步觉醒时，也就是小学高年段，教材则对公民权利与义务等相关内容的法治教育进行了合理安排。

第三节　进程：道德与法治教育的文化自觉

对于个体来说道德自觉是其追寻的一种道德境界，而对于集体尤其是一个国家来说，还需要汇聚个体道德自觉走向文化认同并追寻共同理想。共同理想的树立，对于和谐社会的建设和发展有着十分重要的意义，它是引领群体奋斗与前进的不竭动力。因此，我们的道德与法治教育应当承担起唤醒民众的道德自觉，在此基础上引导个体达成文化认同，最终使共同理想成为每个人心中坚定的信仰和使命。

一、唤醒：发掘儿童的道德生命

道德力量源于人内心的自觉和敬畏，此种敬畏需要外部的唤醒方可实现，道德教育则承载着这一使命。

（一）道德始于自觉

道德既是人的主动选择，也是人的理性选择。所以说，道德始于自觉。

首先，道德是人的主动选择。就人类整体而言，群居生活给予人类克服个体所不能克服的生存困境的能力，也消除个体的孤寂而提升人类的幸福感。群体生活需要规范性来调节各种矛盾和冲突，以维持群体生活的有序运行。道德正是人类解决这些矛盾或冲突的主动创造和理性选择。当回归到个体的"人"时，道德也是人主动选择的结果。人的生存不仅是满足生物性需求，还有着强烈的精神需求，对美好生活的追寻正是精神的内驱作用。而道德不仅作为一种规范性而存在，更是一种心灵信仰。当个体道德达到一定境界，其心灵会得到前所未有的净化和充实，真正感到一种超越尘世物欲般的快乐。所以，道德也是个体的主动选择。

其次，为什么强调理性？因为好奇、诚实和独立，都必须把严格的理性作为前提。理性意味着拒绝短期诱惑、功利心和许多天然的人性弱点，同时意味着拒绝主观臆断，以怀疑的态度、科学的方法去提出问题并找到答案。道德是人的理性选择。人这一生要解决好三大关系：先解决人与物之间的关系；然后解决人与人之间的关系；最后解决人与内心之间的关系。道德正是人类基于这三大关系的处理而做出的理性选择。人类经历了很长一段时间的"非人化"对待自然，使得自然受到伤害并报复于人类。只有理性的道德替代感性的欲望，人类才能够重新回归自然的和谐状态。处理好人与自然的关系是我们人类生存的需要，而基于生活的需要则必须处理好人与社会的关系。道德既可激发出人的理性本能，也可以尊重人的自主权利，于是人理性地选择了道德。在人与自己内心的关系上，为了与自己和谐相处而选择了道德。人类作为生物性存在，有着各种各样的欲望。然而，人又是理性的存在，不可能真正成为"机器"，因为我们会"认识自己"。理性的自我能够对物性的自我进行检视，并超越物性的自我，道德就是调整理性自我和物性自我的有效工具。

（二）自觉需要唤起

人类的社会性本能是群体自然选择的结果，并非个体的主动选择。当道德自觉作为一种主动和理性的选择时，其主体是整个人类。道德自觉是人类进化过程中的一种必然选择，反映的正是人类的社会性本能。而当回归真实道德情境中的人时，自觉并不一定能被个体所选择，原因就在于个体还具有利己本能。人都有自私自利的倾向，追求个体利益的最大化，如果不加以适时的引导，就会走向彻底的自私，也断绝了道德自觉行为的路。道德教育作为一种有效的引导力量，能够承担起唤起个体自觉的责任。道德教育通过科学、有效的外部影响，抑制了个人的"自私基因"，并雕刻上"道德"的印迹，唤起道德自觉的因子，从而使得自觉意识渐渐转化为行为，实现个人道德境界的提升。

（三）自觉如何唤起

基于个体都具有道德潜力的事实，道德教育需要充分尊重人作为主体本身的道德需要。在此基础上，要积极地运用情感力量激发个体实施道德行为的动力。在唤醒个体的道德需要并激发个体的道德动力之后，还需要按照知、情、意、行的道德发展过程进行全方位的引导和教育。

首先，道德教育要充分尊重学生的道德需要，彰显学生的主体性地位。人是道德的主体，进行道德教育要把握好"人是目的"和"人的道德需要"这两个主题。"人是目的"要求道德教育要充分彰显学生的主体地位，将学生自身的快乐和幸福作为教育目的。"人的道德需要"要求我们明确学生是具有道德潜力的个体，需要尊重个体的道德需要，促使个体发挥道德主观能动性。

其次，道德教育要认识到情感的力量，激发学生的道德动力。个体的道德成长是一个复杂的过程，既需要道德规则的引导，也需要道德情感的润泽。对于唤起个体的道德自觉来说，情感润泽的作用更为关键。对于人的道德养成来说，规则教育是必不可少的一部分。然而，规则教育毕竟是一种外在的德育方式，对于唤起个体的道德自觉来说，规则教育缺乏的是一种情感唤起。情感是行为的重要动力，对于道德行为的发生来说，更是如此。情感是一种判断尺度，能预测什么会促进或威胁到人的价值，什么会支持或反对他——情感是快如闪电的计算器，能迅速计算出他的得失。道德自觉的唤起不是通过外在的强制呼唤就可以实现的，而是需要一种内在的、循序渐进的情感过程，这种情感教育势必是一种积极的、正向的道德影响。在此过程中，受教育者产生了愉快的道德情感，而道德情感强化了道德需要，道德自觉的动力也就由此产生。道德自觉本身就是一种道德需要。"当一个人想到善、正义这类道德范畴时，就会在内心产生某种共鸣、敬畏、抑制、尊严等心理的、情感的或理性的震荡，并使这种震荡融合到道德行为的选择和评价过程中去。"因此，道德教育要在规则教育中，充分运用情感的力量，来激发出学生的道德动力。

最后，道德教育要遵循身心发展规律，对学生进行知、情、意、行的引导和教育。具体来说，个体道德认知是自觉生成与发展的前提；道德情感是自觉发生的助力和动力；而道德意志是自觉得以维持的保障；道德行为则是自觉的归宿。个体只有掌握一定的道德知识、道德原则和道德规范，才能真正深入理解和把握一定的社会道德现象和道德关系，不断提高自身的道德判断力，从而为个体道德自觉的生成与发展奠定基础。建立起认知后，将情感引入道德领域，便会产生道德情感。道德情感是个体的内心体验、主观情绪和态度。对个体来说，道德情感往往直接影响个体对善恶、是非的鉴别，对道德规范与原则的自觉遵守，会影响个体对道德文化的认同感和归属感，以及对不同道德生活方式的选择与追求，最终会影响个体道德自觉的生成与发展。道德意志则是个体道德自觉生成与发展中的能动要素，道德意志一旦形成，就会发挥道德调控和道德保障作用，坚强的道德意志能够果断地做出道德抉择，变道德自觉意识为道德自觉行为，促进个体道德自觉和人格品质的生成，最终提升个体道德自觉境界。经历了知、情、意的沉淀，个体的自觉行为也会渐渐呈现，也意味着自觉走向了其最终的归宿。

二、引导：融合儿童的道德自觉

共同道德是个体道德的自觉"汇聚"和融合到一起的结果。道德自觉的"汇聚"须个体经由自觉、自主的交往行为来实现。而道德自觉的融合则是一个更为复杂的过程，需要文化认同来完成。当前我国文化认同的核心任务即主流文化认同，道德教育要明确这一任务。在此基础上，通过挖掘中华优秀传统文化精髓、弘扬革命文化和坚定社会主义先进文化方向来完成这一使命。

（一）文化认同的必要性

以道德自觉催生共同道德。人是关系性的存在，这就意味着作为个体的人，无法离开群体与社会而独存。道德建立在人类的群体意识基础之上。从表面看，道德是以"人"为载体，栖居于个体的精神世界，但本质上却是以"群"为单位表现出来的，因为人类群体意识的觉醒才是道德发生的契机，道德蕴藏着人类精神世界生成的关系性和群体性，体现为一种精神共有。这也意味着，道德的诞生更多的是基于群体共同的信念和价值观，体现为一种共同的道德。在原始社会，共同道德体现为族群意义；而在现代社会，共同道德则具有更为重要的国家意义。因此，个体道德自觉需要走向共同道德。共同道德的形成依赖于文化认同的实现。

（二）文化认同的关键

高度的文化认同，能催生出高度认同的价值观，即共同道德。对国家来说，文化认同的核心内容是主流文化认同。因此，当前我国文化认同的关键是主流文化的"主流化"，即主流文化的主流地位得到大众的认同，真正成为引领国家精神生活的力量。"只有基于主流文化认同，才能实现我国德育的预期价值，才能为受教育者德性向真善美无限接近提供文化滋养。"教育本身就是一个求真、求善、求美的过程。

文化认同可使个体道德自觉走向共同道德，此过程具有抽象性和内在性。而主流文化认同则给予"认同"以明确、具体的方向和内容，使文化这一"无形"的精神食粮转化为"有形"的精神动力。主流文化虽说建立在国家权力基础上，却充分表达社会大众的意愿，观照社会大众的需求，建设社会大众的幸福生活。社会大众对主流文化认可、赞同并接受，个体在行为实践中能够遵照主流文化价值观，实现主流文化认同的同时也是在建构个体的美好生活。当前，追求对国家主流文化的认同，是凝聚不同个体、不同民族走向团结的过程。倡导和践行主流文化为基调的社会主义核心价值观，是个体道德自觉走向共同道德的关键所在。

助推主流文化"主流化"，道德教育肩负责任，但道德教育何以助推？在党的十九次全国代表大会上，习近平总书记指出："中国特色社会主义文化，源自于中华民族五千多年文明历史所孕育的中华优秀传统文化，熔铸于党领导人民在革命、建设、改革中创造的革命文化和社会主义先进文化，植根于中国特色社会主义伟大实践。"传统文化是民族文化之根源，革命文化是国家革命胜利之支撑，社会主义先进文化则是文明进步之未来方向，我国的主流文化即中国特色社会主义文化可以说是三者融合、升华的结果。所以，道德教育助推主流文化"主流化"，一是要着力于挖掘传统文化精髓；二是致力于革命文化的弘扬；三是坚定社会主义先进文化方向。

首先，道德教育要着力于挖掘中华优秀传统文化精髓，指引个体寻本溯源。传统文化对于实现主流文化认同意义重大。2017年1月，中共中央办公厅、国务院办公厅印发了《关于实施中华优秀传统文化传承发展工程的意见》（以下简称《意见》），从理论和实践层面讲明了为什么传承发展、具体传承发展什么、怎样传承发展中华优秀传统文化的问题，指出传承中华优秀传统文化，必须"牢牢把握社会主义先进文化前进方向"，传承中华优秀传统文化要有助于弘扬社会主义核心价值观，培育民族精神和时代精神，解决现实问题、助推社会发展。《意见》还指出，党在革命、建设、改革的伟大实践中，自觉肩负起传承发展中华优秀传统文化的历史责任，"是中华优秀传统文化的忠实继承者、弘扬者和建设者"。传统文化本身就具有十分丰富的精神资源和道德资源，更为重要的是，其具有深厚的历史传统和群众基础，更易为社会群众所接受和认同。因此，在当下实现主流文化认同的关键就在于从中华优秀传统文化中汲取资源和力量。

其次，道德教育要致力于弘扬革命文化精神，唤起民众的集体记忆。习近平总书记在庆祝中国共产党成立95周年大会的讲话中谈到文化自信时指出："在5000多年文明发展中孕育的中华优秀传统文化，在党和人民伟大斗争中孕育的革命文化和社会主义先进文化，积淀着中华民族最深层的精神追求，代表着中华民族独特的精神标识。"在整个革命年代，革命文化得到了社会的普遍认同，其精神追求、精神品格汇聚成一股强大的精神力量，激励并引领着当时的人们。如今，大多数个体在时代大潮中显得微不足道，面临更多的是世俗事务，而"平凡人"的生活依然需要革命文化中的牺牲、奉献等精神，只是其表现形式有所变化。可见，道德教育需要致力于弘扬革命文化精神，并将革命文化精神转化为满足新时代个体需求的新精神。一方面，要对革命文化记忆进行唤醒、重现，可通过多种教育途径实现；另一方面，要对革命记忆进行新时代解读，满足新时代个体的精神需求。

最后，道德教育要坚定社会主义先进文化方向，开拓主流文化新阵地。不同的社会、不同的发展阶段，对文化的需求存在千差万别。而基于社会不断变革的现实，文化若不能及时更新和发展，将无法满足社会需求而遭到抵制甚至淘汰。而"先进文化应当是符合人类社会发展方向，体现社会生产力发展要求、代表社会成员最根本利益、反映时代发展潮流的文化"。先进文化的核心特征是先进性，也就是说，具备敏锐的未来视角，兼顾社会的现实需求和未来需求，可以说是国家主流文化的灵魂。社会主义先进文化在不断地提升人的精神生活，提高人的伦理道德，促进人的自我完善和发展。人的精神生活第一是精神元气；第二是理想、信念；第三是娱乐、文化、感性。从幼年期的好奇到少儿期的好动，从青年期的莽撞到成年期的稳重，从中年期的成熟到老年期的保守，个体的成长是多方面、多层次的。所以道德教育也秉持这一目标，同时肩负创造新文化之责任。道德教育只有牢牢把握住社会主义先进文化的方向并坚定地走下去，才是对立德树人目标的尊重，才会创造出文化使命的追随者。在此过程中，道德教育也在不断开拓主流文化的新阵地，使得文化认同形成良性循环和发展。

三、追寻：达至社会的文化认同

当主流文化认同达成时，共同理想的树立才成为一种能够实现的可能性目标。习近平总书记在党的十九大报告中指出："要以培养担当民族复兴大任的时代新人为着眼点，强化教育引导、实践养成、制度保障，发挥社会主义核心价值观对国民教育、精神文明创建、精神文化产品生产传播的引领作用，把社会主义核心价值观融入社会发展各方面，转化为人们的情感认同和行为习惯。"以培养担当民族复兴大任的时代新人为着眼点，为道德教育指明了方向，其使命就在于引导个体形成民族复兴的共同理想，并为之奋斗。

（一）共同理想的塑造

对于社会来说，共同理想作为社会主流的愿景，引领着社会的文明和进步。社会是由个人组成的共同体，这个共同体中的人们由于相互交往和共同生活，其生存境况和生存命运总是相互依存、相互依赖的。共同体的未来对于每一个成员的生活前景都会产生巨大影响。因此，寻求社会生活共同体的"共同理想"，对每一个成员的生存发展具有十分重大的意义。而且，共同理想的确立往往经过了社会共同体绝大多数成员的理性思考，是一种集体智慧。所以，对于共同体成员来说，信奉和坚持共同理想意味着"在面临共同体的公共事务和整体利益时，他有义务尊重并服从共同体的价值理想，以及这一价值理想所蕴含的价值规范"。而当共同体中的成员之间产生分歧和冲突时，共同理想充当着"凝固剂"和"社会水泥"的角色，能够最大限度地消除分歧，团结个体，确保共同体的一致性。所以，对于整个共同体而言，寻求共同理想，意味着确立使所有人"休戚与共"、命运相关的共同愿景，它将带来共同体的稳定繁荣，并引领社会走向更加美好的明天。

（二）共同理想的终极追求

社会的共同理想指的是对一个社会的绝大多数成员都具有引导性和规范性的价值理想。从1840年至今，"民族复兴"的中国梦几经变换，但其本心不曾改变。中国梦承接千年回响，承载百年渴望，不断丰富和完善国家富强、民族振兴、人民幸福的时代主题和本质内涵，展现了光明的前景。尤其是当今"中国梦"的提出，更加明确了民族复兴的共同理想。习近平总书记在参观《复兴之路》展览时提出了"中国梦"。在十二届全国人大第一次会议上的讲话中，习近平总书记进一步阐述了"要实现国家富强、民族振兴、人民幸福"；党的十九大的主题中有一个重要的关键词，即"不忘初心"，这个"初心"也是民族复兴的伟大理想。社会共同体的繁荣是个人生存发展不可或缺的条件，所以旨在推动社会繁荣进步的共同理想与个人理想具有深层的统一性。而民族复兴这一共同理想，包含经济发达、文化繁荣、政治昌明、社会和谐、生态文明等多重内涵，可以说是十分丰富和深刻的。民族复兴这一共同理想既立足于人民的整体幸福，也最大限度地为实现自我的个人理想创造条件，是共同理想和个人理想的完美结合。由此可见，民族复兴可以说是共同理想的终极追求。道德教育使个体树立起民族复兴的共同理想，让民族复兴的共同理想成为每个人的人生指引，实际上就是培养个体对国家的道德责任感。

要引导学生修身养性，做到自律，培养其对自我的道德责任心。民族复兴的共同理想，本来就是一个抽象和宏观的概念，着重于对人进行精神和信仰的指引，强调个体对国家和民族都负有道德责任，对民族复兴都有所贡献。而对国家和民族的道德责任必定始于自身的道德修为，要重塑学生的家国情怀，扩展其对国家的道德责任感。在中国传统文化中，家国情怀有其深刻的哲学依据，即"天人合一""万物一体"。"在中国文化的生态和脉络下，家国情怀本质上是一种情感认同、价值观认同、文化认同以及民族认同。"根植于中国传统社会对血缘和亲情的热爱及尊重。家国情怀不但内在地包含忠于国家或整个民族的爱国意识，强调爱家即爱国，还要求在个人利益、国家利益或民族整体利益发生冲突时，应"先天下之忧而忧，后天下之乐而乐"。所以，要引导学生树立民族复兴的共同理想，必须以道德教育激发学生的家国情怀，进而培养他们对国家的道德责任。

第三章　培育践行

第一节　多维：学校德育过程与学科教学相互渗透

德育是引导学生学会怎样做人的教育。要学生学会做人，当然要直接讲一些道理，传授一定的道德准则和理论知识，以提高学生的认识，引导学生在做人的全部生活实践中学习和锻炼。因此，德育渗透于各学科教学、课外校外活动、师生关系、学生集体、校园环境、家庭生活等各个方面。教师要做好德育工作，就必须树立"渗透"意识，自觉且有目的、有计划地把德育渗透到学生的各项实践中去，使学校的全部教育活动都成为培养和促进学生优秀思想品德的活动。渗透德育不仅范围宽广，而且容易被学生接受。苏霍姆林斯基说："造成教育青少年的困难的最重要的原因在于，教育实践在他们面前以赤裸裸的形式进行，而处于这种年龄期的人按其本性来说是不愿意感到有人在教育他的。"渗透德育是以潜移默化的方式，使学生在不知不觉中受到教育，因而能够产生良好的效果。德育过程中潜移默化的方式之所以实际效果好，是因为它发挥了无意识心理活动的作用。教育是通过心理活动实现的。心理活动分为有意识和无意识两种，一切有意识的活动都建立在无意识组合之上。德育过程重视潜移默化，能使有意识活动与无意识活动有机结合，从而使人脑接受外界信息的潜能得到比较充分的发挥。德育渗透的途径很多，主要是在各学科教学中渗透、在课外各项活动中渗透，以及在校园文化中渗透等。

一、元素：德育的基本组织形式

教学不仅是学校实施智育、体育、美育和劳动技术教育的基本组织形式，也是学校实施德育的基本组织形式。教学为学生品德及其能力的形成和发展，提供了文化科学知识基础和能力基础。科学的世界观和人生观，社会主义的政治观点、法纪观念和道德品质，必须建立在科学知识和一定的智力发展及理性思维的基础上。教学过程中的德育是教学，是其内在所具有的客观规律的反映和要求，既要传授文化科学知识，发展学生能力，又要培养学生品德，并落实到整个教学体系中去。要把科学性和思想性结合起来，这是教学的一个基本原则。教学是学校实现德育内容，达到德育目标的基本手段。要在各门学科教学中渗透德育，课堂教学是主要阵地。各门学科的课堂教学都要遵循"教学永远具有教育性"这一规律，把知识传授、能力培养、智力发展和思想情操陶冶结合起来，发挥课堂教学育人的整体功能。总之，通过教学对学生进行道德品质教育是学校德育最经常、最有效的形式，也是学校德育区别于校外教育机关德育的一个显著特点。任何一种道德品质的形成，都是积极因素克服消极因素的矛盾斗争过程。这一矛盾斗争过程存在于各种思想品德之间，也存在于各种不同思想水平的人之间。儿童从懂事开始就接受着教育和外界各方面给予的道德影响，这个影响有积极的也有消极的，通常是以公与私、先进与落后、正确与错误不同形式表现出来，积极因素是正确教育和影响的结果，也是道德与法治扎根的土壤和发展的基础。所以课堂教学中渗透德育要紧扣学科的性质与特点进行，解决好各种矛盾冲突。

（一）通过教学实施德育，主要是通过传授和学习文化科学知识实现的

因为各科教材中都包含有丰富的德育内容，只要充分发掘教材所具有的德育因素，把教学的科学性和思想性统一起来，就能以系统的文化科学知识武装学生，同时使学生受到良好的道德品质教育。教育者需根据各门学科的特点，对学生进行生动活泼的道德品质教育，充分发挥其应有的德育作用。学校开设具有德育性质的学科课程，是专门对学生进行道德品质教育的显性课程，在培养学生良好品德方面有着特殊作用。如道德课以爱祖国、爱人民、爱劳动、爱科学、爱护公共财物的"五爱"国民公德为基本内容，结合贯彻《社会主义核心价值观》《小学生守则》《小学生日常行为规范》，向小学生进行启蒙性的国民道德品质教育和文明行为习惯的养成教育，目的在于为小学生打好基本的品德基础、做人基础。

在具有德育性质学科课程的教学中，教师除贯彻科学性和思想性相结合的原则外，特别要注意贯彻理论联系实际的原则。理论联系实际，跟实际生活相结合，包括联系历史的和现实的实际，当前国际和国内的社会生活、政治生活以及学生的思想、行为实际等。在我国新的历史时期，德育性质的学科课程教

学必须面对现实，敢于和善于正视新形势下的新情况、新问题，以及学生思想上行为上的新特点，科学地、有针对性地去解释实际工作中提出的各种问题。

在中小学渗透德育性质学科课程的教学中，教师要特别注意选取典型事例讲清有关道理，尤其在小学，采用讲故事、唱歌谣、看影视或让学生参与活动和表演等方式，把德育融于生活、活动、有趣的讲故事等情境之中，使学生明理晓道，潜移默化地受到德育教育。

（二）语文、外语等人文学科中包含丰富的社会人文思想，是对学生进行道德教育的极好素材

在人文学科教学中，教师坚持文道结合的原则，不仅能使学生学到相应的知识，而且能使学生懂得是非、善恶、美丑和历史发展的规律，从而在思想上受到爱国主义精神、崇高理想情操和历史唯物主义观点等的教育与启迪，心灵上受到感染，品德上得到陶冶。以语文学科来说，它的基本特点是工具性和思人文性，语言文字为表，思想内容为里，课文是思想内容和语言形式的辩证统一。语文课文大部分反映了人文的内容，写社会、写人物、写景物，无不倾注作者的爱与憎、好与恶。教师在教学时缘文释道，因道解文，以文中内在的高尚思想、道德情操催生学生的心灵之花，让学生感受到语言文字的表现力和生命力，并受到文中情和理的潜移默化的影响。

（三）数学、科学、信息技术等自然学科的内容中，不仅包括着丰富的自然科学知识，而且充满着科学的精神和唯物辩证法的思想

在自然学科教学中，教师运用唯物辩证法的思想分析、讲解有关教材内容，揭示自然规律，可以使学生直接受到唯物辩证法思想的教育。科学求真，艺术唯美，教育向善，教师需要结合学科教材内容，有目的、有计划地向学生介绍科学家的追求真理、造福人类的精神品质，介绍我国历史上和现实中科学家们的重大发现、发明、创造及其爱国事迹和治学精神。这样不仅可以使学生受到科学思想、科学精神、科学道德的教育，而且可以增强学生的民族自尊心和自豪感，促进学生爱国主义情感的发展。数学学科中充满了辩证唯物主义的素材，如整数和分数、有限与无限、正数与负数、实数与虚数、常量与变量、直线与曲线、偶然与必然等，都是矛盾着的双方，各自以它的对立面而存在。这些既矛盾又统一的概念，为学生树立对立统一的观点提供了基本的物质素材。数学中的一些基本方法，如分析、综合、归纳、演绎、特殊化、一般化等方法，在

本质上也是辩证的，这些方法的运用，也有助于学生德育观点的形成。

（四）体育、音乐、美术等艺术类学科教学，不仅可以进行健与美的教育，而且可以锻炼学生坚强的意志，陶冶学生高尚的道德情操

艺术类学科教学可以让学生在健与美的愉悦享受中，潜移默化地受到爱国主义、集体主义、精神文明、组织纪律以及人生理想和追求等方面的教育。音乐教学能够陶冶情操，激发学生热爱祖国的情感，培养乐观向上的精神，提高他们的精神境界。音乐课中民族音乐的教学就能有效地进行爱国主义教育。如《苏武牧羊》《花木兰》等乐曲，能够加深学生对祖国悠久文化历史的了解；《春江花月夜》《百鸟朝凤》《阿拉木汗》等，能加深学生对祖国大好山河的热爱，对现实生活的赞美及对美好理想的向往。美术教学由于艺术形象的直观性，能更有效地渗透思想品德教育。古语云："文以载道。"艺术作品中蕴涵了丰富的道德情感和相应的道德价值，它承载的道德价值可以得到社会的普遍认同，蕴涵的思想感情是创作者本人及社会的共同倾诉。尽管小学生的认知发展水平有限，但那些带有寓意的童话、神话、故事、动画片、儿歌、儿童剧、连环画等，可以让儿童体验到其中蕴涵的道德情感，也可以让儿童明白其中所蕴涵的道理。教师的工作就是要带领学生进入到这种意境和情感之中，切身体验这种情感，特别是道德情感。体验艺术作品中道德情感的过程，其实就是对这种情感进行相应的心理调适的过程。美术教材中的欣赏作品都有健康的思想内容和艺术表达形式，都客观、真实而又典型地反映了现实生活的美和自然美。展现出祖国锦绣山河的风景画、中外历史名画、精巧的工艺品（陶艺、软陶、黏土等）与造型别致的图案设计等，这些富有艺术感染力的作品，蕴含着艺术家丰富的思想情感和崇高的情怀。教师要指导学生正确地欣赏这些作品，以美激趣，以美启智，以美育德，以美求真，以美冶性，以美储善，以美润心，以美养品，激发学生的爱国热情，启迪他们认识生活，树立正确的人生观和远大的理想。

劳动技术课是一门实操性强的技能课，劳动技术课教学能够培养学生热爱劳动人民的思想感情，耐心细致、精益求精的工作作风，勤俭朴素、爱惜劳动成果的优良品质。

（五）学校是学生踏入未来社会的前期模拟社会，应充分利用学校教育磁场的作用，建立良好的教育生态系统

比如教学方法和教学组织形式都具有德育意义，各种教学方法，特别是针

对学生特点而采用的教学方法，能对学生的品德产生深刻的影响。学业成绩的检查与评定，学习态度的奖励与惩罚、表扬与批评等方法，都具有德育的作用。课堂教学是一种集体教学形式，几十个学生在一个班级共同学习，赋予严密的组织和严格的纪律，这有利于培养学生集体主义的思想和团结友爱、遵守纪律等品质。个别辅导是一种个别教学的形式，能弥补课堂教学的不足，因材施教。因此，结合个别辅导进行道德与法治教育更直接、更具体、更有针对性，因而也更有效。

（六）教师的榜样作用具有重要的教育意义

教师的榜样作用是通过服务学生来体现的。道德教育是教师价值引导与学生道德自主构建的统一。在培养学生道德情感的过程中，教师始终是一个可亲的关爱者，一个平等的对话者，一个周到的服务者。对学生道德情感的培养是长期缓慢而艰苦的，这就要求道德与法治教师要有极大的耐心和决心。对学生关心与热爱，师生之间进行情感交流是情感陶冶的一种方式。教师对学生亲近、关心、理解、信任、尊重与宽容，既是师又是友，在活动中与学生打成一片，可以产生一种强烈的精神力量使学生受到感染。所以教师热爱一个学生就等于塑造一个学生，厌恶一个学生就等于毁掉一个学生。因为教师的热爱，学生往往会产生对教师的信赖仰慕、共鸣和感激，进而期望成为教师所要求的人。同时教师对教学的高度的责任感、强烈的事业心、严谨的治学态度和不断进取的精神，无一不在时时影响着学生，教育着学生。因此，教师要以身作则，教书育人，不仅要当好"经师"，更要做好"人师"。

学生的学习活动本身是一种艰巨、复杂的劳动，学习既是学生的权利，也是国家交给他们的任务，通过学习活动帮助他们形成对祖国、对人民的责任感和义务感，养成他们勤奋好学的好习惯。

（七）校园文化也是渗透德育的重要途径

这里的校园文化是相对课堂文化而言的课外文化，包括舆论风气、人际关系、校园环境等。良好的校园文化是一种重要的教育力量，它以某种特有的潜在作用，影响着学生的思想品德和心理素质。比如非智力因素，主要包括人的动机、兴趣、情感、意志、性格等要素，它们的培养不能靠知识传授这一环节，而是需要一种文化氛围的熏陶、感染和潜移默化的影响。校园文化正是由于内容的丰富多样、形式的生动活泼、范围的广阔宽远，满足了非智力因素培养的需要。校园文化实质就是为学生提供一种濡化教育过程得以发生的群体生活环境，树立学校文化价值，秉承学校文化创新，创设濡化载体，建设学校文化。正是在这样一种特定的文化环境中，学生有机会进入未来人生阶段的预演，学会思想交流与交际，从而为适应未来社会生活做好准备。因此，学校要重视校园文化建设，组织好学生集体，形成尊师爱生、团结互助的风气和正确的集体舆论，美化校园环境，使学生生活在清新、舒适、整洁、有序，具有浓厚教育文化氛围的环境之中；深入推动文明校园创建活动，在特色校园文化建设上不断发力，努力"让墙壁说话、草木劝学、环境育人"变为现实。

这里再讲讲校园环境的建设。苏霍姆林斯基认为，跟人的生活相关的一切都应当是美的，所以他领导的帕夫雷什中学十分重视校园环境的美化。校园里到处是花草树木，使学生自己创造并生活于其中，环境成为培养学生优良品德的重要场所。他说："孩子在他周围——在学校走廊的墙壁上、在教室里、在活动室里——经常看到的一切，对于他精神面貌的形成具有重大意义。这里的任何东西都不应当是随便安排的。孩子周围的环境应当对他有所诱导，有所启示。我们竭力要使孩子所看到的每幅画、读到的每句话，都能启发他去联系自己和同学。"

二、发掘：学科课程的思政功能及价值

课程中的德育元素不是学科课程与德育课程的简单整合，而是把德育课程的相关内容植入、嫁接到学科课程中。语文、数学、外语、科学、美术、音乐等，每门学科都有其特定的学科属性。尊重、坚守每门学科的学科属性是推动课程德育教学改革的前提，绝不能把语文、数学等学科课程变成德育课程。教师需要从各学科课程内容中发现、发掘、提炼德育教育的资源、元素、内涵，就如同把散落在泥沙中的珠贝捡拾起来，整理打磨，穿珠成串，让它焕发出光彩。

如何在各学科的教材、教学内容中发现德育教育的资源并有意识地进行教学设计，是课程德育理念落实到教学中的难点所在。这要求教师既要对学科知识开展深入研究，寻找具体的结合点，更要超越具体的知识点，从更高、更广的视野来审视和思考，学科课程可以在哪些方面实现德育功能和价值。换言之，可以从哪些方面对抽象而高度概括的德育进行分解，将其育人功能融入、落实到学科课程的教学中去。笔者认为，这需要在学科课程的教学中发掘其隐含的

德育功能和价值。在学科中，有四个方面包含具有共性的德育元素。

（一）价值导向

价值教育是现代教育的灵魂，社会主义核心价值观高度浓缩概括为 24 个字：富强、民主、文明、和谐，自由、平等、公正、法治，爱国、敬业、诚信、友善。社会主义核心价值观既反映了我国社会主义建设和发展方面的共同追求，又体现了对个人品格的共同要求。不管是哪门课程，都必须坚持和弘扬社会主义核心价值观，这是课程育人的灵魂。

本次课改提出教学改革的三维目标：知识与技能、过程与方法、情感态度价值观。这三个目标既各有内涵，又有机统一，反映了新课程目标的多元性、综合性与均衡性。提出"情感态度价值观"目标，就是强调要以学生的发展为本，培养学生正确的学习态度、高尚的道德情操，形成正确的价值观和积极的人生态度。

在全球化和世界文化相互激荡、价值观多元化的时代背景下，积极弘扬和培育民族精神、强化国家认同，引导学生增强中国特色社会主义道路自信、理论自信、制度自信、文化自信，变得尤为重要和紧迫，义务教育阶段统编三科教材的根本目的在于全面系统地落实社会主义核心价值观，为此义务教育阶段的语文、历史、道德与法治三科教材做了一系列改变，加强了爱国主义教育、革命传统教育、中华优秀传统文化教育、法治教育、国家主权意识教育和民族团结教育等方面的内容。

统编三科课程具有较强的意识形态属性，价值导向鲜明，能在课程、教材中找到内容载体。那么在数学、科学等学科中，如何体现课程德育的理念呢？其实教师只要有落实课程德育理念、融入社会主义核心价值观的自觉意识，都是可以找到载体的，并能找到切入点和结合点。

（二）文化传承

中华传统文化是中华民族五千多年的社会实践形成的思想理念、传统美德和人文精神的集合，体现出中华民族特有的思维方式和精神标识。它在历史上为推动民族进步和社会发展发挥了重要作用，时至今日，依然具有显著的时代价值。我们要科学辨析传统文化中的精华与糟粕，实现优秀传统文化的创造性转化和创新性发展。传承和创新优秀传统文化对于弘扬社会主义核心价值观、增强文化自信具有重要意义。我们需要深化对传统文化的科学认知，赋予优秀传统文化新的时代内涵和新时代表达。

我们培养的面向未来的时代新人，应该既有国际视野，又有家国情怀。为学生烙上中华优秀传统文化的印迹、让他们将中华优秀传统文化传承下去，教育的使命在于促进教育的完整性和造就具有完整性的人，这是中小学教育的使命和担当，这一使命和担当需要各学科共同完成。在语文、历史、道德与法治等课程中，有大量体现中华优秀传统文化的内容。如统编小学语文教材中，所选古诗词、文言文的比例均有所提升，还增设专题栏目，安排了对联、成语、谚语、歇后语、蒙学读物等传统文化内容；统编小学道德与法治教材中，介绍了传统节日、民歌民谣、传统美德、民族精神、古代辉煌的科技成就等内容，增强了学生对中华优秀传统文化的理解和认同。

数学、科学等与自然科学相关的学科，同样负有文化传承的使命和担当，可以找到课程德育的切入点。各学科更注重凝练学科核心素养，在传授知识的同时，更强调讲清知识的起源、学科思想史，以及学科知识对于自然与社会发展的意义。中国作为四大文明古国之一，曾在诸多领域涌现出一批科学家，留下富有智慧的科学思想，对人类社会发展做出过巨大贡献。发挥课程德育功能，就要在教学中有意识地发掘这些元素，穿插安排相关内容，激发学生的文化自信，让他们正确认识近现代中国发展落后的原因，树立为中华民族伟大复兴而发奋学习的远大志向。

（三）品德养成

教师应该通过技能、明智和道德性三方面的塑造，让学生成为自由行动者。技能、明智、道德性，其实也是学科课程所应达到的目标。这就要求教师在学科课程的教学中要做到目中有"人"，要关注学生的全面成长，尊重生命的成长规律。在知识以外，学生还应学会按照准则去行动，学会道德自律，而这也正是康德在道德培养上最为强调的两个方面。

中小学是学生品德形成的重要阶段。学生品德养成需要社会、家庭、学校三方面形成合力，以提高学生的道德认知水平，并在实践中体悟、内化成个人品德和行为表现。就学校教育而言，提高学生品德修养，绝不仅仅是依靠德育课程就能完成的，其他学科课程及教学在促进学生品德养成方面的作用是巨大的。

以体育、劳动课为例，体育课程通过让学生参与体育运动项目和相关赛事，不仅要让学生提高身体素质和运动技能，还要让学生从中得到体育精神的熏陶和意志品质的锤炼，学会遵守规则、尊重对手、公平竞争、友善相处，学会文明观赛、互相欣赏、团队协作，培养集体荣誉感和顽强拼搏的精神。劳动课程也不只是为了提高学生的劳动技能，更重要的是通过"劳动"这一形式和载体，让学生懂得尊重劳动人民的劳动成果，树立劳动最光荣、劳动最崇高、劳动最伟大、劳动最美丽的思想观念，从而热爱劳动，以辛勤劳动创造财富。从某种意义上说，劳动课程的育人价值已经超越劳动知识技能本身的价值，成为劳动课程的核心价值。

（四）科学精神与技术伦理

在人才的培养过程中，科学与人文往往是交融、交织在一起，不可分开的。科学精神铸就教育有魂，人文底蕴使教育生根，二者共同促进人的成长与发展。与自然科学相关的物理、化学、生物、地理等课程，在培养学生实事求是的科学精神、严谨认真的科学态度，形成正确的自然观、生态观、科技伦理观等方面，具有极为重要的作用，这正是课程德育功能的体现。但是，部分中小学学校在这些课程的教学过程中却缺乏课程德育的自觉意识，对其重要价值认识不足，对相关课程资源发掘、利用不够。

信息技术课程，同样富含育人价值。技术是事实与价值的统一。作为人类能动的活动过程，技术不仅是其创造成果的器物，而且其中渗透着价值、道德等文化因素。技术教育必须帮助学生厘清客观事实背后的道德选择和价值判断，帮助学生建立积极的"人技观念"，促使学生形成技术的德性意识，具有技术的价值感和道德感，能够抱有责任、道德和科学规范来使用技术。技术教育有助于启迪学生的实践智慧和创新思维；有助于培养学生的体脑协调、身心和谐和动作技能的发展；有助于学生审美意识的增强、劳动能力的提升和工匠精神的培育。把课程德育作为一个重要的元素维度，有助于全面把握信息技术课程的独特育人价值。

第二节　同频：全校性德育大课堂与班级思政教学同频推进

　　2001 年，新一轮义务教育课程改革正式启动。2014 年 4 月，教育部颁布《关于全面深化课程改革落实立德树人根本任务的意见》(以下简称《意见》)。《意见》的颁布，是新一轮基础教育课程改革进入全面深化的重要标志。从教育部规划的角度来看，全面深化课改的基本思路主要突出四个特点：一是突出了六课改理念，明确了目标任务；二是加强了统筹规划；三是加强了顶层设计；四是加强了关键领域和主要环节的改革。而全面深化课改阶段的最重要的一点，是坚持立德树人导向。党的十八大报告第一次明确提出要把立德树人作为教育工作的根本任务，十八届三中全会又进一步强调了这一要求。全面深化课改，是落实立德树人根本任务的一个重要抓手和突破口。坚持好立德树人的导向，对于学校发展建设以及每一位教师的教育教学工作至关重要。正所谓"功夫在诗外"，这说明教师要在尽可能的条件下，多在相关学科、交叉学科、跨文化领域下功夫；在基础教育阶段，反对学科分割现象，还给学生有机的、完整的、原样的世界景图。

　　下面以深圳市福田区莲花小学为例来探讨"全校性德育大课堂"与班级教学如何同频推进。雅斯贝尔斯说："教育是指向人的，而人绝不明白他是什么。没有一个人知道自己是什么和自己能干什么，他必须去尝试。"课程就是这样一块有可能激发孩子潜能的试金石，是通往美好生活的教育旅程。虽然教材通过课文结构引导了生活建构，又通过范例点明了重点，但是儿童生活的建构绝不仅限于课堂教学。法国社会学家、人类学家涂尔干也指出："我们不能僵硬地把道德教育范围局限于教室中的课时，它不是某时某刻的事情，而是每时每刻的事情。"因此，要注重教学与学校整体德育活动的融合。第一，利用教材的开放性设计，走向学校其他日常德育活动，深化或拓展本课的教学重点。第二，利用课程标准和教材中所提供的逻辑框架，整合学校的日常德育活动，实现课堂教学与日常德育活动的良性互动。多年来，本人一直在尝试全校性德育大课堂与班级思政课教学同频推进的做法：一是让学校的日常德育活动校本课程为课堂教学提供丰富的生活基础素材体验资源。比如，让学生在"莲花山""博物馆"等课程活动中，通过现场体验活动感受，收集或学习相关的素材，并将其作为以家乡为主题的重要生活素材。二是让学校的日常德育活动课程更具系统性。比如，通过本课程标准所提供的框架（自我生活、家庭生活、学校生活、社区生活和国家生活等）整合学校已有的日常德育活动课程。

立德树人是学校教育发展的根本目标，学校需要结合区域规划的发展目标和主要任务，确立培养"人品高洁、学品聪慧、身品健美、行品优雅"的"品性教育"育人目标，全面开展"十一项新行动"，通过"莲花新精神"的"七心"德育启航行动，不断优化和发展学校的生活性德育模式，深化"为学生发展奠定人生根基"的办学理念，切实改进学生行为规范，有效充实德育内容和形式。"莲花新精神""七心"德育启航行动的载体是学校"七心"德育课程体系。这里的"七心"包括：把忠心献给祖国、爱心献给社会、孝心献给父母、热心献给他人，这是解决人与人即人与社会的问题；把关心献给环境，这是解决人与自然的问题；把信心和恒心留给自己，这是解决人与自我的问题。"七心"德育课程体系，分为三个系列：合格公民系列、生态文明系列和筑梦成长系列，充分体现了全程、全面、全员育人的特点（见下图）。

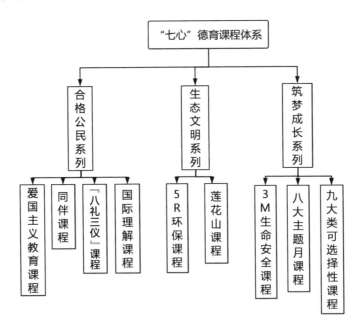

一、提纲："七心"德育课程体系的特点

（一）全程育人，德育工作回归生活

德育工作回归生活是国家德育课程改革最重要的理念。生活是道德存在的基本形态，整体性、实践性、生成性是生活德育的主要特征；回归生活的德育要走进学生道德发展的每一个过程，回归到学生真实的道德生活，筑牢少年儿童守正的正确思想根基。让德育回到生活中去，回到道德发生的地方去，这一理念的坚守无疑是十分重要的。只有认识的坚定与深化，才能推动教学的根本转向。亚里士多德说："幸福乃是在完满生活中德行的实现。""七心"德育课程，让学生通过人与自然、人与社会、人与自身内部的和谐关系，寻找、体会、感悟道德的内在力量。这种内在力量，主导着学生的生活状态与生活质量，他们的道德生命因此得到全方位绽放。对于小学的校外教育资源引入要注意两点：一是体验活动，除了看视频，说感受外，还应采用动手体验、做游戏的方式，激发兴趣，深入体会；二是教学设计逻辑性强，环环相扣。情感激发往往需要推动，把资源与资源、环节与环节巧妙地结合起来，对道德资源进行更新改造，赋予新的生命力，便能更好地体现其潜在的能量，达到意想不到的效果，可谓是"曲径通幽后，别有一番好风景"。

校外课程资源包括学生家庭、社区乃至整个社会，各种可用于教育教学活动的设施和条件，以及丰富的自然资源。如科技馆、电影院、博物馆、美术馆、各种研学基地等都是宝贵的课程资源；广播电视节目、报纸新闻、自媒体信息、民俗民风、传说故事、传统节日、文化活动、社会公益活动等都是需要多关注的资源。最为关键的是，这些校外资源也建构着学生真实的生活世界，是他们不可或缺的生活伦理空间。为了帮助学生建构完备的伦理空间，德育课程内容包含个人生活—家庭生活—学校生活—社区生活—国家生活—世界生活这一不断向外延展的伦理生活空间，而社区、国家和世界都是学生学校生活之外的生活世界。因此，教师必须引导学生走出自我、走出家庭、走出学校，走向校外广阔的天地，发挥全程育人的功能。而这种"走出去"，不是概念与命题意义上的，不是逻辑与推理意义上的，也不是空洞的道德原则，必须是引导他们在自己的校外世界去领会与感受、去理解与建构。在这个意义上，适度整合校外资源是道德与法治课教学必须有的方式，也是学校德育建设不可或缺的重要组成部分。校外生活进入课堂，这里的"课堂"笔者也做了一个定义：凡是有教

育发生的地方，凡是有生命灵动的地方就是课堂。延展了课堂的空间，就如同家庭生活进入课堂一样，是必不可少的一部分。那么如何将校外文化资源引进学校课堂，使之成为学生的教育资源，则是我们要研究的课题。

在课堂中学习的生活意义不是止于课堂中的，而是要在学生的生活中延伸才有真正的教育价值。学校课堂教学中呈现出的生活意义，只有在学生真实生活中得到不断的验证，才能不断地被学生领会，从而实现生活意义的通达，回归生活中的德育课堂才更具有魅力，这种魅力来自德育课堂的真实生活性。学校就是学生进入未来社会的前期模拟社会，学生在学校中如何学习、领悟和践行，是我们每一个教育工作者需要潜心研究的问题。笔者所在的学校里创新性地推行了"莲花小镇模式"，实施学生自治管理模式，在"小镇"里学生扮演不同的角色，"小镇"里设立有纪律部、生活部、宣传部、商场部，通过明确的职责分工，使"莲花小镇"充分发挥其在校园文化建设中的作用。建立"小镇监察部"，主抓学生在校的行为习惯，对学生的行为习惯进行跟踪分析，适时调整学生品质培养方案；成立"莲花小镇银行"，并设立班级分行，各班班主任担任分行行长，表彰在学习、礼仪、艺体、综合实践、劳动技术、科技创新等方面及各项竞赛活动中表现优异、成绩突出的优秀学生。"莲花小镇银行"有着严格的发放管理制度和银行存折管理制度。"商场部"由学生社团组成营业服务团队，里面的物资，均为学生使用的各种文具用品和饰品等，由学校提供，学生可通过日常学习生活及习德服务等活动中的优秀表现获得"莲花币"进行消费，形成真正的学生自治。这些校园里的服务劳动不只是为自己服务，还包括为自己生活的集体服务、为社会服务。在学校里的服务劳动可以使学生懂得集体生活中的劳动义务，养成关心集体、关心他人的良好品德。学生对学校里的服务劳动较有热情，但由于他们都是独生子女，所以很少参加家庭中的服务劳动。学校通过一系列活动培养学生的服务意识，如举办三月"生活节"课程，安排学生参加一定的家务劳动，搞清洁卫生、洗衣做饭等，促使他们感受理解到家庭组成的概念、家庭生活场域的意义，有责任和义务关心家里的一切事务，锻炼自己的独立生活能力，并养成艰苦奋斗、勤俭节约、孝敬父母、爱护别人的好品德。因此，生活经验必然是生活化德育课堂的核心。回归生活的德育课堂，实现对学生生活经验的改造和推进，从而实现生活意义的通达就不再是空洞的理念了。

（二）全面育人，德育工作指向活动

立德树人不是某一个方面的任务，只有各个方面形成合力，才能真正落实好。学校的德育工作体现在五个方面：

（1）学段统筹——从一年级到六年级，上下贯通，把立德树人的任务落实在各个年级和各班班级；

（2）学科统筹——所有学科都以立德树人和社会主义核心价值观为引领，把立德树人落实在所有学科的教学中；

（3）环节统筹——课程标准、教材、教学、评价、考试等环节以立德树人为根本要求进行改革；

（4）力量统筹——全校教职员工、家长、社会人士都将立德树人作为自己的任务，齐心协力；

（5）资源统筹——课程、课堂、家庭、社会都作为立德树人的阵地，开发课程资源，在共建共享共有的平台上育人。

（三）全员育人，德育工作突出专业

教育事业首先是道德事业，教师首先是道德教师。道德教师绝不是仅仅只上道德与法治课的教师，而是要求全校每一位教师具有较高的道德追求和道德水准，用道德方式进行教育。道德方式是尊重学生的方式，尊重学生的个性特点，尊重学生的发展需求。道德方式是吸引人的方式，从学生的特点出发，以生动活泼的方式进行教育，让学生快乐学习、健康发展。道德方式还是一种文化的方式。让学生浸润在文化中，陶冶情操，培育健康心灵，从多元文化中汲取丰富的营养，以文化引领学生的道德发展。所以道德方式充满道德意义。用道德方式进行道德教育，仁德、孝德、诚德、爱德才会进入学生的心灵；同时还能根据学科的性质、任务、特点，自觉地进行德育教育。道德教师既立足于学科，又要超越学科，要具有良好的道德修养，有崇高的师德。同样，如果课程、课堂无德育渗透，就不是真正的课程、真正的课堂，更谈不上好课程、好课堂。道德课程、道德课堂是立德树人内在的应有之义，也是落实立德树人根本任务的必然诉求，所以道德课堂绝不是思想品德学科的课堂，而是要求所有学科、所有课堂都要进行德育教育，任何教学都应充满道德的价值，在平凡的人和事中，产生不平凡的精神和意志，让德育之光照亮课堂，德育意义之水在课堂里流淌，让学生心田生长出德育的新芽，让每一滴油都能浮出水面。

二、挈领:"七心"德育课程体系的内容

学校教育对学生的思想道德、人格品性、身心健康、知识技能、社会性发展有着重要的影响。道德与法治课程是学校教育领域主题的专门内容,不仅为了规范学生有序的学校生活,而且通过学校"小社会"的教育,促进学生社会性地健康发展。学校里的课程学习不仅是为了让儿童认识、适应学校,很好地运用学校生活实现自我健康成长和发展,而且也是站在"学校是一个具有多功能的社会机构"的视角,促进儿童的社会性发展。为培养德、智、体、美、劳全面发展的社会主义建设者和接班人,教育应当坚持立德树人,对受教育者加强社会主义核心价值观教育,增强受教育者的社会责任感、创新精神和实践能力;应当继承和弘扬中华民族优秀的历史文化传统,吸收人类文明发展的优秀成果,引导和启发学生在学校学习生活过程中面向社会、面向未来,注重富有个性特长、全面发展的学习,注重实践能力训练,培育创新精神。学校教育的基本功能是传承人类文明,培养适应社会、参与社会、创造社会的各类人才。学校是人类文明与知识的殿堂,是学生学习生活的主要场域,还是学生视野的社会生活窗口。从这个意义上讲,道德与法治课程中的学校教育主题具有人本性、文化性和社会性。其目的在于借助学生的学校生活经验和平台,因势利导,开展集体观念、规则意识、学校纪律、师生交往、学习发展等方面的教育,增强学生适应、悦纳并投入学校生活的能力,进而启蒙他们的社会意识,逐步培养他们认识、适应、参与社会生活的良好态度和能力。学校利用环境和资源,结合学生成长实际和需要,因地制宜,就地取材,有针对性地开展教育教学活动。其一,开发运用校本课程资源是重要基础。这个资源包括学校发展史、标志性发展事件、代表性人物、重大教育教学成果等。其二,充分研究学生,紧密结合学生发展实际和需要是根本立足点,牢固确立学生才是德育课程教学教育的第一作用对象,培育学生的社会实践能力。其三,扩大教学场域和视野,既要依纲扣本,又要走出课本,走出课堂,把"教科书是学生的世界"转变为"世界是学生的教科书"。社区可以大有作为,可作为大课堂,并将其与学校德育工作整体规划、统筹实施。其四,要制订长期跟踪、指导学生思想和行为的教育方案,全过程指导学生的发展,使道德与法治课程教学不局限于一课、一师、一教材,真正达成促进学生持续、长远、有效、生活化发展的目的。下面进一步介绍福田区莲花小学"七心"德育体系建构的具体情况。

（一）合格公民系列

合格公民系列包括爱国主义教育课程、同伴课程、"八礼三仪"课程和国际理解课程。

爱国主义教育课程主要是大力弘扬以爱国主义为核心的民族精神和以改革创新为核心的新时代精神，培养学生讲仁爱、重民本、守诚信、崇正义、尚和合、求大同的时代价值。研究表明，小学期间是学生爱国主义情感发展最快的时期。在小学德育中，如果能利用好传统节日周期性的特点和喜闻乐见的活动形式，抓住学生道德发展的关键期，将这些节日和课程结合，让学生在连续不断地缅怀、瞻仰伟大人物和其事件中，既寄托哀思，又唤起爱国主义情怀。国家教育主题是道德与法治课程内容的重要组成部分，是学校德育课程育人的高地。无论是从贯彻国家意志，培养国家认同、家国情怀等爱国主义思想的角度，还是从教育社会性上层建筑的角度，抑或学生个体成长价值的角度，国家教育主题都是学校教育至高无上的重点内容。国家教育主题是中国特色社会主义建设新时代赋予的新内涵、新要求。它包括国家的历史文化、发展现状、未来蓝图和理想等，其核心是爱国主义教育，彰显个体社会性发展、精神塑造的高度，同时也是思想素养和政治素质培育的重要基础。加强爱国主义教育就是要旗帜鲜明地在课程教材教学中融入伟大梦想，使伟大梦想成为教育教学内容的精神高地，引领学生的学习和成长，其核心要旨是解决为什么学习的问题。

（1）爱国主义教育课程系列

第一，爱国主义教育要增强科学研究的支撑，确保爱国主义教育的实效性。并从自然意义上的国家、文化意义上的国家、历史意义上的国家和政治意义上的国家四个方面入手，真正了解和把握课程内容，做到因材施教。

第二，爱国主义教育要突出理性教育的培育。爱国主义反映的是公民对其国家的深厚感情，以及由此带来的民族自尊心、自信心和自豪感，使其能够用发展的、建设性的立场去分析国家发展中存在的现实问题。

第三，爱国主义教育要强化审美设计。当前，爱国主义教育的实施，在很大程度上依靠知识的说教来完成。解决这一问题在于让爱国主义"美丽"起来，使学生因为爱国主义教育的魅力在无形中欣赏中国、悦纳中国。用故事本身的力量打动学生，从而真正引起他们的情感共鸣，树立慎终追远的感恩意识。

有鉴于此，突出理性精神，强化审美设计的爱国主义教育课程，强调人与社会的关系。该课程的内容结构设计用下图来表示：

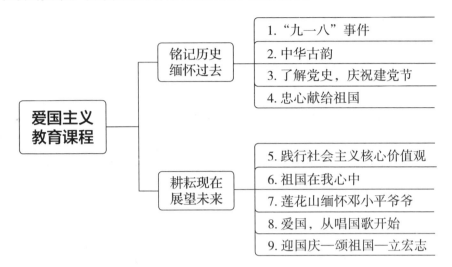

爱国主义教育课程主要结合时事热点进行主题拓展，包括"铭记历史，缅怀过去"和"耕耘现在，展望未来"两个板块。第一板块主要内容有"九一八纪念""中华古韵""了解党史，庆祝建党节""忠心献给祖国"。第二板块主要内容有"践行社会主义核心价值观""祖国在我心中""莲花山缅怀邓小平爷爷""爱国，从唱国歌开始""迎国庆—颂祖国—立宏志"。

通过爱国主义教育课程，创设场景，对学生进行潜移默化的爱国主义教育，有利于培养学生健康向上的思想品格。同时，寓爱国主义教育于班级活动之中，充分利用少先队组织开展一系列的爱国主义教育活动。如：忠心献给祖国、践行社会主义核心价值观等。

（2）同伴课程系列

通过每周一升旗仪式实施的同伴课程主要发挥学生的主体性和实践性，对学生进行社会主义道德教育和时事政策教育。同伴课程就是"同伴互助互教"达成相互影响、相互教育的作用，是学生借助其他学习伙伴的帮助进行学习，符合建构主义的基本理念。同伴互教的条件是：他们的智力发展水平相近，讲述、理解知识的方式大体相同，能满足教学和学生的发展水平取得一致的要求，有利于知识的消化与吸收。同伴教育者易唤起身边同伴的心灵共鸣，以实现教育目标。目前，同伴教育的形式主要有两种：一种是同伴教育者自助式，另外一种是外力主导、同伴参与式。同伴教育者自助式是指活动组织者在服务对象中选择一定数量的人，经培训成为同伴教育者，形成自助教育队伍和平台，然后再由训练后的同伴教育者对目标人群进行教育。外力主导、同伴参与的形式是指由活动组织者或教育工作者策划、安排同伴教育活动，具有共同经历、共同需求、共同爱好的人一起参与，用团体互动的方式达到教育目的。

莲花小学所实施的同伴课程，其形式实际是同伴教育者自助式和外力主导、同伴参与式相融合的一种特殊课程形式。学生不仅是课程的学习者，而且是课程的资源提供者、开发者和创造者。学生通过体验、表演、故事、实践等形式，以周一升旗仪式为课程载体，运用师教生、生教生、生帮生、生促生方式，实现德育目标，落实德育教育工作。从德育方向上说，同伴课程培养学生爱祖国、爱人民、爱劳动、爱科学、爱社会主义的思想感情和良好品德，培养学生遵守社会公德的意识和文明行为习惯；培养学生自己管理自己、帮助别人、为集体服务和辨别是非的能力；从安全教育方向上说，培养学生安全防范知识和自我管理、自我保护能力；从环保教育方向上说，培养学生环保意识，养成良好环保习惯。与此同时，同伴课程互助互教模式满足学生交往需求、表现需求、游戏需求和求援需求，促进学生情感的发展，使学生产生学习的动力，提高学习的积极性和主动性，促使学生能够自觉地从事学习活动。

同伴课程的主题和内容见下图：

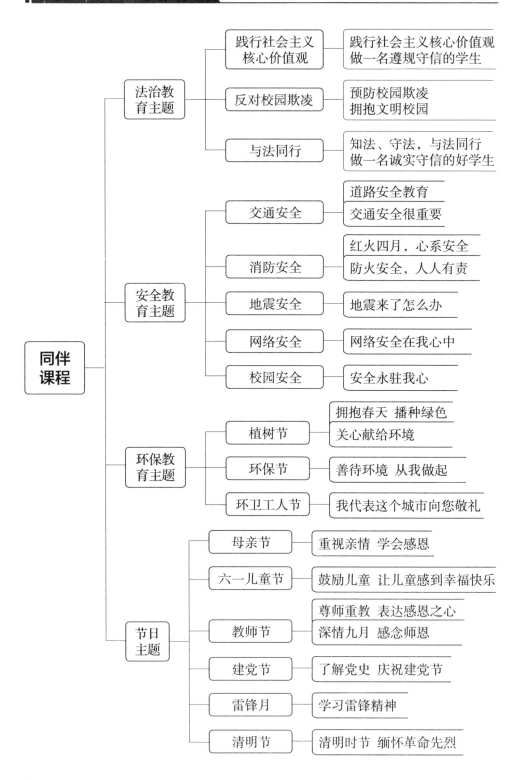

（3）"八礼三仪"课程系列

人们所追求的"求真、向善、唯美、自由、尊严"理念的落实，需要有礼仪作为载体。它使受教育者在"知生理、调心理、明伦理、懂哲理、晓事理"的过程中，实现"适应社会发展"与"促进个人成长"的有机统一，从而真正实现人的主体价值。礼仪文化是中国馈赠给世界的一份弥足珍贵的历史文化遗产。礼仪是一种道德规范，是道德意识、道德信念、道德情感等精神内涵的外化。它也是我们进行立德树人的实践教育抓手。由于"礼"及"礼仪"所具有的和谐和秩序的价值内涵凸显出对治国安邦的特殊作用，历代当政者、思想家和教育家都把礼仪教育作为道德教育的基础加以重视。在孔子看来，礼是一个人的立身之本，"不学礼，无以立"。另一儒家代表人物荀子也非常重视礼仪教育，他说："人无礼则不生，事无礼则不成，国无礼则不宁。"凡此种种，中国传统礼仪教育有效地实现了礼仪在全社会的推行，使礼仪文化深入人心，"礼仪之邦"的美称也正是由此产生。传统礼仪教育在其功能、内容、方式等方面所呈现的特征，以及其间所蕴含的合理价值，对和谐社会视域下的现代礼仪教育，很有借鉴价值。第一，礼教之用：序化之良策。中国古代的礼教使全社会普遍重视道德礼仪，珍视声誉。可以说，中国社会礼仪推行的过程，就是一个全民礼仪教育的过程。第二，礼教之基：蒙以养正。在中国古代，人们将毕生精力都用在学习礼教、实践礼教上，且格外注重从小对子女进行礼仪教育，早在《周易》中，就提出"蒙以养正"的思想。孩子自幼读书，皆以伦理教育为主，必修长幼尊卑等礼仪常识行为。第三，礼教之效：润物细无声。"道之以政，齐之以刑，民免而无耻；道之以德，齐之以礼，有耻且格"，是孔子德礼之治思想的经典表述。通过礼教，百姓产生知耻之心，自觉规范自己的行为，不去犯罪，即"有耻且格"，在不知不觉中心底向善。将道德礼仪的大部分内容寓于日常生活之中，通过潜移默化的熏陶，将礼仪的规则印入人们的脑海，礼仪的价值精神便逐渐在人们的心中根深蒂固。第四，礼教之本：修身践行。修身的本质是长期与自己的恶习和薄弱意志做斗争。择善而从、择善而交，努力增长德行和学问。勤于阅读、思索和自省，保持良好的形象和气质。举止文明，品格谦逊。得意时不忘形，失落时不自弃，小利面前不动心，大事面前有原则。要注重修身，做一个高贵、高雅、高尚的人。中国古代礼仪规范深入到社会生活的各个方面，从饮食衣服起居以及待人接物、举手投足，都有一系列严格的要求，对人们的德性修养产生巨大的影响。

礼仪文化是中国传统文化的重要组成部分，是祖先留传下来的精神智慧和财富。礼仪文化赋予我们民族典雅的语言、优雅的举止、和谐融洽的人际关系，以及自信恢弘的气度。有自信的孩子才懂得自尊，有自尊的孩子才懂得自强，而自强的孩子才有可能自立。笔者所在学校建立了礼仪课程体系，精心研究礼学，规划安排，完善学校礼仪教育体系；大力开展学校礼仪教育，构建了"八礼三仪"课程，充分体现了礼仪教育的科学性、系统性、层次性。教育内容的系统化建设是礼仪教育系统化建设的关键所在。作为教育过程结构系统中的"血液"，教育过程承接过去的行动，驻足现在的果实，走向未来的筹划。因此，礼仪教育内容的系统化建设，不但要弄清在对学生开展教育过程中，总体上需要进行哪些方面内容的教育，更要关注这些内容在对象发展不同阶段的呈现次序及呈现方式。归根到底，礼仪教育内容的系统化建构就是要在遵循学生品德发展规律、切合学生品德发展实际和满足学生现实需要上做文章。

以下为深圳市福田区莲花小学"八礼三仪"课程架构图。

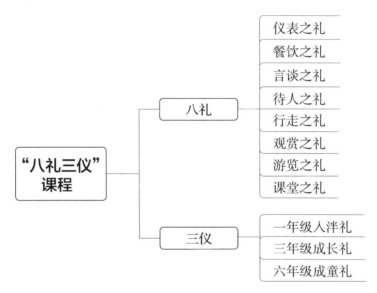

"八礼三仪"课程之"三仪"课程包括一年级入泮礼、三年级成长礼和六年级成童礼。在当今时代，中小学生在成长的过程中，需要"格物致知，正心诚意"的修身教育。正如习近平总书记指出："要认真汲取中华优秀传统文化的思想精华和道德精髓，大力弘扬以爱国主义为核心的民族精神和以改革创新为核心的时代精神，深入挖掘和阐发中华优秀传统文化讲仁爱、重民本、守诚信、崇正义、尚和合、求大同的时代价值，使中华优秀传统文化成为涵养社会主义核心价值观的重要源泉。"学校应该发挥其文化"酵母场"的作用，"童蒙养正"，让仪式教育充盈学校教育的方方面面。行之有效的仪式教育，让教育有了可能和产生了意义，这是学校教育的重要课题。常言道：不学礼，无以立。目前学校的"三仪"课程，已然成为学校教育的一道亮丽风景。

入泮礼课程：入泮礼也称开笔礼，是古时学生的入学大礼。在古代，凡是新入学的孩子，都需参加"入泮"的仪式。中国有句古话，叫"入泮宫，出府学，上青云路"。"泮"指的就是学校。莲花小学为一年级新生举行的新生入泮礼以"开笔启蒙，礼悦人生"为主题，意在使学生在参与古礼的同时感受入学仪式的庄重，感悟中华传统文化的博大精深，从仪式中体验求学之路的正式开始，树立远大志向，通过向老师、家长行礼，感谢老师们的教导之恩以及父母的养育之恩，从此孝亲尊师、体验精髓、敬畏知识、静心思学。

入泮礼的全部流程，可参阅下图：

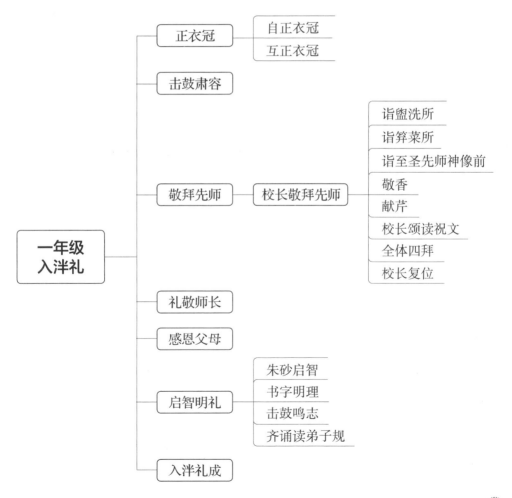

成长礼课程：每学年第二学期开学的第一天，学校为三年级学生举行主题为"感悟成长·放飞梦想"的成长礼，表达对生命的敬畏、对儿童的尊重、对职业的珍爱、对人性的敬重，营造精神养育和人格完善的庄严氛围，来促进生命成长的飞跃。我们所有的教育行为都是服务成长的仪式，只有乐于办好服务儿童成长的各种仪式，才算迎合儿童成长的节律。

成长礼以"谢师、感亲、立志"为理念，配合假期体验式作业，使学生体验成长的快乐，体会父母对自己的爱，以及自己对未来的责任；学会感恩，懂得分享，理解父母的养育之恩、师长的教诲之恩、朋友的帮助之恩。学校通过富有仪式感的德育浸润活动，把祝福和嘱托送给学生，教育他们怀揣一颗感恩的心，鼓励他们和父母、老师真诚地交流。以"忠孝礼义"的实际行动，回报父母、老师和他人，并立下人生的志向，为实现理想好好学习，努力奋斗。

成童礼课程：每年六月，学校为即将毕业的六年级学生举行以"告别童年，扬帆起航"为主题的成童礼。"成童"，即长成大孩子，年满12—15岁的孩子以此礼仪预示生命进入少年时期。行成童礼意味着将要脱去幼小时的稚气，成为一个孝敬父母、亲近师长、友爱同学、有责任、有担当的少年英才。成才当先立志，少年有志气，家国才有希望。学校仪式文化建设，是增添个体和团队发展正能量不可缺少的环节。形式与内涵的紧密结合，形成了"文化共振"，产生共同愿景、凝聚力、归属感。学生通过庄严的仪式，感谢父母的养育之恩，告别幼年，明礼知爱，树立报效祖国的大志。

通过"八礼三仪"课程中的"八礼"，加强学生行为规范教育；通过"三仪"让学生在中华优秀传统文化教育浸润中感受崇高、体验精髓、静心思学、敬畏知识。比如，在三年级成长礼中，有一个拉弓射箭和佩戴雁羽环节，拉弓射箭，寓意让学生明确志向；佩戴雁羽，是启迪学生像大雁一样有凌云之志和不屈不挠的精神，激励他们在未来的生活中不断进取。教师较好地促进了学生知识学习和儿童生活经验之间的互动，并在这个互动中引导学生对生活经验进行总结，形成民族文化的集体记忆和认同。

（4）国际理解教育课程，包括国际交流课程、国际名校课程和国际文化课程，从"教科书是学生的世界"走向"世界是学生的教科书"，办没有围墙的教育。

国际理解教育是指"世界各国在国际社会组织的倡导下，以'国际理解'为理念而开展的教育活动，其目的是增进不同文化背景、不同种族、不同宗教信仰和不同区域、国家、地区的人们之间相互了解与相互宽容；加强相互间合作，以便共同认识和处理全球社会存在的重大共同问题；促使每个人都能通过对世界的进一步认识来了解自己和了解他人，将事实上的相互依赖变成为有意识的团结互助"。习近平总书记在巴黎联合国教科文组织总部发表重要演讲时说道："文明因交流而多彩，文明因互鉴而丰富。"开展国际理解教育，培养具有全球意识、跨文化交际能力的人才，是教育国际化的核心所在。国际理解教育的目标，实际上是让学生了解多元文化、全球问题等国际背景知识，在探究和体验的基础上，初步培养学生国际交流的能力，具备跨文化交际技能，形成和平、民主、发展的全球视野和胸怀，能够从全人类发展和全球进步的角度思考问题。

国际理解教育在学校课程中的积极展开，必须依赖于切实可行的国际理解教育课程开发，并融入学校课程教学体系当中，通过本土化的落实与创新使其更符合学生的认识水平和理解能力，成为培养国际化人才最重要的实践基础。著名的社会学家费孝通先生曾提出"各美其美、美人之美、美美与共、天下大同"的美好愿景，在国际理解教育中也有共通之处。发展国际理解教育的核心和主题就是"共存"，它是在追求"求同"的前提下允许"存异"，强调利他而非利己，彼此尊重、融合包容。要将国际理解教育真正打造成国际间的文化理解和教育活动，依托全球一体和文化多样性的社会背景，以促进和谐共生、和平发展为价值取向，培养学生重视"公正与共生、尊重与理解、对话与平等"。

通过国际理解课程，培养学生具有全球意识和开放的心态，了解人类文明进程和世界发展动态；能尊重世界多元文化的多样性和差异性，积极参与跨文化交流；关注人类面临的全球性挑战，理解人类命运共同体的内涵与价值。当今，以全球经济一体化、互联网信息互通迅捷化为特征的全球格局，使得"地球村"更加紧密地联系在一起，培育公民世界意识、世界胸怀是教育的时代使命。构建人类命运共同体成为划时代的世界发展主题，建设一个友善、互助、和平、发展的世界体系利在当代，功在千秋，需要每个人的积极参与。道德与法治课程开设这个教育主题，不是简单地了解、认识世界的问题，而是如何引领学生养成世界情怀，培育走向世界、参与世界生活、创造世界未来的精神品质和能力的问题。这一教育主题的内容主要聚焦在世界地理、人口、民俗风情、交往交流、环境生态等基本面貌、概况和问题方面。

（二）生态文明系列

生态文明系列包括 5R 环保课程和莲花山课程。

1.5R 环保课程系列

"5R"，就是学校环保教育实践坚持的 5 个原则，即 拒绝原则（Refuse）、减量化原则（Reduce）、重复用原则（Reuse）、回收再利用原则（Recycle）、资源分类原则（Resource Allocation）。

（1）拒绝原则——拒绝不环保行为

例如，通过"一次性筷子对地球危害"的课程，告诉学生每加工 5000 双木质一次性筷子要消耗一棵生长 30 年的杨树，全国每天生产一次性木质筷子要消耗森林 100 多亩，一年下来总计 3.6 万亩。再如，在"一次性毒筷子"的课程，课程教师将用 20 根筷子制作的"泡筷子水"分发给学生，同时下发任务清单——每个学生养 6 颗绿豆。正常的水泡的绿豆，一个星期之后长成一根手掌高的豆芽；"泡筷子水"养的豆芽则无法生长，一个星期之后腐烂、变黑、发臭。之后学生进行讨论拿出报告。

（2）减量化原则，主要探索垃圾减量途径

例如，"少用纸巾，重拾手帕"课程，举办环保手帕设计展，并集结全校学生的智慧，设计制作了独具特色的"环保手帕"，以此呼吁大家用手帕代替纸巾。此外，还有节水、节电标识设计，制作环保海报等。

（3）重复用原则——主要倡导物品重复使用

例如，"矿泉水瓶的危害"课程，倡导全校师生进行"五宝行动"，即自带水杯、筷子、饭盒、手绢、环保袋，减少无意义的包装浪费。再比如，我校面向社区每周五下午举办"环保集市"，进行爱心义卖，让学生既能爱惜物品，又能感受到劳动的艰辛，同时减少生活垃圾，从源头减量。

（4）回收再利用原则——主要体验变废为宝的乐趣

"手工皂"课程。将过期食用油回收做成手工皂。学校在社区设点，回收家庭过期的和炸过东西的油，教师指导学生完成。基本制作流程是加入氢氧化钠和水，经过搅拌、晾晒和皂化制成可洗脸、洗澡，对皮肤无刺激、富含甘油的手工皂。该手工皂可降解成二氧化碳和水，对环境无污染。

"酵素"制作课程。将果皮制作成酵素。我们用果皮和菜皮，加入红糖和水，按 1∶3∶10 发酵，就制成了可以洗脸、去甲醛、治脚气及皮肤病的环保酵素。

"爱心笔记本"课程。各办公室没用完的本子，都被回收制作成爱心笔记本，当作学生参加环保站活动的奖品。在培新节和环保节上有许多艺术创作类作品，比如将不用的纸筒制作成笔筒、废旧光盘制作成漂亮的工艺品、一次性塑料袋做成杯垫等。

（5）资源分类原则——主要完善资源分类系统

为了让全校师生从"知道'零废弃'垃圾分类"到"做到'零废弃'垃圾分类"，学校开发了"垃圾分类"课程教师版、学生版、清洁工版，全员学习，全员参与。学校建构了基于5R原则的完整环保课程体系，即"生活好习惯"课程、"珍爱大自然"课程、"变废为宝"课程、"心灵养育"课程、"数字化垃圾分类"特色课程。同时还将环保课程与莲花山校本课程相结合，让学生通过探究性学习，走出校园，走近大自然，与社会连接，与实践连接，保护环境，让学生通过内化于心、外显于行的环保行动，深入理解人与自然和谐发展基本保障的意义。

2. 莲花山课程

莲花山是深圳的生态型城市公园，是园林艺术的一个典范，是深圳一张亮丽名片，是深圳政治、经济、文化的一个缩影，是深圳改革开放的一个见证，是自然与人文有机结合的一个样本，是一座活的博物馆，可以说是深圳人的精神家园。莲花山课程是学校基于得天独厚的自然地理优势而自主研发的乡土校本课程，现已开发及实施了：一年级的"我是一支莲"课程，二年级的"神奇的植物"和"蚂蚁"课程，三年级的"昆虫与饲养"与"指示设施"课程，四年级的"净水器"与"风筝"课程，五年级的"园林艺术"和"领袖"课程，六年级的"雕塑""改革开放"课程。这些课程凸显了莲花山课程的系统性、主题课程间的衔接性和课程内容的探究性，更好地发挥莲花山课程在培养不同年段学生创新意识、独立学习、团队合作、科学探究能力等核心素养的整体育人功能。课程强调学生的亲身经历，要求学生积极参与到各项活动中去，在"调查""考察""实验""探究""设计""操作""制作""服务"等一系列活动中发现和解决问题，体验和感受生活，发展实践能力和创新能力。学校以统整为理念，打破学科课程壁垒，打造没有围墙的学校，从"教科书是学生的世界"走向"世界是学生的教科书"，实现校内校外、课内课外的有机融合。

莲花山课程之五年级课程安排表："领袖"课程

课程模块计划表			
主题	标题	内容	目标
领袖初认识	了解领袖	了解领袖；了解领袖的重要性以及品质。如："领袖的气质"是指人类的爱、创造性和领导作用。这种领导作用包括包容力、责任感、拼搏精神、自我牺牲精神。	了解领袖
领袖初认识	领袖的品质		了解领袖的重要性以及品质
领袖人物	邓小平的事迹	视频播放	通过视频了解邓小平爷爷的事迹
领袖人物	瞻仰邓小平爷爷（户外课）	莲花山户外课	清明前上山瞻仰邓小平爷爷
领袖人物	领袖故事演讲	班级以及年级演讲	通过领袖故事演讲，更彻底地认识领袖以及领袖人物
领袖人物	博物馆参观	参观博物馆	通过实践感受领袖，认识领袖人物
领袖人物	莲花山拓展（户外课）	莲花山户外课	亲自担任小组内的领袖，加深对领袖的见解
我们的体会与收获	感想分享	邓小平爷爷的事迹读后感和瞻仰后的感想分享	谈论心得体会，梳理本学期学习知识点
我们的体会与收获	领袖心得汇报课	学生谈心得体会	

（三）筑梦成长系列

筑梦成长系列包括 3M 生命安全课程、八大主题月课程和九大类可选择性课程。

1.3M 生命安全课程

2010 年颁布的《国家中长期教育改革和发展规划纲要（2010—2020 年）》，在"战略主题"中明确提出重视生命安全教育。这是首次在国家层面上明确了生命安全教育的地位。2016 年发布的《中国学生发展核心素养》把"珍爱生命"列为六大核心素养之一的"健康生活"之中。

生命安全教育是人们认知生命、保护生命、回避风险、抵御危机、提升生命质量和获得生命价值的一种理论体系及人身安全技能教育。在"以人为本"

的现代教育理念和素质教育的价值追求下，生命安全教育已成为近年来世界各国教育改革的一个研究热点。3M（多元素、多主体、多环境）生命安全课程，是基于完整生命发展的需要，以引导学生珍爱生命、积极生活和成就人生为目标，以儿童的生活为基础，以活动为主线组织的综合性活动课程。综合性、活动性和生活性是该课程的显著特征。

学校通过开展3M生命安全教育，在学生中深入传播"尊重生命、珍视生命、热爱生命、欣赏生命、敬畏生命"的现代文明理念，讲解必要的灾害自救安全常识，并把生命教育与日常开设的思想品德课、心理健康教育课、科学课、安全教育等专题教育课相结合，建立起"责任生命"的正确人生观、价值观，为将来走上社会打下良好基础。

学校还结合时令形成学校安全管理月历，具体参见下表：

月份	内容
一月	1. 制订学校全年安全工作计划。 2. 寒假前，对学生集中进行一次安全教育，内容包括：防暴风雪、防滑冰溺水、防煤气中毒、防烟花爆竹炸伤、防火灾、防节日出行安全事故、防节日暴饮暴食、防假期沉溺网络等。 3. 做好放寒假前的安全检查，落实各项安全防范措施。 4. 安排好寒假护校、值班工作
二月	1. 进行全面安全检查（如食堂、宿舍、门卫、用电设施、体育器材、实验室、玩教具、消防器材），做好开学准备。 2. 开学前，集中对教职工进行一次安全教育。 3. 对教职工上年履行安全工作职责情况兑现奖、惩。 4. 校长、园长和教职工签定安全工作目标责任书，明确各个安全工作岗位的责任。 5. 开学后，立即对学生进行一次安全教育
三月	1. 利用全国"爱耳日"（3月3日），对学生进行爱耳教育。 2. 制定"植树节"（3月12日）活动方案，确保学生集体植树活动安全。 3. 利用"世界水日"（3月22日）对学生进行安全饮水教育；同时检查学校饮水设施。 4. 搞好"世界气象日"（3月23日）宣传教育活动，增强学生防范自然灾害的意识与能力。 5. 制订"安全教育日"（3月的最后一个星期一）方案，开展丰富多彩的教育活动。 6. 严禁食堂购买、发芽土豆及其制品

续表

月份	内容
四月	1. 做好"清明节"扫墓应急预案，确保学生户外集体活动安全。 2. 认真组织学生进行健康查体。 3. 对学生进行预防流行病、传染病等教育。 4. 制定好春游方案，确保学生春游期间不发生事故。 5. 组织春季运动会，确保不发生安全事故。 6. "五一"放假前，对学生进行一次"五一"长假期间的安全教育
五月	1. 搞好"防灾减灾日"（5月12日）教育活动，并组织一次防震逃生演练。 2. 检修避雷设施，确保运转良好。 3. 搞好"中国学生营养日"（5月20日）教育活动。 4. 利用"世界无烟日"（5月31日），开展"争做无烟青少年"活动。 5. 制订好"安全月"（6月）宣传活动方案
六月	1. 安排好"六一"当天儿童集体活动，确保不发生任何事故。 2. 采取多种形式，搞好"安全月"宣传工作。 3. 在"全国爱眼日"（6月6日）当天，对学生进行一次卫生用眼教育。 4. 组织力量对校舍、设施等进行一次安全检查。 5. 在"国际禁毒日"（6月26日）这天，对学生进行远离毒品教育，因为"毒品不是儿戏"
七月	1. 安排好"七一"庆祝活动，确保不发生安全事故。 2. 制订好考试安全预案，并确保各种安全措施落到实处。 3. 放假前，集中对学生进行一次防雷击、防暴雨、防洪水、防冰雹、防泥石流、防台风、防中暑、防溺水、防食物中毒、防性侵害、防假期沉迷网络等暑期安全教育。 4. 安排好暑假护校值班工作
八月	1. 对中小学校长、幼儿园园长集中进行安全管理培训。 2. 落实教材、教师，集中时间对全体教职工进行校本安全培训。 3. 对特殊岗位（如食堂人员、宿舍管理人员、校医、门卫、电工、锅炉工、实验员、心理健康教师等）进行专业安全培训。 4. 制订好军训安全应急预案，确保军训安全
九月	1. 对学校进行全面检查（如食堂、宿舍、门卫、用电设施、体育器材、实验室、玩教具、消防器材），做好开学准备。 2. 开学后，立即对学生，特别是新生集中进行一次安全教育。 3. 在"中国网民节"（9月14日）当天，对学生进行一次"文明上网，反对低俗之风"教育。 4. 搞好"全国爱牙日"（9月20日）教育。 5. "十一"放假前，对学生进行一次"十一"长假期间的安全教育

续表

月份	内容
十月	1. 安排好"十一"庆祝活动,确保不发生安全事故。 2. 在组织"中国少年先锋队建队纪念日"(10月13日)活动时,要确保安全。 3. 制订好秋游方案,确保学生秋游期间不发生事故。 4. 组织秋季运动会,制订好应急预案,确保不发生安全事故。 5. 秋季天气转凉,易发生腹泻,对学生进行一次消化道疾病预防教育
十一月	1. 在"全国消防日"(11月9日)当天,向学生普及消防知识,同时组织一次消防逃生演练。 2. 组织一次安全知识竞赛活动或安全知识征文比赛活动。 3. 对取暖设施进行检修,确保不发生安全事故。 4. 对学生进行一次路面结冰和积雪等交通安全教育
十二月	1. 在"世界艾滋病日"(12月1日)当天,对学生进行一次预防艾滋病教育。 2. 组织好"全国法制宣传日"(12月4日)活动。 3. 对学生进行一次防冻伤、防火灾、防煤气中毒等安全教育。 4. 总结全年安全工作,向上级递交安全工作报告。 5. 对教职工履行安全工作目标责任书情况进行考核,评定档次,确定先进。

以下是 3M 生命安全课程结构图:

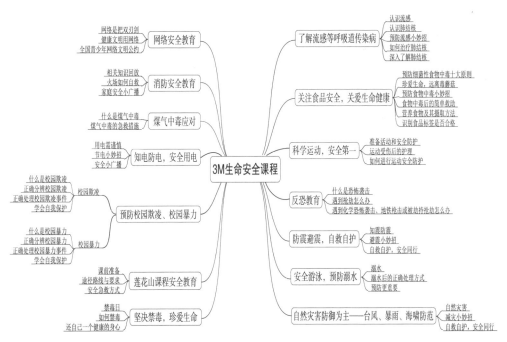

在 3M 生命安全课程中,学生通过亲身经历体验"交通安全""预防溺

水""防灾减灾""消防安全""抗震演习"等一系列主题活动，感受生命价值，浸润生命教育；让学生通过体验课程了解生命的价值和认识大自然的重要性，培养学生的"人·生命·自然"和谐共生的教育理念；理解生命的意义，尊重宝贵的生命，理解自然的崇高性，爱护环境；看到美好事物，能为之感动，对那些崇高的事物怀有敬畏之心；发现生活中的快乐，欣赏生活；同时，也让学生理解生命不可替代，要珍爱生命，众多的生命共同相处，各有生存的权利。大自然是人类生命的依托，爱护自然是每个学生不可推卸的责任。

2. 八大主题月课程

八大主题月是由三月"生活节课程"、四月"健美节课程"、五月"环保节课程"、六月"艺展节课程"、九月"寄志节课程"、十月"培新节课程"、十一月"悦读节课程"、十二月"快乐节课程"组成。过节，已然成为学校的特殊课程，已深深烙在学生的心上。事实证明，特殊的节日课程，是学生所企盼的、喜欢的课程。这些节日有教育意义吗？在学生看来，过节首先不是有意义，而是有意思、快乐、有趣。意义是在有意思中产生的，没有意思的节日怎么可能有意义呢？学生永远是节日的主人，绝不是学校彰显特色的工具。这是对学生节日课程的理解和定义。毋庸置疑，学生的表现，学生的成果，包括学生的过节，都是可以提升学校美誉度的。学生过节，幸福应当永远是目的，绝不是为学校争分添彩的砝码，让过节卸下沉重的负担，让学生在尽情地过节中，获得心灵的解放，获得思维的灵感，使活化的知识在学生心灵里自由流淌。学生节日形成一种文化，这样的节日文化具有庄重、热烈、亲切的仪式感，在此基础上逐步建立起节日仪式。每一个节日仪式，都会发出文化的语言和教育的承诺，建构起学生的社会责任感和人生责任感。

比如三月"生活节课程"立意生活即教育。"生活教育"，是帮助学生了解生活常识，实践生活过程，获得生活体验，确立正确的生活观，追求个人、家庭、团体、民族、国家和人类幸福生活的教育。其主要任务是通过生活教育，让学生理解生活是由物质生活和精神生活、个人生活和社会生活、职业生活和公共生活等若干方面组成；帮助学生提高生活能力，培养学生的良好品德和行为习惯，培养学生的爱心和感恩之心，培养学生的社会责任感，形成立足现实、着眼未来的生活追求；教育学生学会正确的生活比较和生活选择，理解生活的真谛，能够处理好收入与消费、学习与休闲、工作与生活的关系，使学生认识生活的意义，热爱生活，奋斗生活，幸福生活。

三月"生活节课程"内容丰富多样，主要分为四大类：第一大类是元宵节活动，包括灯展和灯谜；第二大类是家庭生活，学生与家长共同完成家务劳动，体会平日里家长兼顾工作和照顾家庭的不易；第三大类是社会实践活动；第四大类是美食文化节，透过美食的仪式镜像，师生和家长看到的是蕴藏民族文化深处的遗传密码和文化图景，是一个民族的文化传统、伦理道德、价值信仰、审美意趣最生动的展现。

再比如六月"艺展节课程"。艺术唯美，以美引美，以美求真。艺术是人类文明生活的象征。艺术与人类同生共存，是人类生活不可缺少的元素。一个有艺术修养的人，不管他担当什么工作，总会比其他人更能体谅人、更仁慈、更有趣味、更幽默、更易展现个性、更潇洒从容。艺术教育是全民的教育，关乎着人的心灵和基本素质。六月"艺展节课程"以"感受国之魅力，传承国之精髓"为主题，以"琴棋书画"和"九大类可选择性校本课程集中舞台展示"为主要内容，让课程成为学生欣赏美、享受美、创造美的过程，让学生在充满审美艺术情趣的课程引领下，迈向更积极、更有意义的学习生活。儿童，原本就是一颗美丽的种子，六月"艺展节课程"正是让美的种子在艺术的滋养下萌芽和生长。

琴、棋、书、画是中华民族的传统文化瑰宝，在六月"艺展节课程"中，学生通过琴、棋、书、画四大类活动课程，传承、学习和推广中国的传统文化，提高人文素养，弘扬民族艺术，发扬中华民族的优良传统，增强学生学习传统文化的兴趣。其中，音乐教育以发展儿童的情感、美感为目标，为其今后的健康生活及终生的艺术学习培植动力、奠定基础。在艺术世界里，音乐是最善于激发、表达情感的艺术，它可以使儿童兴奋，也可以使儿童镇静，消除紧张情绪，获得情感的平衡。学习音乐不仅是耳朵和手指的事情，还会引起全身官能的反应。美术教育培养和提高学生对美的感受、鉴赏和创造力，陶冶学生的情操，提高学生的学习生活情趣，使学生变得更高尚、更积极，从而促进其心智和身心得以健康发展。棋类课程有助于学生智力的开发，让学生敢于想象和创造，更能丰富学生的交往形式，更能引导学生进行自我教育。学生在主题鲜明、形式多样的活动课程中，活化思维，以灵动的知识滋养了心灵。

3.九大类可选择性校本课程

在九大类可选择性校本课程中，学生通过丰富多元的自选课程，找到兴趣点，认识和发现自我价值，发掘自身潜力，获得最大的成长机会。

学校课程建设的一个重要原则是课程要基于学生的需求，当课程摆在学生面前，具有可选择性的时候，该课程体系才能真正起到促进学生发展的作用。但这种理想的模式是有前提的，学生清楚自己的需求，而且是真实的需求。但事实是，长期处在统一的课程和教育模式下的学生，多数不完全清楚自己真正的需求是什么，不知道自己真正想要什么。因此，帮助每一位学生唤醒与发现自身的需求，便成为构建课程体系的首要任务。莲花小学构建了九大类可选择性校本课程体系，即学科联通类、思维拓展类、人文素养类、心理健康类、体育游戏类、综合艺术类、科学创客类、生活体验类和社会实践类，调动学生自主发展的主体意识，唤醒与发现每一位学生的潜能，让每一位学生在自己的优势领域里得到发展。

下图即为学校九大类校本课程体系架构：

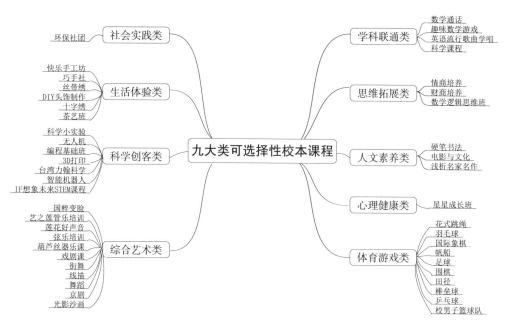

比如，学科联通类课程"尝试打破学科壁垒，做到学科联通，包括数学童话、趣味数学游戏、英语流行歌曲学唱、科学课程。学科联通课程的实施以主题学习和实践活动为支点，以国家课程中每个具体学科的课程目标为依据，扩展学科课程领域，试图改变学科与学科、学习与生活、学校与社会之间分离的状态，为学生创设更加适切的学习内容、方式和环境，从而促进学生健康、快乐、自主、和谐地发展。

以趣味数学主题课程为例，此课程主要是引导学生从生活中挖掘数学，提高学生应用数学知识、数学语言解决有关问题的能力；培养学生的观察、分析能力，充分发挥学生的创造性，开发学生自身的潜能，并且加强对学生的动手操作能力的训练；鼓励学生展示自己的研究成果，培养学生的成功心态，使学生的心理得到健康的发展，使每位学生的能力得到充分体现。数学是打开知识大门的钥匙，是整个科学的基础知识。创新教学的先行者里斯特伯先生指出："学生学习数学就是要解决生活问题，只有极少数人才能攻关艰深的高级数学问题，我们不能只为了培养尖端人才而忽略或者牺牲大多数学生的利益，所以数学首先应该是生活概念。"趣味数学主题课程从学生生活实践中取材，将数学知识巧妙地运用于生活之中，激发学生对数学的兴趣，给予每个学生主体性发挥的广阔空间，从而更好地培养学生提出问题、分析问题、解决问题的素质和能力。

在活动课程中锻炼学生的意志，培养良好的行为习惯，也是在活动课程中渗透德育的方式。对儿童实施的各种有意义的教育活动是整个教育课程体系中的重要思想，是进行全面发展教育的一个重要途径，也是学校实施德育的一个重要途径。校本课程中九大类课程体系的选择，必须注意它是建立在自愿性、自主性、灵活性基础上的，是通过"活动"进行的校本课程，是在课堂教学任务之外的，由学生根据自己的兴趣爱好自愿选择参加的，学生处于主体地位，教师处于指导和辅导的地位。通过丰富多彩的校本课程资源形成不同的项目学习组、兴趣小组、社团等，不仅可以培养学生对项目学习的兴趣和爱好，扩大知识面，发展智力和才能，让他们了解人类征服自然的过去、现在和未来，启发他们开动脑筋，探索真理，而且可以培养他们勤奋学习、刻苦钻研、克服困难、不怕艰苦的优良品德和勇于创新的精神。同时这些课程切合学生的求知欲和兴趣爱好，把思想性、知识性和趣味性结合起来，以生动活泼、新颖多样的优势去吸引学生积极参加活动课程，在活动中陶冶情操，增长知识。

立德树人是一个系统工程，涉及方方面面。学校紧跟国家规划部署脚步，立足全局，统筹规划。福田区莲花小学通过以"七心"德育课程体系为代表的系列课程，打通了学校和社会资源的隧道，连接了学校与家庭之间的桥梁，更好地走在多元共治的教育道路上，通过善治，走向普惠的善育，一个比较完整的生活性德育模式已然形成。

第三节　精准：集体教育与个别教育融通共生

班级是儿童最早、最多接触的集体，其本身就具有教育功能。正是由于班级成员的"异质"性，才使成员间的相互作用（相互补充、相互激励、相互争论、相互帮助等）成为可能。学校实行的是班级授课制，每个教学班配备一位班主任。谁都知道班主任的重要，谁都知道班主任有做不完的事，有操不完的心，但遗憾的是绝大多数师范院校并没有把班主任工作作为重要的专业进行教育。因此，班主任工作就成了在教育实践中探索的一项工作。班主任是中小学日常思想道德教育和学生管理工作的主要实施者，是中小学生健康成长的引领者，班主任要努力使自己成为中小学生的人生导师。

一、结合：集体教育和个别教育相结合

学生集体既是教育的对象，又是教育的手段。良好的集体是一种巨大的教育能量场。要重视培养学生集体，通过开展集体活动，建立正确的集体舆论，形成良好的风气和传统，发挥集体的教育作用。要调动每个学生的积极性，同时还要针对学生的不同情况进行个别指导，促使学生个性在集体中得到充分发展，并初步培养他们自己教育自己的能力。马卡连柯说："集体是个人的教师。""活动教育了集体，团结了集体，加强了集体，以后集体自身就能成为很大的教育力量。""不管用什么样的劝说，也做不到一个正确组织起来的、自豪的集体所能做到的一切。"马克思恩格斯也指出："只有在集体中，个人才能获得全面发展其才能的手段。"所以，实现集体教育与个别教育相结合，是相辅相成、互相促进的。为此，要做好以下三点：

第一，要根据集体形成、发展的规律和健全集体的基本特征，精心组织培养学生集体。

第二，要发挥班集体在集体教育中的作用，在班集体中形成正确的集体舆论是必不可少的。

第三，要加强个别教育工作，把集体教育与个别教育相结合，充分发挥教师和学生两方面在思想品德教育中的积极性。

二、价值：班主任在德育教育中的任务和意义

班主任是什么性质的教育工作者？最明确的说法有三个关键词：

第一个关键词是"主要实施者"。实施什么？日常思想道德教育，即，德育；学生管理，即，管理一个班级的学生。这就涉及什么是德育、怎么进行德育的问题。还涉及怎样才能管理好一个班级、怎么进行班集体建设的问题。

第二个关键词是"引领者"。引领，即指引、带领的意思，这就涉及往哪里引领、怎么引领的问题。

第三个关键词是"人生导师"。人生，这是个很大的概念，每个人都只有一次人生。这个只有一次的人生怎么度过才有意义、有价值，而不是白来一趟。班主任是导师，要对学生的人生进行指导。

以上三条是国家赋予中小学班主任极其光荣而神圣的使命。班主任是全面负责一个班学生教育工作和管理工作的教师。班主任的基本任务是带好班级，教好学生，即全面关心本班学生的品德、学习、生活和健康，努力把本班培养成为一个和谐而坚强的班集体，促使全班同学在德、智、体、美、劳诸方面都得到发展。对学生进行品德教育是班主任的主要任务和职责。中小学生尚未成熟，他们对班主任心存依赖和崇拜，班主任的关怀爱护或是冷落歧视对他们的健康成长影响极大。学校对学生进行品德教育的一切途径几乎都是在班主任的参与、指导下进行的，班主任对本班学生进行的品德教育绝不是其他途径、其他教师所能代替的。

班主任要做好学生的德育工作，第一，要以身作则，班主任本人应是一位品德高尚的人，学高为师，身正为范，这样，在言行举止中对孩子就有一种莫大的道德导向力。第二，班主任要有工作热情，有爱心对学生进行真诚的爱护和关怀，这必然是促使他们不断改进自己、追求美好生活的巨大力量。光有主观热情还不够，一个好的班主任还必须具备较高的教育学理论、修养水平和丰富的实践经验，应该全面深入地了解、研究学生，尊重、信任学生，争取其他任课教师、团队组织等社会有关方面和学生家长的配合，并要特别精心组织、培养健全的班集体，通过集体对学生进行教育，在加强集体教育的同时，还要重视个别教育，做到有的放矢，因材施教。第三，在整个班级工作中，班主任要以"三好"为目标，以学习为中心，结合学生的学习和其他活动进行教育，能随时利用各种社会因素，发挥德育过程中的社会性优势。

三、助力：如何处理好班会助力"育德"

（一）班会的目的功能

第一个问题是班会的目的何在？这与班会的性质紧密相连。第二个问题是班会是干什么的？概括来说，班会无非有三个目的：一是解决班级公共生活中遇到的问题；二是教育学生；三是表演，或者娱乐学生自己，或者给别人看。就实际而言，目前的班会多是以"课"的形式出现，主要目的是教育学生。一些学校在班会课上真是下了大功夫，有自己开发的大纲、教育主题、活动设计、资源保障等，课也上得精彩纷呈、美不胜收。但美中不足的是，无论形式多么活泼生动，都掩饰不了骨子里的说教意味，都是有精美包装的道德灌输。教育有效的前提在于这种教育能培养学生的自主性。现在很多学校存在的一个很大问题是教育过度，学生既要接受班主任的教育，德育课的教育，少先队、共青团的教育，学校领导和管理者的教育，还要在班会上接受教育。没有一个好的统筹，再加上班会的教育主题有很多与德育课、校本课、共青团、学校的活动重叠或重复，学生自然容易产生厌烦和逆反心理。另外，班会课一般由学生代表主持，无论这位学生代表多么优秀，他（她）毕竟是学生，缺乏教师角色所具有的道德优势，由他（她）来说教总显得不足，无论多么严肃的话题都会显得有点滑稽，教育效果自然就不会太好。还有很多学校的班会课表演性突出，似乎就是为了娱乐学生，或者给参观者看的。的确，现在的学生生活在重压之下，学习任务重，竞争激烈，心理紧张，需要适当的娱乐和放松。但是，用班会进行娱乐并不合适。至于表演给参观者看，那就更不可行，学校不能从小就教学生作秀。

班会最切实的目的还是解决班级生活中遇到的问题。班级生活不是个人生活，而是集体的、公共的生活，总会遇到这样或那样的超个人的问题，需要大家共同讨论、解决。学校生活中现有的机制，比如班主任和班委会，可以解决一些问题，但并不能解决所有问题。再说班主任和班委会都有自己的职权范围，超过这一范围来解决问题，那就是滥用职权。从公民教育、培育公共精神的角度说，班级会议具有不可替代的作用，如果班委会的性质是"会"，目的在于讨论、解决班级生活中遇到的问题，那么，下一步需要探讨的就是班级会议的运作机制，比如班级会议主题确定的程序和方法、班级会议发起的条件、班级会议的议事规则和表决规则、班级会议决议的执行监督等等。

（二）如何召开主题班会

班主任管理班级大部分用的是课外或课余时间，唯独班会是列入课表的、给班主任使用的法定时间，而且每周一次。如何利用班会对班级实施管理，如何利用班会来引导学生，就成了班主任工作的重要课题。班会是以班级为单位召开的全体成员会议，是学校进行德育的一种组织形式。班会有助于培养学生的民主意识，锻炼学生的自治、自理、自主能力，解决班集体学习、生活中的各种问题。班会一般是每周排一节课，由班主任负责。常规叫它班会课，但千万不要把它上成课。班会是会，正如校会是会，学科组会是会一样，既然是会，就应该把班会开成会。虽然班会和道德与法治课的教育目标相同，即都是对学生进行良好品德的培养，但还是有许多不同之处，希望班主任要关注两者的不同，把班会开成会，并由班主任负责的会。班会是排入课表的作为班主任专用的工作时间，正如不能占用其他课程开班会一样，班会也不能用来上其他课，要严格按照课程计划来专用。班会都可以做什么？这自然由班主任决定，但一定做跟学生品德培养、班级管理、学生身心发展有关的事情。如，班主任可以利用班会做某个专题或某些问题的讲话，叫班会讲话或叫班主任讲话，布置或讨论班级工作、进行班干部的选举、开展班级活动、处理班级事务和班内发生的各种问题等，但用班会补课是不恰当的。

关于主题班会。主题班会是围绕一定主题而举行的班级成员会议，是班主任在实践中创造的一个非常好的班会形式，也是一个非常好的教育形式。它的特点是：有主题、有针对性、有全班学生的参与、有学生的亲身实践体验。实践证明，一个好的主题班会能够给学生留下深刻的或终身的记忆。但是，近年来所观察到的一些主题班会，不像是会，更像是课，有的干脆就叫"班会课"，这样的班会课与道德与法治课近似，等于多上了节道德与法治课，虽然也有教育意义，但失去了主题班会的本意。道德与法治课的目的是培养学生具有良好的品德，班会的目的同样如此，但两者的途径、方式方法不同，一个是通过"课"的形式，一个是通过"会"的形式。此外，还有班级管理的诸多事情要做。

让班会回归，体现四个价值：

第一，便于解决班级生活中遇到的各种问题。班级生活是集体生活的共同生活，必然会遇到这样或那样的问题。而这些问题的存在就是班级会议存在的依据。

第二，利于发挥学生的主体性。班主任不能总是抱怨学生自我管理能力差、对老师依赖性强、对班级共同事务缺乏积极性。出现这些问题是因为我们很少给他们共同商讨班级事务的机会，他们自我管理的能力未得到实践锻炼。所以班主任应充分发挥学生自治的作用，让他们多些机会参与或主导班级管理。

第三，班会是进行公民教育的有效方式。公民教育没有必要舍近求远，学生能够参与班级事务，管理自己的集体生活，就是最直接的公民教育方式。杜威说，民主是一种生活方式，真正的公民教育就是过民主的公民生活。班级会议就是这样一种尝试，它力图在班级里建构一种民主生活的样态，完全符合公民教育的基本精神。

第四，班会是生活德育的一种形式。生活德育是近年来中国德育发展的一项重大成就，其基本理念就是通过经历道德的生活来学习道德。班级会议的尝试体现了生活德育的基本思想，体现了平等、尊重、自主等基本道德观念。进行这样的实践探索，对教师加深对德育的理解、提高自身德育专业能力大有益处。

（三）道德与法治课和主题班会的区别

依据不同：道德与法治课的依据是课程标准；主题班会的依据是《中学德育大纲》《小学德育纲要》《中小学生守则》《中学生日常行为规范》《小学生日常行为规范》等。

内容不同：道德与法治课的主题及内容按教材的规定；主题班会的主题及内容按班主任的工作计划或按班级普遍存在并需要解决的问题来设定。

准备不同：道德与法治课的准备叫备课，一般由教师独自进行；主题班会的准备叫筹备，一般由班主任和学生干部共同商议进行。

形式不同：道德与法治课的基本形式是教师讲授或教师引领下的学生讨论，是比较严谨的系统的教育，与此相适应的是学生排排坐或小组坐的形式；主题班会的形式是活动，带有即时性、随意性的特点，根据会的要求采取与课不尽相同的就座形式。就座形式的改变会使学生有不同于上课的新鲜感，有利于学生产生兴奋，从而收到更好的教育效果。

主持不同：道德与法治课不管怎么改革都是教师主持，引导学生课堂学习；主题班会一般应该由学生主持；小学低年级可由班主任辅助学生主持，并按事先设计的议程进行，班主任和学生是导演和演员的角色，或者是学生自导自演，切忌班主任自导自演，学生只是听众观众或做群众演员协同。

方法不同：道德与法治课的基本方法是教师讲授、演示、启发、讨论、实验；主题班会的基本方法是学生喜闻乐见的各种各样活动的方法，如：表演文艺节目、演讲、讲故事、辩论、讨论、游戏。一个好的主题班会，是需要精心准备、精心设计的。每周班会都开成主题班会有难度，似乎也没必要，但一学期召开几次好的主题班会是需要的。一个好的主题班会应该是：主题鲜明，有针对性；内容充实健康，有教育性；形式活泼多样，有趣味性；学生普遍受益，有实效性。

第四章 示范引领

习近平总书记指出："人才培养一定是育人和育才相统一的过程，而育人是本。人无德不立，育人的根本在于立德。这是人才培养的辩证法。办学就要尊重这个规律，否则就办不好学。要把立德树人的成效作为检验学校一切工作的根本标准，真正做到以文化人、以德育人，不断提高学生思想水平、政治觉悟、道德品质、文化素养，做到明大德、守公德、严私德。"道德与法治课程肩负着立德树人的任务，对学生进行德育教育。那么，怎样的道德与法治教师能够真正实现道德与法治课程应有的德育价值呢？一位合格的道德与法治教师，应该具备新课程教学理念、知识与教学技能，同时更重要的是，需要明确和定位自己的身份，需要理解和熟知德育实践的动机和目的，这样才能帮助自身有效使用好《道德与法治》这套教材，上好道德与法治课。在《道德与法治》课程中，道德与法治课程教师不仅仅是道德的教授者，也是道德的学习者和持续的践行者；不仅是一门课程的教学者和研究者，还是学生德育工作的重要参与者。所以道德与法治教师应站位在国家主流意识形态贯彻者、落实者、宣传者的高度，为国家利益代言、为民族精神立言，要立德成人、立志成才。因此，对道德与法治教师而言，思想性、政治性、专业性要求应当更严、更高，对课程的研究涵盖国家意志高度、课程标准精度、社会意识广度、学生生活深度，既要有广阔的社会生活视野，更要有科学的态度与方法。

道德与法治教学既是儿童的思想政治启蒙、道德品质、法治意识教育以及行为习惯健康成长的奠基工程，也是社会主义精神文明建设和公民道德建设的基础工程，还是提升国民整体文明素质、推进中华民族伟大复兴中国梦的工程。提高道德与法治课程教学质量，关键就在于建设一支理想信念坚定、道德素质优良、专业基础扎实、勇于担当、善于创新的教师队伍。它要求道德与法治教师的专业发展既包含有基于课标、教材、教学的课程意义发展，更要着眼于国家意识形态属性教育、大政方针、重大时事主题、公民道德建设、国民文明素质教育等德育工作的格局和视野。在一定意义上，道德与法治教师要有更高的思想政治觉悟，更宽阔的社会生活视野，更厚重的育人责任担当；同时，要站在道德"学习者"的角度，与学生共同追求真善美。教师只有走入学生群体，与学生群体共同学习和成长，坚定不移地进行德育实践，才能使德育实践的价值性和道德性得到真正的渗透和体现。

鉴于道德与法治教师是专门的道德与法治教育者，所以对他们的德育专业素养标准或专业要求要高于其他学科教师的要求。然而遗憾的是，目前在很多小学担任道德与法治课程的教师，一般是由语文、数学、英语教师或班主任兼任。所幸，随着近几年对道德与法治学科重视程度的提升，每年都有针对道德与法治教师的相关教育教学专业培训。

从道德与法治这门课程的教学来看，教师应该明确课程教学不仅仅是为了传递知识，而且要凸显知识内在的道德教育价值。康德认为："德性能够并且必须被教授，这是从它并非生而具有得出的。"道德与法治教师要坚定走好"从知识到道德"的可能性之路，从而持续为德育工作中找到突破口，打开新格局。道德与法治教师应该通过教学来拓展学生的思想范围、知识与生活视野，从而催生出道德意志。赫尔巴特认为，道德作为人的自由的表现，并不能自动地从理性中展现出来，但教育却可以借助感性世界中的材料，对学生的自由产生影响，使这种内心自由成为真正的道德自由，而更进一步的就是道德意志。

第一节　培养：道德与法治课程的人才培养机制

无论是从传统教育还是从现实教育导向，以及社会对人才的需要来看，以德为先都是必须坚守的人才培养策略，是"培养什么人""怎样培养人"和"为谁培养人"的交汇点，统领着教育改革与发展的走向。道德与法治课程是义务教育阶段的一门全新的国家课程，这门课程"集中体现国家意志，是学校培育社会主义核心价值观的主渠道、主阵地"。这可以看作是对道德与法治课程育人价值和功能的基本定位，这一定位将道德与法治课程提升到国家意志层面，并赋予其社会主义核心价值观教育的主渠道、主阵地的地位，在这个意义上，道德与法治课程是解答"培养什么人""怎样培养人""为谁培养人"的关键课程。道德与法治课程如何有效解决好人才培养问题呢?

一、强化: 加强对道德与法治课程的重要认识

在党的十九大报告中,习近平总书记旗帜鲜明地提出"提高全民族法治素养和道德素质"。因此,在一定意义上,道德与法治课程是新时代中国特色社会主义思想在教育领域的重要体现,是新时代坚持和发展中国特色社会主义的总目标、总任务、总体布局、战略布局的必然要求。这门课程的设立,是夯实青少年的国家意识,全面加强社会主义核心价值观教育的必然要求;是推动法治教育纳入国民教育体系,提高法治教育的系统化、科学化水平,加快建设社会主义法治国家的必然要求;是传承中华优秀传统文化、培育国民现代精神和素养、坚定中国特色社会主义道路自信、理论自信、制度自信、文化自信的必然要求,这一点在内容上十分清楚地回答了"培养什么人"的问题。从国家意志的高度来更好地把握这门课程,对道德与法治课程的实施及教师提出了更高、更严格的要求。教师教学需要有个性、有风格、有独到的方式方法,但对道德与法治教师而言,更应该具有站位于民族和国家的思想境界,具有政治意识、大局意识、核心意识、看齐意识的政治觉悟,具有共产主义远大理想和中国特色社会主义共同理想的坚定信念。因此,学校必须从课程设计、教材编写、课程实施等多角度、全方位加强本课程的建设和实施,重点是加强道德与法治教师队伍建设,全面提升教师的政治思想素质、法治意识,把理想信念坚定、政治觉悟高、专业知识扎实的教师吸引到道德与法治教师队伍中来,以提高本课程的实施和育人效果。

二、完善: 优化对道德与法治课程的实施管理

小学德育重点是养成教育,全面培养学生的生活(守纪)习惯、卫生(健康)习惯、劳动习惯、学习习惯和交往习惯,使他们能够有礼貌、敬师长、道法纪、惜时光、肯劳动、尚节俭、重生命、树理想、亲自然、爱家乡,做体格健壮、人格健全,既懂事又有本事的文明人。长期以来,由于没有考试压力,许多道德与法治教师缺乏相应的专业基础,从而出现师资不稳定、教学无保障以及谁都可以教、随便教的不良状况。这与国家对德育课程的期许存在着较大落差。所以加强本课程实施管理不能仅停留在保课程、保课时的基本要求上,要在师资培养培训、设施设备配置、环境条件保障等方面加大支持力度,促进

本课程高质量实施。特别是在道德与法治课程实施的设施设备、环境条件保障方面，大多数学校基本属于空白，制约了本课程的实施空间，使得本课程实施被压缩在课本、课堂之中，与本课程所诉求的生活性、开放性、实践性教学、体验活动、参观考察等实施要求相去甚远。为此，学校应该建立相应的传统文化德育、社会实践等场所，增强道德与法治教学活力，使道德与法治教学真正基于生活，立足社会，强化实践体验。

三、革新：深化对道德与法治课程的改革创新

创新是知识经济的灵魂，是以新思维、新发明和新描述为特征的一种概念化过程。其原意有三层含义：第一，更新；第二，创造新的东西；第三，改变。道德与法治教学凝聚了党和国家的殷切期望，关乎着人才培养的目标和质量，学校有必要加大支持力度，注重创新，以更好地促进本课程教学改革和教育创新，增强课程活力。一是要加大专门研究队伍、教学名师的建设力度，引领本课程的改革与实践创新；二是要加大研究支持力度，大力着眼于结合区情、校情的课程开发力度，着力解决本课程建设的思想理念、师资队伍、实施策略、条件保障、效果评价等难点问题；三是要搭建教学成果展示交流平台，及时宣传推广道德与法治教学的先进经验，增强道德与法治教师的方向感、成就感和使命感；四是要建立重点推进、分类指导的机制，建立道德与法治课程的实验基地和名师工作室，加强研究与指导的针对性。

第二节　素养：提高道德与法治教师的专业素养

"卖啥吆喝啥"，这是经营好本学科教学的"本钱"。教师只有识道、悟道、明道、守道、践道，才能更好地传道。正所谓"德者有道，以德载道"，这样的教师才有师道尊严。道德与法治教师应拥有"为天地立心，为生民立命，为往圣继绝学，为万世开太平"的高大情怀，拥有"衣带渐宽终不悔，为伊消得人憔悴"的崇高精神，拥有"立功、立言、立德"君子三不朽的千古追求。

教师的教学就是教学生学习，促进学生学习，使学生学会做人，学会求知，

学会学习，达到全面和谐的发展，为学生将来在社会实践中占据主体地位、发挥主体作用打好基础。毫无疑问，学校每一位教师都应该是德育工作者，都应该成为道德意志的传授者和学习者。本书中仅就道德与法治学科进行相关阐述。除学科教学以外，道德与法治教师还应该有意识地营造具有道德教育性的班级环境或校园环境。道德与法治教师在教学过程中，要自觉引导学生注重学校纪律、集体生活、团队协作等的作用，以此培养学生的纪律观念和集体的依恋感。道德与法治教师的德育能力的高低取决于教师的自我修炼。教师是肩负特殊使命的人，不能只将教师岗位当作一种谋生手段。常言道："一个教师所能达到的高度最终就是做人的高度。"这句话的深刻性就在于，教师的教育、教学不能与做人割裂开来，而应与做人融合起来成就一种"教育人生"。虽然教师自身品德与做人境界本身就是德育能力的一种形式，本身就能对学生产生深刻影响，但单靠自身品德的影响还不能达到德育自觉的高度。因此，教师的自我修炼，既包括品德修炼，也包道德素养修炼与德育能力修炼。一位品德高尚好学敬业的教师，即使自己"桃李不言"，其师表风范也足可激发学生奋发学习的热情，学生也会"下自成蹊"，对老师"高山仰止，景行行止"。道德与法治教师的专业素养提升是提高道德与法治课程力的保障，所以必须了解道德与法治教师的专业素养。其构成要素包括思想政治素养、道德修养、法治素养、社会参与素养、信息化素养、教学组织素养六个方面。

一、思想政治素养

思想政治素质是对所有教师的要求，居于教师素质的首要地位。对道德与法治课程教师而言，思想政治素质是首要素质，也是其专业素养的必要组成部分。《中共中央国务院关于全面深化新时代教师队伍建设改革的意见》对教师的思想政治素质做出明确规定，要求"加强理想信念教育，深入学习领会习近平新时代中国特色社会主义思想，引导教师树立正确的历史观、民族观、国家观、文化观，坚定中国特色社会主义道路自信、理论自信、制度自信、文化自信。引导教师准确理解和把握社会主义核心价值观的深刻内涵，增强价值判断、选择、塑造能力，带头践行社会主义核心价值观。引导广大教师充分认识中国教育辉煌成就，扎根中国大地，办好中国教育"。这一规定既是对全体教师的要求，更是对道德与法治教师的突出要求。良好的思想政治素养要求道德与法治教师深刻理解和把握课程教学内容；整体理解和把握课程与六大领域的关系；全面理解和把握个性品质养成与社会性发展、家国情怀培育的关系；深刻理解和把握理论与实践的关系，引领人生正确导向，支撑学生终身发展。总之，道德与法治教师的思想政治素养直接体现教学的基本立场、政治站位和教学导向，决定了教学视野的宽度、教学内容的深度和教学质量的高度。

二、道德素养

道德修养是对道德与法治教师的基本要求，也是对其专业发展的要求。《中共中央国务院关于全面深化新时代教师队伍建设改革的意见》对师德修养做出总体规范，要求"引导广大教师以德立身、以德立学、以德施教、以德育德，坚持教书与育人相统一、言传与身教相统一、潜心问道与关注社会相统一、学术自由与学术规范相统一，争做'四有'好教师，全心全意做学生锤炼品格、学习知识、创新思维、奉献祖国的引路人"。这是对全体教师的要求，对道德与法治教师更有着特殊的意义。第一，道德修养水平反映了教师的道德认知和体验状态，直接关系着对道德与法治课程内涵的理解和把握。第二，教师的日常道德行为道德修养和表现，直接影响学生的道德认知和行为表现，是最生动的道德与法治教育。第三，教师的道德修养决定道德与法治课程的教学态度和方式，道德与法治教学的落脚点是对人思想、品格行为习惯等的教育，它不接受冷冰冰、硬邦邦的道德知识教育，需要以心交心、以情激情的情感教育，需要循循善诱的启发教育，需要诲人不倦的耐心教育，需要有教无类的公心教育。因此，教师道德修养的厚度影响教学方法的选择和运用的效度。

三、法治素养

法治素养是对时代公民的普遍素质要求，是对道德与法治教师的专业要求，是领会和把握课程核心内涵的基本要求。道德与法治课程是义务教育阶段学生法治素养和道德素质培育的奠基工程，关系着一代又一代公民的整体素质，关系着全面依法治国方略的深入、持久实施。道德与法治教师理应成为中国特色社会主义法治素养培育的先行者、引导者和践行者。所以提高教师的法治素养是当务之急，其重点应增强宪法意识，理解宪法具有最高的法律地位、法律权威、法律效力的深刻含义，培育尊崇宪法、学习宪法、遵守宪法、维护宪法、运用宪法的自觉意识；加强中国特色社会主义法治理论、法治政策、司法制度、法律体系、法治思维、法治方式的学习、研究与实践，不断探索和创新教育的新方法、新模式，提高道德与法治课程育人实效。

四、社会参与素养

社会参与素养是对现代公民的文明素质要求，也是学生核心素养的三大组成部分之一，还是实现中国特色社会主义民主、建设共建共治共享社会治理格局的使命要求。道德与法治具有鲜明的社会性，强调道德与法治的社会生活实践。因此，本课程是培育学生社会参与意识、素养和能力的重要渠道和阵地。新课标主张"个人、家庭、学校、社区、国家、世界是学生不断扩展的六大生活领域。社会环境、社会活动、社会关系是存在于这些领域中的几个主要因素。学生的品德与社会性发展是在逐步扩展的生活领域中，通过与各种要素的交互作用实现的"。《义务教育思想品德课程标准（2011 年版）》提出课程的任务是"引领学生了解社会、参与公共生活、珍爱生命、感悟人生，逐步形成基本的是非、善恶和美丑观念，过积极健康的生活，做负责任的公民"，并具体要求"逐步掌握交往与沟通的技能，学习参与社会公共生活的方法""积极参与公共生活、公益活动，自觉爱护公共设施遵守公共秩序，有为他人、为社会服务的精神"等。《青少年法治教育大纲》要求"引导、支持学生自主制定规则、公约等，逐步培养学生参与群体生活、自主管理、民主协商的能力，养成按规则办事的习惯，引导学生在学校生活的实践中感受法治力量，培养法治观念"。在道德与法治课程中培育学生的社会参与意识，有效拓宽道德与法治课程的教学时空，引导学生在社会生活中养成道德、践行法治，这就要求道德与法治教师必须首先是社会参与意识、方法和能力的垂范者。就道德与法治课程而言，社会参与素养包括社会关注、社会现象和问题的交流表达、社会实践等意识和行为。社会参与的内容包括社会公益活动参与，如志愿者活动、扶贫济困行动、环保组织活动等；文化活动参与，如参与节假日活动、传统民俗习俗学习与表演、文体活动交流等；政治参与启蒙，如关注新闻和国家时事政治、参与重大政治题材的宣传活动、开展模拟听证会、模拟法庭活动等。教师要适应和胜任道德与法治课程的社会参与教育，主动学习社会参与的理论和思想，积极关注社会参与重大时事题材，深刻把握社会参与素养的内涵和能力要素，通过多种方式积累社会生活素材，并运用于课程的教学实践。

五、信息化素养

信息化素养是互联网时代现代公民必备的素养。促进学科课程教学与信息技术的深度融合是对当代课程教学的普遍要求，道德与法治课程也不例外。教师应具备的信息素养包括网络工具运用能力、信息获取甄别能力、信息分析整理能力、遵守网络道德与法规意识和行为等。在具体教学活动中，教师信息素养运用主要包括正确指导学生利用互联网开展学习道德与法治基本常识，在互联网平台中学会收集、甄别、整理真实有益的信息，引导学生学习、遵守互联网道德与法规等。

六、教学组织素养

教材及教师教学用书是教师开展创造性教学活动的助手，教材是进行教学的重要工具，要实现教学内容生活化，首先得从开发教材、活用教材入手。小学《道德与法治》教材给了教师更多的教学自由，教师在教学内容选择和重组上有更大的能动性。教师不能拘泥于书中的几幅图片，要学会和重视对教材的二次开发，根据学生实际生活和社会现实，进一步开发生活化的课程资源，使教材的理论知识能和学生的实际生活进行联系，树立"生活即教育"的教材观。教师的教学用书，一直被当作教师教学的权威依据，通常因为能够帮助教师进一步理解课程与教学，为教师搜集更多的教学资源，提供有价值的教学建议，成为教师教学的好伙伴。教师工作的创造性，在于对所搜集资料的消化吸收及创造性地运用，在于将知识、学生和教学实际情况进行创新性结合。教学实际情况的复杂性，类似于医生给病人开药，教师必须结合学情、学生与教学的实际，创造性地使用自己掌握的相关知识，才能更好地帮助学生实现全面成长。

要建构教师与教科书之间积极的互动关系，可以从以下几个方面来入手：第一，打破教师对教科书单向传递的惯性思维，建构教师与教科书之间的积极互动循环关系，将教师从教科书的权威之下解放出来，真正树立一种新的身份观：教师既是课程的积极使用者，又是课程的思考者、开发者和设计者。第二，教师能够根据学生的学习需求和目标，调适既定的课程内容，使学生的学习体验优质，以实现课堂教学从知识本位取向转为能力中心取向。第三，要为教师建构宽松的课程生态环境，让其尝试创造性地使用教科书。只有这样，教师才有可能真正从教科书的统治中解放出来，重构积极的教师身份，从而与教科书形成积极的互动关系。新的课程观、教材观需要教师具有课程转化能力,这种转化能力最基本的要求就是教学内容校本化、班本化和生本化。

道德与法治这门课程具有社会性、生活性、实践性,其教学活动的形式丰富多样,特别强调实践体验和社会参与,这就要求教师不仅具有理解和把握课程标准和教材的能力,更要具有实践活动的组织策划能力。因此,活动策划组织能力是道德与法治教师教学专业能力的特殊要求。教师的活动策划组织能力主要包括三个方面:一是活动主题的选择能力。教材内容十分丰富,如何从中选择适宜有效的活动主题至关重要。如:活动主题的选择应聚焦课文重点和难点,有利于重点强化和难点突破。二是活动策划与组织能力。应掌握制定科学的课程活动的方法,如活动的准备、布置、流程、管理等,必要的时候,教师应和学生一起制作学习活动工具,比如调查表、调查问卷、采访提纲、活动手册等,不能是放羊式的学生活动。三是活动总结与评估能力。教师应事先明确活动的教育目的,根据目的来设计、评价方案,并贯穿于活动过程的观察、材料收集、成果等各方面,以体现活动评价的过程性。

第三节　六要:道德与法治教师的一致性要求

教师的言语、神情、身体姿态、声音、手势等,包括跟家人、与朋友打电话,跟同事及学校其他工作人员沟通时的语气、态度都对学生进行着潜移默化的道德教育,而不是只有课堂教授的知识才对学生具有德育价值。

办好德育课关键在教师,关键在发挥教师的积极性、主动性、创造性。"经师易求,人师难得",教师承载着传播知识、传播思想、传播真理、塑造灵魂、塑造生命、塑造新人的时代重任。道德与法治课教师的素养明确包含以下六点要求。

一、政治要强

要解决学生的理想信念问题,道德与法治教师只有自己信仰坚定,对所讲内容高度认同,做学习和实践马克思主义的典范,才能讲得有底气,讲深讲透,才能有效引导学生真学、真懂、真信、真用。

二、情怀要深

教师在课堂上展现的情怀最能打动人，甚至会影响学生一生。要引导学生立德成人，立志成才。只有打动学生，才能引导学生。真信才有真情，真情才能感染人。要有家国情怀，心里装着国家、民族和学生，让道德与法治课成为一门有温度的课。

三、思维要新

道德与法治教学是一项非常有创造性的工作，给予学生的不应该只是一些抽象的概念，而应该是观察认识当代世界和当代中国的立场、观点、方法。要学会辩证唯物主义和历史唯物主义，教会学生科学的思维，善于运用创新思维、辩证思维，善于运用矛盾分析方法抓住关键、找准重点、阐明规律，创新课堂教学，给学生深刻的学习体验。引导学生树立正确的理想信念、学会正确的思维方法。

四、视野要广

（1）要有知识视野，除马克思主义理论知识功底外，还要广泛涉猎其他哲学、社会科学、自然科学知识。（2）要有宽广的国际视野，要善于利用国内外的事实、案例、素材，在比较中回答学生疑惑，既不封闭保守，也不崇洋媚外，引导学生全面客观认识当代中国、看待外部世界，善于在批判鉴别中明辨是非。（3）还要有历史视野。

五、自律要严

道德与法治教师对自己要求要严格，既要遵守教学纪律，也要遵守政治纪律和政治规矩，做到课上课下一致、网上网下一致，不能在课上讲得不错、却在课下乱讲，不能在现实生活中表现不错、却在网上乱说，要自觉弘扬主旋律，积极传递正能量。

六、人格要正

有人格，才有吸引力。亲其师，才能信其道。道德与法治教师要有堂堂正正的人格，要有学识魅力，学校是真理的殿堂，是文明的沃土，是清廉的摇篮，用真理的力量感召学生，以深厚的理论、高尚的人格感染学生、赢得学生。要自觉做到修身修为，像曾子那样"吾日三省吾身"，像王阳明那样"诚意正心""知行合一"，自觉做为学为人的表率，做让学生喜爱的人。

育人之本，在于立德铸魂。"推动思想政治理论课改革创新，要不断增强思政课的思想性、理论性和亲和力、针对性。"习近平总书记提出"八个相统一"的具体要求，为新时代道德与法治课教学把准了脉，指明了道。

（1）坚持政治性和学理性相统一。就是以透彻的学理分析回应学生，以彻底的思想理论说服学生，用真理的强大力量引导学生。

（2）坚持价值性和知识性相统一。寓价值观引导于知识传授之中，要用丰厚的知识成果滋养先进的价值理观念。

（3）坚持建设性和批判性相统一。建设需要批判，批判加强建设，传导主流意识形态。

（4）坚持理论性和实践性相统一。要把教科书与新时代中国这本大书融为一体，引导学生立鸿鹄志，做奋斗者。

（5）坚持统一性和多样性相统一。落实教学目标、课程设置、教材使用等方面的统一要求，因地制宜、因材施教。

（6）坚持主导性和主体性相统一。要用主导开发主体，靠主体顺应主导，发挥好学生主体性作用。

（7）坚持灌输性和启发性相统一。要注重启发教育，通过启发达到灌输的目的。

（8）坚持显性教育和隐性教育相统一。挖掘其他学科和教学方式中蕴含的道法教育资源，实现全员全程全方位育人。

道德与法治课的关键在教师，关键在发挥教师的积极性、主动性和创造性。实现知、情、意、行的统一，叫人心服口服。教育的根本任务是培养社会主义合格建设者和接班人，要承担起社会主义建设者和接班人这一重任不仅要能力过硬，更要品德过硬。立德是树人的根本和前提，只有品德过硬，"德""行"匹配，才能支撑起人的骨骼、精神、气场，才能拥有"大格局"，促成"大发展"，才能在时代的发展中行稳致远。教师要指引青少年始终争做奋进者、开拓者、奉献者，为祖国的社会主义现代化建设贡献自身力量。

第五章　解码求真

第一节　解码：解析教材特点

统编《道德与法治》教材在编写上遵循：以生活为载体，回望儿童自己的生活，镜观同伴的生活，参与群体生活。学生生活是课堂教学的重点内容，引导学生通过生活本身来了解生活，发现、挖掘、积累实践智慧。在回望生活中，通过体验理解道理，以深化感受和反思来达致明辨的途径。同时，以尝试作为积累各种技能的方式，接童气，通达生活技能，以明晰课程的意义。

一、布局：教材以问题域作为结构布局

（一）基本结构学习活动化

《道德与法治》教材以学生学习活动所指向的问题域作为基本结构，改变了教材单元结构的形式，探索以学生学习活动所指向的问题域。每册书按四个单元编排，但四个单元的内容不是按四个领域的知识体系编排的，而是引导学生自主探索所指向的四个问题域。以三年级上册为例，本册教材共有四个单元，分别是"快乐学习""我们的学校""安全护我成长""家是最温暖的地方"。这四个单元不是关于学习、学校、安全、家庭四个领域的知识体系，而是学生进行自主探索所指向的四个领域。再以四年级上册教材为例，四年级的学生处于从中年级向高年级的过渡期，他们经过三年道德与法治课程的学习，在道德认知和情感上有所发展，已形成一些初步的价值观念。他们对人、事、物的认识逐渐摆脱单向思维的特点，初步具备将外界环境状况与自身生活联系起来思考的能力。四年级上册教材作为循环上升的课程内容，在三年级教材的基础上主要聚焦学校生活领域中的班级建设、家庭生活领域中的家庭责任、国家生活领域中的现代媒介、社区生活领域中的环境保护等主题。但这四个单元不是关于学校、家庭、国家、社区四个领域的完整知识体系，而是引导学生自主探索所

指向的四个问题域。单元作为学生学习活动所指向的问题域，当然也有教育的价值导向。教材不可能是价值中立的，必定要有鲜明的价值观导向。比如"安全护我成长"中的"护"就是价值观导向的体现。"家是最温暖的地方"所体现的价值观导向是家庭的情感。教材不仅不能回避价值观导向，而且导向还要更加鲜明。这里的价值导向不是生硬的，而是附着在学生学习探索的问题域之中。

（二）价值观导向明晰化

道德与法治是体现国家意志的课程，承载着国家"培养什么人、怎样培养人、为谁培养人"的重大历史使命。课程内容体现了鲜明的价值观导向，具有其他学科课程所不能替代的育人功能。教材的单元主题安排和课文内容设计，着眼于儿童的成长需要，着眼于解决儿童成长中的各种问题，将国家对少年儿童的要求，贯穿于儿童可感可知的生活事件之中。教材的每个主题单元及分属的每一课都具有鲜明的价值观导向，简洁而明晰。以四年级上册教材为例，第一单元"与班级共成长"，其价值导向是培养学生的集体意识、规则意识和公民意识；第二单元"为父母分担"体现的价值导向是家庭责任感；第三单元"信息万花筒"，体现的价值导向是提高新媒介素养和信息素养；第四单元"让生活多一些绿色"体现的价值导向是环保意识、环保责任和行动。

统编小学《道德与法治》四年级上册教材内容一览表

单元主题（问题域）	探索的问题			价值导向
第一单元 与班级共成长	班级与自我成长	班规的制定与执行	群体之间应当如何相处	集体意识、规则意识、公民意识
第二单元 为父母分担	关心与体谅父母	主动承担家务活儿	为家庭尽责任	家庭责任感
第三单元 信息万花筒	辩证健康地看电视	网络世界的规则	正确认识广告	提高新媒介素养及信息素养
第四单元 让生活多一些绿色	了解环境污染	怎样将垃圾变废为宝	怎样做到低碳生活	环保意识、环保责任和行动

（三）单元框架内在逻辑化

教材单元框架更符合新课程编写修订要求、设计思路与结构体系，更加适宜师生的共同学习体的建构，创建了具有内在逻辑的教材单元框架。义务教育阶段《道德与法治》共 18 册，其中小学 12 册，初中 6 册，教材内容依据与儿童生活的紧密程度，由近及远安排了六大生活领域：个人、家庭、学校、社会、国家、世界依次展开编排，同一生活领域内，按照学习难度的不同，采用螺旋上升的编排方式。如《道德与法治》低年段教科书将课标提出的"三经四纬"课程框架，创造性地拓展为与儿童发生密切联系的生活场域，引领置身其中的儿童在生活方面学习、活动、提升，用空间逻辑取代了原教材的生活事件和时间逻辑的编排。

常用的正文模式是开头点明的一个总体论点，然后从几个分论点进行论证，最后归纳总结。一篇课文中，正文是"骨架"，图片、案例则是"血肉"。这样的正文体现的是内容逻辑、论证逻辑、劝说逻辑，而将学习逻辑、教学逻辑排斥在外，显然违背了教材的教育属性。

教材编写设计的功能：第一个功能是引入学习情境，即通过正文，将学生引入一个特定的学习情境之中；第二个功能是活动的导入，即通过正文导入一个学习探索活动；第三个功能是活动之间的连接、过渡与转换，即通过正文总结一个活动，然后过渡、转换到下一个活动；第四个功能是观点的自然生成，思想的总结与提升。多数正文的功能是复合的，具有两至三个功能。

二、引导：教材栏目引导学习活动内容及原则

（一）教材栏目的基本内容

教材设计了多种栏目引导学生的学习活动，搭配正文的是不同类型的栏目，包括"活动园""交流园""阅读角""故事屋""美文欣赏""小贴士""知识窗""相关链接"等。"活动园"是引导学生开展实践、体验、动手的活动，是主导性的栏目，数量、种类最多，包括班级和小组的现场活动、班级内的现场活动，既可以是小组、全班性的群体活动，也可以是指向个人的个体活动。指向个体的活动，可以是外化的、动手的活动，也可以是内在的静默反思活动。"交流园"既包括经验、观点交流和思想分享活动，也包括观点碰撞的辩论活动。"交流园"与"活动园"的区别在于："活动园"里的活动不仅有话语

交流，而且必须有身体参与，而"交流园"里的活动则主要借助话语展开。"阅读角""故事屋""美文欣赏"都是阅读活动。"阅读角"选择的阅读材料类型较多，有的是来自同龄人的作品，有的是适合儿童阅读的寓言、童话，有的是带有哲理性的文章。"故事屋"里的材料是故事性强的文章，主要呈现中外的名人、伟人故事。"知识窗"是补充一些知识性内容，包括法律条文的呈现等。"小贴士"侧重对探索活动注意事项的提示。"相关链接"主要链接相关的新闻事件等。"美文欣赏"里的文章大多来自名家的经典作品，包括诗歌和散文等。这些栏目主要是对学生丰富多样的学习活动进行引导，也注重针对儿童的体验学习。这些人类情感体验的精华，可以与学生的情感体验相互印证、共激、共鸣。教材中的"小贴士""知识窗""相关链接"属于资料性栏目，它们共同的定位是学习活动的辅助。"小贴士"侧重学习探索活动的注意事项提示与提醒，尤其是方法和安全方面的提示和提醒。"知识窗"则是知识性内容的给予。"相关链接"是与学习活动相关事件、事实的呈现，目的在于为学生的学习活动提供参考、范例和借鉴。

《道德与法治》里的栏目生动形象，指向明确，发挥着规范教学内容、引领教学活动的作用。栏目内的活动形式丰富多彩，如故事、游戏、下跳跳棋、小竞猜、小辩论、小制作、小养殖、诵读、特长展示、歌曲欣赏、童话剧表演等，让儿童喜闻乐见，带有积极兴致参与到教学活动中。这些小栏目的内容往往集启发性、趣味性和知识性于一体，是教材的组成拓展与延伸，布白则弥补了正文表述不尽完美的缺憾。

（二）教材栏目的划分情况

接下来谈谈如何依据栏目和内容划分课时。

1. 依据栏目划分课时

统编教材秉持"便教利学"，不仅使学生喜爱，也方便教师使用。教材从编写的框架搭建、编写体例到呈现方式都是以课堂教学为出发点和归宿点，以求最大限度发挥教学服务这一宗旨。新教材以栏目活动形式呈现，正是呼应了学生学习的特点及教师教学的规律，也为以教材活动栏目作为划分课时的依据提供了可能。

（1）以栏目的方式呈现教材的原因

教材以栏目活动形式呈现，是为了更好地体现对小学低年段儿童道德学习的方式进行变革，提倡在活动中领悟，在活动中自主建构来发展道德品质。生活是既定常态的，很难按照计划完全发生。而教育对人成长的重要意义，就在于总是有目的、有计划地设计一些教育教学活动，使儿童通过所设计的活动获得成长，这是教育生活不同于日常生活的地方。教材设计现场的体验活动，主要体现在各个栏目的活动中。

作为儿童道德学习的重要方式，现场体验活动可以通过以下几个方面实现道德的成长：第一，中低年段儿童还没有形成自觉的生活反思意识，在生活情境中对道德意义的即时性理解与领悟还有待形成。教育中的现场活动体验，更多是对儿童道德敏感性的培养，通过典型活动的设计，帮助他们逐步形成发现人生道理与生活意义的敏感性与能力。第二，道德在生活中是一种内隐性（无感性）存在，使身在其中的人形成道德无意识状态，正所谓"不识庐山真面目，只缘身在此山中"。而在某些特殊情境下，如道德两难情境、紧急情境和任务驱动的情境下，道德的意义与价值则更容易显现出来。教育体验活动，往往会设计一些比较典型的情境，向学生再现这种道德存在状态，并对其进行现场引导，因而能够产生更好的教育效果。第三，特殊现实生活情境所需要的包含道德原则的实践智慧，如逃生、救护等，不能够让儿童在现实生活情境中学习、教育的这种现场活动体验，在某种意义上起到提前准备的作用，模拟特定情境，通过演习的方式来辅导学生学会妥善处理这样的问题，万一在现实生活突然发生时，就能防止出现不必要的事件。

（2）低学段的主要栏目

《道德与法治》低年段教材主要设计了以下栏目：一是活动栏目。本课程是一门活动性课程，解决问题的方式、技能以及价值判断的能力、道德原则的领悟，都可以在活动中发生。特别对低年段的儿童而言，由于其语言及抽象思维能力有限，还处于直观动作思维发展的过程中。因而，活动对道德发展起着重要的作用。当然，这里的活动，不是仅服务于某项技能，展示某种体验，而是一种综合性的实践智慧的获得。二是辨析栏目。辨别是与非、知道对与错，形成正确的道德观念来辨别道德行为，同时能自觉践行良好的道德行为，是道德理性发展的一个重要方面。实际上，道德辨析蕴含在很多教学环节中，但都为了引导儿童道德理性的自觉发展。三是讨论栏目。对于低年段的儿童来说，说话比书写更容易，而且在大家面前说，清楚地表达自己的想法，是引导孩子为自己的言论负责迈出的第一步，也是儿童要发展的一个基本交往能力。四是儿歌童谣栏目。儿歌童谣简明易懂，读起来朗朗上口，是低年段儿童喜欢的一种文体，也比较容易理解领会。五是绘本故事栏目。绘本故事是低年段新教材中的一个比较有特色的栏目，不会因为不识字而误读文本原意。

（3）依据栏目划分课时

要想适当地划分课时，首先要正确理解教材的整体框架及编写体例。教材编写时首先要突出方便教的指导思想，依据学校每学期的课时总量及课程计划，单册教材原则上供一个学期教学使用，按一个"课题"两个课时进行编写。因而，低年段教材每册包含16个课题（一年级下册17个课题），对应学校每学期的18个教学周。课题内部以栏目的形式呈现具体教学内容和活动设计。这些栏目既是教材的内容单元、教学目标单元，也是教学活动单元。考虑到小学课堂教学实际情况，教材通常设置两到三个活动栏目。这样教师依据教材栏目设计、组织相应教学活动，既不过于繁杂，也不会空洞单调，符合小学德育课程课时划分的基本要求。因而课时内容的划分，可以以这些栏目为第一依据，一课时可以包括1—2个栏目，原则上不把一个栏目的内容分在两个课时中。本课程不同于其他课程的重要特点之一，是本课程的目的，不是让学生单纯掌握成长之外的知识体系，而是帮助学生学习并解决成长过程中的问题。

2. 根据内容逻辑划分课时

教师在教学中要深刻解读教材，把"课题"与"课题"之间、"栏目"与"栏目"之间的内在逻辑解读清楚，不停留在课题和栏目划分形式上，弄清它们之间的因果关系、递进关系、主次关系、总分关系、并列关系等，这样才能有利于我们在课时划分时做到适当。当我们深入了解教材的编写框架、呈现方式及编写理念时，不难发现，我们在教学中的课时划分应该根据课堂时空的容量，充分考虑儿童的年龄因素、心理因素来统筹安排，这样划分的内容、课时才能保证教学顺利实施，教学目标的成功实现。

三、真实：教材生活内容的设置

（一）围绕生活内容设置

《道德与法治》统编教材的层次性、延展性、系统性和完整性更趋完美。结构模式逐层次由大到小、由总到分、由概括到具体呈螺旋式排列，即内容构架由"单元主题（一级）→课题（二级）→框题（三级）"的三级层级结构，很好地贯彻了"二标一纲"（2011 版《义务教育品德与生活课程标准》《义务教育品德与社会课程标准》《青少年法治教育大纲》）的有关要求，形成了主题引领、层级衔接、整体贯通延展的完整体系。因为家庭是儿童"德"生长的起点，然后从家庭走向学校，走上社会，由近致远，由小环境到大环境。以低年段教科书为例，纵向看 4 册教材，相同场域的主题单元内容螺旋上升，伴随儿童成长的每个阶段。同时，教材内容又忠实体现了党和国家对中小学生的教育要求，体现了国家教育的主流，具有鲜明的时代感。新教材彰显立德树人，有机融入落实社会主义核心价值观、中华优秀传统文化和法治意识教育的启蒙；将社会主义核心价值观内容有机渗透在活动主题中；精选了很多传统经典，将中华传统美德中的伦理观念和行为规范有机融入活动体验中；将《青少年法治教育大纲》提出的小学阶段目标"着重普及宪法常识，养成守法意识和行为习惯，让学生感知生活中的法、身边的法，培育学生的国家观念、规则意识、诚信观念和遵纪守法的行为习惯"，有效引入文本中，培养学生的法治意识。

教育的作用就在于激发儿童的经验。小学《道德与法治》统编教材以源于儿童生活经验的范例唤醒儿童的生活经验，每个学生都有自己童年的生活记忆、生活经验，这些生活记忆、生活经验是学生学习道德与法治课程的起点。教材选择了许多源于学生生活经验的范例，并通过各个栏目中的活动和小主持人的提问，引导儿童回忆、交流和反思他们的生活，最终达到对儿童原有经验的丰富和拓展。儿童产生的新经验就是教学所要实现的价值引领。儿童原始的经验是一种自在的经验，经过唤醒和激活后就上升到社会文化层面，与国家对少年儿童的要求实现对接。

（二）基于真实生活出发

学习活动的设计要借助"生活事件"，而每一个"生活事件"都有自己的主角。此外，在每一个学习活动之中，都会出现贯穿全书的卡通儿童，这些卡通儿童既在学习活动之中，又在学习活动之外。他们与"生活事件"的主角一起参与学习探索，这说明他们就在学习活动之中；同时还能在学习探索中向使用教材的儿童发出邀请、提出问题、表达情感共鸣、进行总结提示等，这又是在学习活动之外。

作为学习活动形式的所有栏目都是为教室里的儿童所设计，都是为了激发、引导、辅助教室中的儿童进行学习探索。显然，教室中的儿童是学习活动的主体。"生活事件"中的主角是教室中儿童的活动伙伴，他们所起的作用就是陪伴教室中的儿童一起去探讨同龄人在成长中所遇到的各种问题。作为陪伴者，他们有时会用自己的探索，给教室中的儿童一些参照，有时也会提出自己的困惑，并让教室中的儿童给他们解惑，更多的时候则是与教室中的儿童一起去探索。卡通人物是活动的激发者、提问者和总结者，是以另外的形式存在的活动伙伴。

所以，为了更好地关注学生的真实生活，提升小学德育课程的实效性，新编教材从学生的真实生活出发确定了学习的主题。如四年级上册所涉及的班级生活、家庭责任、现代媒介和环境保护的学习主题，四年级下册所涉及的同伴交往、理性消费、各行各业和家乡文化的学习主题，都是依据学生的真实生活来确定的。然而，统编教材也面临一个很大的挑战。由于我国地域差异较大，教材编写难以满足各区域，难以做到关注每位学生的真实生活。为此，四年级教材还通过大量的留白、省略号和主持人的开放性问题等设计，引导学生关注自己的真实生活，很好解决了区域差异问题。如四年级下册"合理消费"一课就是通过这样的设计来关注学生的真实生活。在这一课"那些我想要的东西"的板块中，第一个环节是一张留白的心愿卡。编写者试图通过这张心愿卡，引导学生从他们真实想要的东西出发（即关注儿童自己的生活）。在此基础上，教材接着通过讨论他人不合理消费的案例，激发学生反思自己心愿的动机，并提供反思自己心愿的线索。随后，教材向学生提出了一个问题："再看看心愿卡，你觉得理由充足吗？有没有想要改动的地方？"这一设计顺着学生的想法去引导他们反思自己的心愿（即反思自己的生活）。最后，教材还设计了心理策略和行为策略的指导环节，引导学生在生活中真正做到自我克制，合理消费（即改变自己的生活）。

关注学生的真实生活，不仅从学生的真实生活出发，还要关注知行统一的教育。因为最终的教育只有落实到学生真实生活的转变上，才算是真正提升了实效性。因此，本套教材很重视引导学生转变生活方式。如在四年级上册"变废为宝有妙招"一课中，教材不仅从认知的角度引导学生了解垃圾增多的危害和垃圾中的资源浪费，还回到了学生的具体生活，引导他们怎样从自己的家庭生活、班级生活和学校生活等领域来实践垃圾分类、变废为宝的生活方式。再如，四年级上册"低碳生活每一天"一课中，教材不仅引导学生从认知的角度了解地球变暖的现实、危害，以及地球变暖与人类错误行为之间的密切关系，还引导学生关注生活中的碳排放，让他们从自己的生活出发，探索自己的低碳经济，以实现碳中和发展目标。

（三）聚焦学生真实问题

要想提升小学德育课程的实效性，不仅要关注学生的真实生活，还要聚焦学生生活中的真实问题。只有聚焦学生生活中的真实问题，德育课程才能对学生的发展真正有价值。统编教材很重视对每个学习主题之下学生真实问题的研究，并据此设计教材，引领教学。例如欺凌话题是当下教育中的热点话题，四年级下册的教材也对这个话题给予了积极的回应。但是，要回应这个话题，首先就要思考对小学生来说，欺凌话题中的真实问题是什么？关于这个话题不应仅限于教育欺负者（或施暴者）。在欺凌事件中，不仅要涉及欺负者的教育，还要涉及被欺负者和旁观者的教育。以往的教育往往忽视了被欺负者，尤其是旁观者的教育。因此，在四年级下册"当冲突发生"一课中，教材构建了欺凌话题的教育新思路。从被欺负者和旁观者的角度展开欺凌的教育，以此回应小学生的真实问题。在现实生活中，避免欺凌事件发生以及合理地应对欺凌事件，教育被欺凌者也是很重要的，因为通过相应的教育才可以帮助他们克服心理障碍，掌握应对之法。在欺凌事件中，虽然绝大部分学生是旁观者，但是旁观者的不同态度和做法，可能会阻止或加剧欺凌的发生。因此，教育旁观者也是很必要的，需要引导他们以积极的态度和做法对待身边发生的欺凌事件，阻止或者减少欺凌事件的发生。

（四）促进学生融合互动

德育课程最重要的目标就是情感、态度和价值观，所以，教材在情感、认知和行动的融合互动中提升了这类目标的实效性和实用性。

1. 抓住情感线索，激发认知和行动

要想提升情感、态度和价值观这类目标的实效性，首先应该抓住实现这类目标的天然情感线索，因为借助学生天然的情感线索可以调动相关的生活经验，并凝聚这些生活经验，初步实现情感、态度和价值观类的目标。比如，在四年级上册"我们班四岁了"一课中，第一板块"我们班的成长足迹"就是通过学生在班级成长过程中的真实心理感受（感人温暖、幽默有趣、伤心难过）等情感线索，让学生在回忆过往的生活过程，初步实现对班级的归属感和认同感等

情感态度。在四年级下册"我们的好朋友"一课的第一板块"说说我的好朋友"中也有类似的设计。其实，抓住学生的天然情感线索，不仅可以初步实现情感、态度和价值观类的目标，也能由此激发学生的认知，并使其产生内在需求而采取行动。

2. 深化情感，理性引导行动

对于情感、态度和价值观类的目标而言，除了要抓住天然的情感线索外，还应关注学生理性认识的作用。因为情感、态度和价值观的巩固和深化离不开理性思考的作用。常言道"知之深，才能爱之切"，就是这个道理。只有当一个人对某一事物有了深刻的认识，他的情感和态度才能更加稳固。比如，四年级上册"我们班四岁了"一课的第二板块"我们班最棒"就是让学生在借助情感线索回忆过往班级故事的基础上，转向理性认识班级的优点和缺点以及改进措施。通过这个板块的学习，学生不仅加深对班级的认识，巩固自己对于班级的归属感和认同感，也有利于自身采取相应的行动，为班级做出贡献。四年级下册《我们的好朋友》一课也有类似的设计，让学生在借助情感线索回忆朋友相处的故事之后，教材又设计了"好朋友真友谊"这一板块，进一步引导学生从理性的角度认识什么是真正的友谊，不仅让学生对于朋友的情感上升到理性层面，也引导学生在行动上正确地对待友谊。

3. 行动中实现情感表达，同时巩固认知

对情感、态度和价值观类目标的实现，教材编写和课堂教学都不能仅停留在初期的情感体验和理性认识的层面，还需要为学生的情感体验提供一个行动路径。事实上，行动不仅是情感的自然延续，也是情感再次升华的重要契机。比如，四年级上册"我们班四岁了"一课的最后一个板块为"班徽设计大赛"，旨在引导学生在"班徽"设计的行动中，表达提升自己对班级的情感，加深巩固自己对班级的认识。再如，四年级下册"我们的好朋友"一课的最后一个环节"设计友谊卡"，这一设计环节是引导学生在实际行动中表达对朋友的情感，也通过这个活动给予好朋友一种积极的回应。从而进一步巩固我们之间的友谊。四年级上册"少让父母为我操心"一课也有类似的设计，在第一板块（"爸爸妈妈多辛苦"）体认父母辛苦的基础上，第二板块（"少给父母添麻烦"）转向管好自己、少给父母添麻烦的角度，引导学生用实际行动减轻父母的负担。

4. 课堂体验，实现情、知、行的融合互动

对于情感、态度和价值观类目标的实现，需要在课堂教学中直接给予学生

一定的生活体验。体验活动对于学生情感、态度和价值观目标的实现是非常重要的。因为，通过体验活动可以非常直接、有效地促进学生情感、态度和价值观的转变。比如，在四年级下册"生活离不开他们"一课的第三板块"感谢他们的劳动"中，为了让学生体会到各行业劳动者为我们的生活所付出的辛勤劳动时，教材设计了一项职业体验活动。为了让学生体认厨师的辛苦，可以让学生模拟厨师炒菜。在炒菜的过程中，学生能直接感受手臂的酸楚，进而体验到看似一个简单的炒菜动作，也包含很多的辛劳。四年级上册"少给父母添麻烦"一课中，为了让学生更好地体会，如果不能从父母角度想问题，可能会给父母增添麻烦。教材结合"体谅关心模式"的思路，设计一个角色扮演的活动设计，让学生在扮演父母的过程中，学会换位思考，从而体谅父母的不易。

四、留白：教材内容留白设计

为了促进儿童经验的生长和自我建构，教材给儿童预留了许多经验表达的空间，这就是教材中各种"留白"设计。课堂教学中的留白艺术，原本是美学理论体系中关于文学艺术作品审美欣赏的一个概念。教学是一门科学，也是一门艺术，也有留白艺术的问题。教学上的"留白"，指的是教学中教师未明确说明的部分，或者暗示的东西。针对这个问题，就如同画家画画，总要留点空白。《踏花归去马蹄香》《蛙声十里出山泉》，都是有名的"留白"之作，目的是留给欣赏者遐想的余地。对此，清代的一位画家曾经深有体会地说："空本难图，实景清而空景观。"的确，一幅画涂绘满纸，未必尽善尽美，如果适当留下空白，反而会收到"恰是未曾着墨处，烟波浩渺满目前"的艺术效果。

留白不是虚无。从本质上说，空白也是有内容的，有空白才有含蓄。教学也要讲点留白的艺术。"水至清则无鱼"。在教学中，教师讲授了多少，并不等于学生领会了多少。有时讲得愈多、愈细，学生反而得到的愈少、愈浅。教学也是省略的艺术，如果能适当、适时地留出空白，省略一些勿需讲而学生自能领会的东西，那么学生便能获得更多，特别是在能力的养成上收益更大。课堂讲授中的留白，是课堂教学中美的升华。教材留出的时间、空间、声音上的一块块留白，给了学生消化、吸收、发现、驰骋的广阔空间。这就是一种以逸代劳高超的教学艺术。

课程中留有空白的框题和表格，有省略号和问号等，这些留白形式是让学生去连接自己生活经验的空间、思维的空间、想象的空间和表达的空间。学生可以用语言、图画、文字、数字等表达方式填充这些留白。教材中多样化的留白就是让学生用他们自己的经验去填充。儿童填充的认知就是儿童经过学习和思考后生长出的新认知，这些新的认知就是儿童所表达出的道德成长，是借鉴了他人经验后，在思想认识上和行为表现上的提升。为了加强教材的对话性，激发和引导教室里的儿童更好地学习和探索，促进他们认知的生长，教材设计有两个贯穿全书的卡通儿童，称为小主持人。卡通儿童是教材中非常重要的角色，它往往指明了学生的学习方向和教师的教学方向。卡通儿童在教材中主要发挥三种作用：一是激活和引发学生对问题的思考；二是引导学生的活动；三是表达情感共鸣，并进行总结和示意。

第二节　法治：教材中的法治教育

一、贯穿：教材中法治教育的运用编制

法治教育是小学道德与法治课程中重要的教学内容，全套教材的法治教育的方式主要体现三种类型，即前法律教育、融合式法律教育、直接的法律教育。前法律教育在本书前面已有陈述，是指小学中低段关于规则和规范的教育、基本文明素养的培养、基础性道德教育的内容。这些发生在儿童能够理解法律范畴之前，不是严格意义上的法律教育，这些教育有法律教育意义，能够为后续进行严格意义上法律教育奠定基础。融合式法律教育是指教材中部分法治教育知识点融合到各个年段相关的主题教育之中，主要采用分散嵌入的方式对学生进行法治教育。直接的法律教育是指《道德与法治》六年级上册专门按法治教育的体系集中安排了法治教育的内容。

统编小学《道德与法治》中段教材采用的是融合式法治教育，教材编写时注重将法治教育融入儿童可知可感的生活事件之中，采用分散嵌入的方式对学生进行法治教育。但教材中有的法治教育内容是显性的，也就是说在"知识窗"里呈现了相关的法律条文。如四年级上册第9课"正确认识广告"在"知识窗"呈现了《中华人民共和国广告法》相关条文，四年级上册第10课"我们所了

解的环境污染"在"知识窗"呈现了《中华人民共和国环境保护法》相关条文。有的法治教育是隐性的,虽然没有呈现法律条文,但其内容渗透了法治精神和法治素养的培养。如四年级上册第2课"我们的班规我们订"中虽然没有呈现相关的法律条文,但学生参与班规的制定过程和修订班规的过程,就是公民素养的培养和民主意识的形成过程。

"青少年法治教育肩负着中国百年来未能完成的公民法治启蒙使命和任务,并在全面推进依法治国进程中发挥着重要的支撑和推动作用。面对当前困扰我国青少年法治教育可持续发展的一系列问题,尤其是法治教育不受重视、法治教师专业知识能力不足、法治教育的保障机制不完善等突出问题,教育行政部门、中小学等教育机构以及国家立法机关应当积极行动起来,采取一系列针对性措施,提升中小学法治教师的能力和素养,加大对青少年法治教育的支持和保障,通过优质的法治教育,推动法治社会建设,参与和见证'法治中国'伟大战略的实施。"

依据《义务教育品德与社会课程标准(2011年版)》(以下简称《课程标准》)和《青少年法治教育大纲》(以下简称《大纲》)的要求,小学道德与法治学科在各年级分散开展法治教育的基础上,在六年级上学期设置了法治教育专册,目的是帮助小学生初步树立法治观念,养成自觉守法、遇事找法、解决问题靠法的思维习惯和行为方式。

（一）法治教育专册的设置目的

在小学阶段集中设置法治教育专册,是全面依法治国对青少年法治素养培育提出的要求,是有基础、有依据、有方式、有衔接的,是应对青少年法治教育现状,满足学生学习需求的重要举措。在小学阶段设置法治教育专册的原因有四方面考虑。

第一,基于小学阶段多年法治教育的基础和经验。本次统编小学《道德与法治》教材设置法治教育专册的内容,是以以往的课程、教材和教学作为基础。例如,《课程标准》"我们的国家"第13条:"知道自己是中华人民共和国的公民,初步了解自己拥有的基本权利和义务。知道我国颁布的与少年儿童有关的法律、法规,学习运用法律保护自己,形成初步的民主与法治意识。"这说明该统编教材对学生进行法治教育是连续和系统的。

第二,依据《大纲》的年段教学内容与要求。本次统编《道德与法治》教材对六年级学生进行相对系统的法治教育，其依据和目的主要是落实《大纲》对"小学高年级（3—6年级）教学内容与要求"。例如第1条："建立对宪法的法律地位和权威的初步认知。了解人民代表大会制度，初步认知主要国家机构，国家主权与领土，认知国防的意义，增强民族团结意识。"教材第三单元第5课"国家机构有哪些"、第6课"人民代表为人民"对上述要求进行了全面分析。又如第3条："了解制定规则要遵循一定的程序，进一步树立规则意识，遵守公共生活规则。初步了解合同以及合同的履行，理解诚实守信和友善的价值与意义。"教材第一单元第1课"感受生活中的法律"利用"相关链接"和图文对保险合同、土地承包合同等进行了很好的说明。

第三，体现了分散与集中两种教育方式的有机结合。小学阶段的法治教育依据学生的年龄特征和认知水平，采用了分散与集中相结合的方式。它的特点主要体现在两个方面：一方面，基于学生公共生活空间的不断拓展，按照儿童认知发展的规律，采取分散教育的方式，进行以纪律、规则为主要内容的法治意识教育；另一方面，基于学生思维领悟能力和价值判断水平，采取集中的法治教育专册的方式，以宪法精神为主线，突出国家意识和公民意识教育。如《道德与法治》三年级下册第三单元"我们的公共生活"第9课"生活离不开规则"，从"生活处处有规则"和"如何守规则"两个角度落实规则意识教育；二年级上册第3课"欢欢喜喜庆国庆"讲到了《中华人民共和国宪法》，第四章关于国旗、国歌、国徽、首都的知识；三年级上册第6课"让我们的学校更美好"专门讲了"受教育权"，指出接受义务教育是我们的基本权利，也是我们的义务。教材运用分散与集中相结合的方式，体现了法治教育的递进关系。

第四，实现了与中学阶段法治教育的有效衔接。（1）总体内容的设计注意学段衔接。小学阶段的法治教育专册从学生生活出发，引导学生对法治精神的理解和认同。初中阶段的七年级下册依然从法律与生活的关系入手，帮助学生在小学阶段学习的基础上，进一步体会法律的重要作用；八年级上册涉及了一般的法律知识，如违法与犯罪、善用法律保护自己等；八年级下册则突出宪法精神，落实公民意识和国家意识，追求法治精神。（2）具体内容的分析也有衔接和内容的延展。如以"国家机构"这一内容为例，小学阶段讲得简明概括，主要采用观察、连线等学习方式，依据宪法文本，达到认知；而初中阶段讲得全面细致，利用5课时，分别讲国家机关及其职权。再如讲"国家权力机关"，小学阶段六年级上册第三单元第5课利用一页图文结合的方式，概括提出人民代表大会的职权;而中学阶段八年级下册第三单元第六课通过五页教材的篇幅,既讲了人民代表大会如何产生的、它的内涵、在国家机关体系中的地位、与其他国家机关的关系等,又分析了人民代表大会的每一项职权,即立法权、决定权、任免权、监督权。因此,小学与中学统编教材对法治教育内容的编排,既体现了学段特点,有相互衔接,螺旋式上升。

综合上述,如果从基础与衔接的角度看,小学阶段的法治教育既不是零起点,也不是高层级,既有学习基础,又有衔接的高度。如果从依据和难度的角度看,小学阶段的法治教育有设置的难度依据,比如六年级学生的认知和接受能力的判断。如果从认同与接纳的角度看,一线教师既要从法治教育对未来公民培养的重要性角度去认同法治教育专册的设置,又要从学习研究教材对自己提出挑战的角度,去接纳法治教育专册教学内容。这样理解法治教育专册教材设置的意图,就能积极面对教材,落实好教学要求。

(二)法治教育专册教学内容分析

六年级上册法治教育专册教材,一共设计了4个单元9课内容,具体教学内容分析如下。

第一单元"我们的守护者":生活中认识法律,全面认识宪法,明确法律作用。教材结合实际生活介绍了法律的含义及作用,引导学生了解纪律、道德与法律的区别;选择国家"宪法日"为开篇主题,讲述宪法的内容、地位及作用,帮助学生以直观感受为前提,了解我国根本法,明确法律对每个人的保障作用。这一单元的两课内容,从普通法律讲到根本法、从现实生活讲到法律体系,内容的切入点和设计思路有较大的不同,教学时要注意思路的转换。

第1课"感受生活中的法律"引导学生通过身边熟悉的日常生活,感受法律与我们的生活息息相关;帮助学生初步了解法律的概念,认识与生活紧密联系的几种法律类型,知道法律对保障正常的社会生活、维护正义发挥的作用。第2课《宪法是根本法》采用初识宪法—理解法律效力—落实树立宪法权威的路径,即知—析—行三个角度,让学生学习宪法知识,了解法律体系,初步培养学生的宪法意识,了解宪法的法律地位、宪法权威等基本知识,引导学生运用知识分析生活中与宪法有关的现象。

第二单元"我们是公民":认识公民身份,了解权利和义务,培育公民意识。教材从中国国籍的获得、公民身份的取得入手,结合对"公民"一词的来源进行介绍，将公民的概念和含义深刻植根于学生心中；介绍了公民的基本权利和义务，强调二者的一致性，帮助学生树立"不能滥用权利"和"应当依法履行义务"的观念。

第 3 课"公民意味着什么"引导学生了解公民的内涵，促进学生树立公民意识，增强学生作为中国公民的责任感和荣誉感，自觉维护中国公民的声誉和形象。第 4 课"公民的基本权利和义务"讲述了中国公民享有的基本权利、承担的基本义务，介绍了我国政府在尊重和保障人权方面做出的努力和取得的成就，激发学生的爱国情感。

第三单元"我们的国家机构"：走进国家机构，认识人大代表，树立权力有边界、行使受监督的意识。教材从介绍国家机构的产生及职权入手，向学生展示国家公权力的内容；引出"人大代表"的概念，明确人民行使当家做主权利的方式是选举人大代表，通过人民代表大会的代表来表达、行使权利。在此基础上，向学生传达权力行使有边界、权力运行受监督、权力违法必追责的意识。

第 5 课"国家机构有哪些"引导学生从生活出发，初识国家机构，即"识"；利用图文例说的方式，了解机构职权，即"知"；在此基础上落"情"，采用事例结合方式，帮助学生体会人民是国家的主人。第 6 课"人民代表为人民"在认识人大代表如何产生、人民代表职责的基础上，鼓励学生关心国家大事，积极参与社会公共生活，有参政议政的意识，引导学生初步认识人民代表大会制度。第 7 课"权力受到制约和监督"帮助学生初步认识国家机关如何行使权力，权力运行受到哪些监督，权力行使违法会追责，即用"有约束—受监督—要追责"三个递进的过程，引导学生对公权力及其行使有初步认识，逐步形成法治意识。

第四单元"法律保护我们健康成长"：体会特殊保护，引导知法守法，提升依法维权的能力。在前三个单元了解法律基本概念、明确公民权利义务，以及国家机构权力行使规则的基础上，特别关注作为小学生的未成年人权利，介绍与未成年人相关的法律，让学生掌握正确维权的方法，在法律的保护下健康成长。

第 8 课"我们受特殊保护"引导学生了解关于未成年人的法律知识，了解国家给予未成年人特别关怀，制定专门法律全方位保护未成年人。第 9 课"知法守法依法维权"引导学生遵守法律、做守法公民，帮助学生用好法律、维护权利，掌握维护权利的途径、方法、技巧。

在小学道德与法治课程中实施法治教育主要是要实现好"三个转变"。第一，从外围到教育教学内部甚至中心的转变；第二，从零散的法律知识点传授到系统的知识体系讲授；第三，融入育人的全员、全面、全程的"三全"教育思想。

二、建议：如何学习及落实法治教育专册

（一）体会特点，落实特点

（1）导向明确，德法兼修。专册教材强调法治教育与道德教育相结合，注重以良法善治传导正确的价值导向，把法律的约束力量与道德教育的感化力量紧密结合，注重从生活实际出发，突出道德教育的引导，力图让学生体会到法律的保护与温暖，实现法治的育人功能。

（2）科学严谨，生活相随。法学具有鲜明的专业性，特定概念和术语需要严格按照法律规定，在特定情境中使用。因此专册教材在内容表述上追求科学严谨。同时，教材坚持法律知识"源于生活，回归生活"的指导思想，通过"活动园"的问题激发，"阅读角"的故事引导，"知识窗"的内容拓展，将现实生活融入其中，拉近教材与学生的关系。

（3）方法指导，行为落实。法律是一门实践性较强的学科，重在指导实践。教材通过"法律文本查阅、连线、判断、观点辩论"等多种形式，注重法律知识向日常实践的延伸，强调学生的体验与参与，促进"知行合一"。

（二）研读教材，理解立意

清楚理解教材的编写立意，才能更准确地理解教材，使用好教材，有效地达成教学目标。因此，理解、使用统编法治教育专册教材要做到：一是通读，了解全册，把握脉络，明晰逻辑；二是精读，了解概念，清楚观点；三是研读，从正文去解构"活动园"的设计，从"活动园"问题去引导生成正文；四是对比细读，要将小学法治教育专册六年级上册的内容与中学的法治教育专册八年级下册的内容做对比，以加深对六年级上册教材内容的理解。

（三）精磨课例，实践引导

针对小学和初中两个学段法治教育专册的教学实际，教师可以选择内容难点，开展课例研磨，提供教学实践的引导。一方面，可以开展"不同学段同一

主题"的对比课例研究，在对比中体会六年级法治教育的程度，如宪法是根本法、行使权利有界限等内容；另一方面，可以开展"课堂活动设计"的展示交流课，针对同一活动内容，在对比中形成适合六年级的法治教学方法，如有关依法维权的活动设计、中学的模拟法庭活动，可以为小学阶段的法治情景剧的活动开展提供资源支撑。

三、贯彻：青少年法治教育的目标和原则

（一）青少年法治教育的目标

青少年法治教育的目标是一个逐级上升的目标系统，主要包括三个层面。一是法律知识层面，引导学生了解、掌握个人成长和参与社会生活必需的法律常识和法律规范；二是行为能力层面，培养学生分辨是非、运用法律方法维护自身权益、通过法律途径参与国家和社会生活的意识和能力；三是法治理念层面，引导学生树立法治理念，包括法律至上理念、人权保障理念、权力制约理念、公平正义理念等，成为中国特色社会主义法治的忠实崇尚者、自觉遵守者、坚定捍卫者。

（二）青少年法治教育的原则

一要坚持青少年利益优先原则。联合国的《儿童权利公约》第三条规定："关于儿童的一切行动，不论是公私社会福利机构、法院、行政当局或立法机构执行，均应以儿童的最大利益为一种首要考虑。"青少年法治教育，应当以未成年人的健康成长和全面发展为根本出发点，法治教育的内容设计要以此为中心，法治教育的开展要以维护青少年的权利和利益为根本目标。

二是要坚持适应青少年身心发展规律原则。《中华人民共和国未成年人保护法》第五条规定，保护未成年人的工作，应当遵循的原则之一是"适应未成年人身心发展的规律和特点"。相对成年人而言，作为未成年人的中小学生有其认知世界、看待事物的不同视角和方式，他们的特点应该得到教育者的尊重。在卢梭看来，不应对儿童进行成人化教育，应该"把儿童看作儿童""以儿童的眼光看待儿童"。

三是要坚持实施素质教育原则。中小学法治教育的目的在于培养有德性的现代公民，它不是知识教育，不是应试教育，更不是职业教育，而是素质教育。素质教育强调以全面提高人的基本素质为根本目的，认为人是目的而非手段。

法治教育作为素质教育，要重视学生的主体性和主动性，要以培养公共生活能力为目的，引导学生正确认识自己与他人、集体和国家的关系，掌握有序理性参与公共事务、解决社会问题的能力。

四、构建："三位一体"法治教育格局

办好青少年法治教育，不仅要靠学校，也要靠家庭和社会；不仅需要教育主管部门的规划和推进，也需要司法行政部门、社会团体和家庭的协力合作。

第一，明确学校、教育主管部门的基本职责。学校是青少年法治教育的实施主体，法律应对其开展法治教育的职责、途径、目标做出明确界定，并建立健全相应的考评机制。

第二，明确家庭、其他国家机关和社会组织在青少年法治教育体系中的责任。关于家庭的法治教育，可进行方向性引导。关于其他国家机关和社会组织对青少年法治教育的支持，立法可以做出相应规定，各责任主体部门要积极参与中小学法治课堂，协助提高法治教育水平等。

第三节　解构：以儿童生活为线索解构教材

一、释义：解读承载的使命

1.教材要符合教育逻辑

制度化教育都是有媒介的教育。教材是学生学习、教师授课的关键媒介。作为关键媒介，教材要解决两个核心问题：一个是学什么和教什么；另一个是如何学和如何教。前一个问题是"内容选择问题"，后一个问题是"教与学的方法问题"。衡量前一个问题的标准是内容的正确性、科学性，衡量后一个问题的标准则是方法的适切性。《道德与法治》教材肩负着进行思想道德教育的特殊使命，所以"内容选择问题"非常重要。作为国家意志的体现，《道德与法治》教材内容的正确性、科学性必须得到保证。但如果不结合"教与学的方法问题"，那么其内容的正确性、科学性也没法衡量。在教材领域，不但要看

其内容本身是否正确、科学，还要衡量其是否适合学生。从教材的角度来看，内容选择问题必须参照教与学。一套教材所选内容如果只适合学生，是学生可以理解的，那么这套教材最多就是一个符合最低标准的教材；如果教材内容还能够激发学生的学习愿望，并能用引导学生学习探索的方式去呈现，那么就达到了较为高级的要求。

以内容为逻辑，就是要按照内容本身的层次将一个知识体系讲透。就内容来说没有问题，但从教学方面看，就有问题了。一方面，这种一次讲透的做法，损害的正是教学上不同学段、年级、册次对同一内容的分配、铺垫、递进与上升；另一方面，内容的逻辑作为一个自在的封闭逻辑，对学生学习的逻辑有排斥性。因此，"内容选择"与"方法选择"都很重要，二者并不对立，而是相辅相成。教材要符合教育逻辑，要重视如何学、如何教的问题。内容的正确、科学是一个底线要求，解决好如何学、如何教的问题才是更高的要求，这也是教材专业性的体现。

2. 教材就是"学材"

如何学、如何教是教材的核心，是教材专业性之所在。教科书虽然名为"教材"，但必须定位于"学材"。第一，作为"学材"的教材，体现引导的是学生对诸多话题的学习、探究的过程。学生对各种话题的探究，需要其自身经验的参与。对此，教材首先要做的就是对学生经验的唤醒、运用、整理、交流和提升。第二，作为"学材"的教材，呈现的是对学习方法的引导。学生对有兴趣、有感觉的话题，就会有探究的热情，但他们毕竟处在成长中，对问题的探究有一个学习的过程，这时候方法的引导就尤其重要。第三，作为"学材"的教材，体现的是学生自主探索的过程，其中有感情的投入、有尝试的方向与过程、有认知的提升、有体悟的表达与交流等。所以，作为"学材"的教材应该为学生的学习探索留有空间。

如果把"教"理解为对"学"的扶助与辅助、组织与引导，那么作为"学材"的教材就不但不会阻碍教师的"教"，反而会为教师的"教"打开方便之门。教材以学生的"学"为核心，其实也为教师的助学设计好了"教"的思路。教师所要做的就是教材的"班本化"，将教材中的话题与班级学生实际生活情况进行联系，激发学生从实际出发进行探索。反过来，如果把"教"理解为讲授，理解为教师的独角戏，那么作为"学材"的教材反倒不利于这样教了。

3.德育就是"学德"

道德教育始终是小学道德与法治课程的核心。在道德教育领域,"道德是否可教"是一个古老的、颇有争论的问题。我们可以从以下几个方面来理解德育与"学德"的关系。

第一,道德不一定可教,但道德一定是可以学的。一方面,人是道德存在,不学习道德,人就无法真正成人;另一方面,个体的人都有道德潜能,都有道德学习的能力。

第二,有生命力的德育一定是以道德学习为基础的德育,那种只从教出发的德育,不考虑道德学习规律、道德学习者需要的德育,一定不是好的德育,甚至是违背道德的德育。

第三,道德不是不能教,而是如何教。一方面,从帮助学生学的角度看,道德教育是必要的,青少年一代有学习道德的需要,也有学习道德的潜能和内在动力;另一方面,人类发展至今,已经积累了大量经验,青少年一代没有必要对所有事物都去从头尝试,处理好间接经验向直接经验转化的问题,这些大可从人类已有经验中去学习和领悟。

第四,德育的目的不是培养依赖性的人,而是培养有自主道德学习能力的人。德育就是"学德",就是对道德学习的引导、辅助、支持,那么德育课程与教材也应该据此摆正自己的位置,从帮助学生自主"学德"的角度去实现其功能。教材应该就是基于学生成长中所遇到的种种道德问题出发,设计好"有感觉"的话题和领域,激发他们进行道德学习与探索的愿望,并引导这一探索过程。在这一过程中,人类已然有的道德生活经验不是异己的、需要排除的事物,而是作为学生自主学习、自主探索的资源,真正进入学生的学习过程。

二、理解:如何理解教材意图

(一)运用哲学思维,明确教学定位

1.理解教材要"四看"

一看同一主题内容在全套教材纵向上的衔接和分工,把握其内容上的逻辑联系及由低到高内容方面的逐层拓展。如四年级上册第一单元"与班级共成长"是对学生进行爱班集体的教育,这一教学内容在低年段重点强调,对学生进行集体生活感的培养,例如,遵守班级规则、承担班级岗位工作、参与集体活动;在中年段,则重在强化学生的集体意识和规则意识,帮助学生克服狭隘的小团体本位思想；在高年段，主要是对学生进行班级民主生活的教育，强调集体中民主意识的培养。找到集体主义教育在全套教材中纵向上的逻辑联系，就可以把握四年级上册第一单元集体主义教育的落脚点。

二看单元内的逻辑结构，即教师要了解单元中每一课所承担的具体教学任务和要求。如四年级上册第一单元"与班级共成长"共安排了3课，其单元逻辑是这样安排的，第1课"我们班四岁了"主要是增强学生的集体意识和爱集体的情感。第2课"我们的班规我们订"是班级规则教育，同时渗透了公民意识的培养。第3课"我们班他们班"是集体与集体之间如何相处的教育。

三看每一课话题及板块之间的逻辑联系及该课的课时划分。如四年级上册第1课共设计了三个话题，第一个话题是"我们班的成长足迹"，这个板块的内容着重引导学生回忆班级那些快乐、有趣、温暖的故事，增强学生爱班集体的情感；第二个话题是"我们班很棒"，这个板块的内容是引导学生寻找班级的优点和不足，为改进班级的不足提建议；第三个话题是"班徽设计大赛"，这个板块是让学生通过参与设计班徽的活动，共同讨论确定班级发展的方向和奋斗目标。

四看每课中的图文表意，以及正文中关键词所指向的教学目标点和本课的核心价值。如四年级上册说："我们是班规的制订者，也应该是班规的守护者。大家一起制订的班规，是对班集体所有成员的要求，每个人都应该自觉遵守。"其中"自觉遵守"就是一个关键词，它指向了本课的一个目标，即遵守班规要形成自觉。

2. 辩证分析和认识生活事件与道德现象

道德是一种复杂的社会现象。因此，道德教育应引导儿童采取辩证思维的方法，去认识生活中复杂的道德现象，让儿童获得对真理的认识，获得对事物本质和规律性的认识。过去，我们在对学生进行道德教育时，对教材中会涉及的道德概念和生活事件有时会有绝对化的倾向，比如强调事物的这一面就会忽略另一面。有鉴于此，我们要注意引导学生全面地、辩证地、发展性地看问题，即用一分为二的观点看待生活中的各种事物及道德现象，克服道德认识上的片面性和绝对化。四年级上册里的很多教育内容都需要引导学生辩证地去认识和看待，如电视、网络、广告等媒体对学生有着正负两方面的影响，不能因为强调消除其负面影响就否定其正能量的一面，要引导学生用全面、联系、发展的观点认识电视、网络、广告的正面作用，同时让他们懂得如果使用不当，也会带来一些负面的影响。

3.结合实际，定位好教学目标

教材是课程标准的具体化，全面体现了课程标准的要求，教材内容和结构的预设，引导学生建构学习的教学目标。教学目标是一节课的出发点，也是一节课的归宿，更是一节课的灵魂和方向，它规定了一节课的教学内容、教学重点和难点。但学生的情况千差万别，不同地区学生的生活环境和生活经验也有所不同，认知上的盲点和生活上的空白点更各具差异，因此教学目标的确定，一定要将教材的编写意图与学生的实际情况相结合。教师在确定教学目标时除了备好教材外，还必须备学生、备学情，了解教室里学生的实际状况，学生的年龄特点、兴趣爱好，学生的认知水平和学习能力，学生生活的环境、生活经验，也就是找到学生学习的生活原点和认知情感的起点。换言之，教师要思考教室里的学生有哪些生活经验，学生有什么想法，这个主题涉及的学生问题是什么、困惑是什么，道德矛盾或道德冲突是什么等。

（二）实施有效教学，焕发教学活力

1.强调互动与交流，实施对话教学策略

教学从本质上讲就是形形色色的对话。巴西教育家弗莱雷认为，"没有了对话，就没有了交流；没有了交流，也就没有了真正的教育"。对话教学可以改变过去德育课程中的"独白式"教学模式，拓宽道德与法治教学的视野。对话教学在教学中表现为多种形式的互动学习活动，具体表现为学生与教师、同伴、文本、生活之间有意义的互动交流。实施对话教学首先要用好教材中的留白、省略号、问号，引导学生向教材表达；其次是用好教材中的范例，引导学生回忆生活、反思生活、提升生活，教材中的范例都是儿童生活可感可知的生活事件，它们通过小主持人的问题和教材中的栏目活动激活和唤醒儿童，使儿童原始的经验上升为社会倡导的有价值有意义的经验；再次是用好教材中的话题，围绕话题师生平等地交流和分享，目标是达成共识，达到师生共同成长；最后是围绕教材话题进行生生之间的交流、讨论、共享及相互评价，学生之间可以通过与同学分享故事，通过相互之间的争论、辩论、评价促进交流和对话，达到同伴之间共同进步。

2.尊重生命，促进学生的生长性学习

教育即生长。儿童是一个个有生命活力的个体，需要教师去发现、去唤醒，去激发、去尊重。学习是一个主动的过程，学习者应该积极参与其中，主动建构，从而获得经验的生长。道德与法治课教学应当把学生原有的生活经验作为学习的"原点"，着眼于学生发展的"远点"，将学生原有的生活经验与新的感知相互作用，生成新的感悟并形成正确的价值认同。生长性学习观要求教师要基于儿童生命成长的规律，尊重儿童的主体性，在教学中为学生营造一个宽松的环境，为儿童搭建思想表达和行为表现的平台，给学生足够合理的时间和空间，促进学生的主动建构和生长。

三、精准：教学目标精准化

教师在目标设计之前应该怎样研读教材呢？这关键在于教师要具有整体性和系统性思维，从"大处着眼，小处着手"，以"全套教材—整册教材—单元教材—单课教材"的思路，从"通读各册教材，了解目标体系的逻辑性""熟悉本册教材，注重各单元目标的承接性""立足本单元教材，关注教学目标之间的关联性"三个层次展开研读，让教材在教师心目中建立立体式的内容框架，完整领会教材体系，准确把握教学梯度，通读各册教材，了解目标体系的逻辑性。《道德与法治》教材内容结合与儿童生活的紧密程度，整体规划整个小学阶段的道德学习与法治教育内容，由近至远地安排了我的健康成长、我的家庭生活、我们的学校生活、我们的社区与公共生活、我们的国家生活、我们共同的世界六大领域。依据教育规律和儿童认知发展规律，在同一生活领域内，教材遵循综合交叉、螺旋上升的编写特点，同样的学习内容在不同主体（领域）不同年级循环出现，但学习要求、难度逐步提高。这一设计特点要求教师在制定教学目标时，要考虑好同一学习内容在不同学段的目标梯度。因此，通读全套教材是教师进行教学前必要的准备工作，有助于教师掌握教材的内容体系和结构脉络，正确理解和把握各册教材的主题和内容，这样在设计教学目标时，就能关注到不同年级相同主题的目标指向与达成程度是不一样的，相似的课文在不同年段的目标梯度和定位也是不一样的。我们发现，同一个主题虽然在不同年级会重复出现，但是侧重点不一样。比如"爱学校"这个主题，全套教材共有8个单元对学生进行爱学校的教育。低年级侧重的是引导学生适应学校生活，初步建立对班级的责任感和义务感；中年级侧重的是引导学生从物与人的角度增强对学校和老师的热爱；高年级则是从民主和平等的角度深入进行引导。再如"家庭生活"主题的内容，在一年级上下册、三年级上册、四年级上册和五年级下册都有单元内容的编排，各册目标指向不一样，梯度明显。仔细解读这些不同学段相关的单元主题，会发现各册相关单元的目标要求，是随着课标要求和整册教育主题的变化而变化的，整体呈螺旋上升的特点，以"启蒙—延续—深化"的梯度层次逐步落实对课程内容的教育。因此，只有通读全套教材，教师才能对整本教材的主题和内容有全面深刻的理解，才能在目标设计时把握好梯度。

因此，无论是从主题单元的角度还是从每一课或者课时的角度，相关教材之间都可能存在一定的梯度。这就需要教师用心通读教材，区分好学段要求，准确定位教学目标，熟悉本册教材注重各单元目标的承接性。教材立足遵循儿童的成长规律，每册教材都结合学生在不同年龄阶段面临的重要生活事件与发展性问题，设置了相对集中的教育主题。一年级上册侧重引领学生适应新生活，从而为其愉快、积极的小学生活奠定基础；一年级下册在"养成好习惯"这一教育主题下，集中体现自己、自然与他人"共生共在"的核心理念；二年级上册围绕"共有共享"的理念，初步奠基学生的公共意识；二年级下册关注学生实践能力与创新能力的培养。这些教育主题以"明暗两线"的思路来分解和细化，并体现在每个单元之中。因此，单元与单元之间不是独立割裂的存在，而是以学生生活的时间与空间变化为显性线索，具有一定的承接性。教师在设计教学时，需要明确本册教育主题在各单元中是如何体现的，单元与单元之间存在怎样的关系，教学目标的设计如何科学体现这种逻辑性等问题。以一年级下册为例，本册的教育主题是"养成好习惯"，围绕这个主题设计了四个单元，从整体视角编排了儿童与自我（日常生活与学习）、儿童与大自然、儿童与家人、儿童与伙伴，旨在引导学生逐步在自己养成好的生活与学习习惯的同时，学会与自然、与家人、与同伴和谐共存、相互依赖、相互支持。四个单元之间的关系是：第一单元是基础，后面三个单元是根据儿童生活领域变化的扩展，进一步深化对自我好习惯的培养。

四、关注：教学目标之间的关联性

《道德与法治》教材最鲜明的特征是"主题分明"，一个个清晰明确的单元主题，体现的是课程标准或《大纲》在某一阶段的具体教育内容。在低学段的教材中，每册均安排3—4个课题，从不同的侧重点分解落实单元主题；每个课题之间以并列、递进或总分的关系编排，存在较为密切的关联性。在日常教研中，我们会发现，有些教师没有单元意识，往往是就课上课，忽视甚至无视单元主题及主题下的其他课目。"为什么在这个单元编排这些课目？课目之间有什么关系？我在教学设计时如何体现这种关系？"如果教师对这些问题没有进行深入思考，对单元定位、单元目标和单元内容不够了解，会导致在相关主题单元的教学中出现内容重复或者脱节的现象。以二年级下册第四单元"我会努力的"为例，这个单元包括"我能行""学习有方法""坚持才会有收获""奖励一下自己"四课。从逻辑上看，前三课是递进关系，从有自信、有方法到有毅力，第四课是本学期的总结课，旨在从整体上鼓励学生看到自己和小组的成长，从而获得自信，同时也看到不足，并能够制订相应的计划。分析教材编写意图后发现，"我能行"聚焦自信心的呵护与培育；"学习有方法"承接上一课的内容，重在讲学习方法的重要性；"坚持才会有收获"进入毅力的培养；"奖励一下自己"作为单元的总结课，也是学期的总结课，它的作用是立足当下，指向未来。四课内容之间的关联性，首先体现于内容的关联，既有前三课与第四课之间"分—总"的关系，也有前三课之间递进的关系；其次是情感的关联，前三课为第四课奠定了情感基调，"树立自信积极乐观的态度，敢于面对自己的不足""体会方法的重要性""遇到困难愿意坚持"等情感的获得是上好第四课的重要基础。因此，教师需要立足于本单元主题，分析理解每个教学主题的内涵，明确主题的目标指向，厘清它们之间的相互关系，找准关联处与衔接点，让教学目标的设计更加精准。

总之，教师在活动设计中要明晰活动的教育目标，及时发现学生在活动过程中生成的认知情感与教学目标达成之间的差距，多引入"回望"和"追问"，引导学生透过问题去探寻问题背后的教育意义，并增强活动与目标的适切性。

五、解码：以儿童生活为线索的教材设计

道德与法治课程是一门以学生生活为基础、以学生良好品德形成为核心、促进学生社会性发展的综合课程。道德与法治课程关注学生全方位的成长。为了让教材能够成为"陪伴"儿童的存在，能够与儿童产生心灵上的共振，在不干预儿童自主成长的同时，在潜移默化中实现教育引导，教材归根结底要符合教育逻辑，要达致"学材"，德育归根结底是"学德"，这是小学《道德与法治》统编教材的理论定位。

（一）何为生活化教学

教材力图将儿童经验搭建为学生进行道德学习的"阶梯"，使用新颖的教材文本编写策略，使德育教材成为真正"模仿儿童生活"的文本。通过六大领域的生活链接，破解了生活化教材的难题，从而打通教材抵达儿童生活的隧道，链接儿童对过去生活的"回望"，引导儿童过好当下的生活，憧憬未来更加美好的生活；引导儿童在不同的生活场域中能够过有道德、快乐幸福的生活，使德育教材真正回归儿童生活，通过生活的提升来为儿童的道德成长服务。

《义务教育品德与社会课程标准（2011年版）》将个体发展主要集中在"我的健康成长"领域，同时，在其他五个领域全面贯穿，采取的是一种专门教育与全面贯穿相结合的布局方式。（1）在"我的健康成长"专题领域，课程标准规定了八条内容，分别从自我认识、自尊自爱、意志品质、诚实守信、文明礼貌、生命安全、健康上网、远离毒品等方面开展个体健康发展教育，凸显现代公民文明素养在自我意识、人际交往、生命安全意识、健康生活方式等方面的教育。学生个体发展教育还同时贯穿在其他领域教学的主题之中。（2）"我的家庭生活"通过家庭亲情、生活、邻里交往等教育活动，持续强调感恩、爱心、自理、自立、友善、勤俭等个体发展教育。（3）"我们的学校生活"通过学校学习生活、同学交往、班集体活动等的教育，持续强调尊重意识、友善品质、责任意识、民主平等意识等个体发展教育。（4）"我们的社区生活"通过热爱家乡教育、了解社区公共设施设备、了解社会经济生活及劳动者等的教育，持续强调尊重劳动、社会公益心、公共场所文明修养、扶弱济困有爱心等教育，这些是个体发展在公共生活中的表现。（5）"我们的国家"通过民族团结教育、国情教育、历史文化教育，重点强调民族情感、家国情怀、文化传承、敬仰先烈等教育，这些是个体发展在民族、国家意识方面的表现。（6）"我们共同的世界"通过认识世界、国际交往、世界文化、世界发展与问题、世界和平、人类命运共同体等教育，重点强调平等、合作、共赢、和平、发展等观念教育，这些是个体发展在世界意识培育、世界交流交往中的反映。

《青少年法治教育大纲》中的许多内容，也体现了个体发展教育的导向，如"法治教育要与道德教育相结合，注重以法治精神和法律规范弘扬社会主义核心价值观，以良法善治传导正确的价值导向，把法律的约束力量、底线意识与道德教育的感化力量、提升精神紧密结合，使青少年理解法治的道德底蕴，牢固树立规则意识、诚信观念、契约精神，尊崇公序良俗，实现法治的育人功能"。同时，强调法治教育在义务教育阶段的目标是"使学生初步了解公民的基本权利义务、重要法治理念与原则，初步了解个人成长和参与社会生活需要掌握的基本法律常识。初步树立法治意识，养成规则意识和尊法守法的习惯，初步具备依法维护自身权益、参与社会生活的意识和能力，为培育法治观念、树立法治信仰奠定基础"。事实上，在现代社会中，尊重宪法和法律、崇尚法治与规则本身就是个体发展必备的内容，而在法治教育中体现出来的民主、平等、公正、诚信、善良、契约意识等，是学生在法治社会、法治体系中个性品质的集中表现。

（二）生活化教学的应用措施

1. 以儿童学习活动为核心进行教材建构

单元是学习活动指向的问题域，正文是学习活动的有机构成，栏目是不同类型的学习活动本身，学生则是学习活动的主体。这样的教材设计，打破了传统德育教材的灌输、说教结构，实现了教与学的互动共生，为学生整体生命的投入创造了条件，建构了基于生命经验的道德学习方式：向生活学习，生活的智慧隐含在生活中；向他人、自己的过去学习，在活动体验中领悟意义和智慧；向榜样学习，在批判反思中唤醒儿童经验，用经验的表达去实现儿童经验的重构，以体验去实现儿童认知的提升，以"他人经验"与儿童认知进行对话互动，去实现儿童经验与社会文化价值的连续。这些都是生活德育在课程与教材中的进一步深化。

2. 实现教学内容设计的生活化

小学道德与法治课程的教学内容非常多，所以，道德与法治教师需要对教学内容设计实现生活化，这样才能使生活化教学得到有效的应用。在具体的教学活动中，教师需要为学生设置一些问题，让学生带着问题学习，还需要为学生设置一个情境，这样不仅可以集中学生的注意力，还能够在很大程度上提高学习效率，使学生具备各种能力，掌握一些技能。例如，在"干点家务活"这一课的教学过程中，教师可以要求学生干一些简单的家务，使学生养成热爱劳动的习惯。生活化教学具有较多的优势，能够很好地应用到道德与法治教学中，帮助学生不断规范自己的行为。同时，在这种教学方法之下，学生参与更多的实践活动，对自身各种能力的培养和提升具有重要的意义。

3.实现教学目标制定的生活化

要提高道德与法治教学质量，就需要重视生活化教学法的应用。在具体的教学活动中，教师需要根据学生的实际情况，制订相应的教学目标，将教学目标与现实生活联系起来，还需全面考虑学生的性格特征，在此基础上联系教材，使教学目标具有较强的针对性。学生在学习过程中成就感比较强，就能更加自信地学习。例如，在"我不拖拉"这一课的教学过程中，为了使学生能够充分认识到自己在现实生活中的拖拉现象，理解时间的重要性，明确生活中拖拉现象产生的不良影响，教师需要制订相应的关于时间管理的教学目标，帮助学生养成良好的习惯，改变学生的拖拉现象。生活化教学目标的实现能够使学生改变以往的生活态度，使教学产生良好效果，进而促进学生的全面发展。

4.实现教学活动设计的生活化

在生活化教学的具体应用过程中，道德与法治教师需要重视教学活动的设计，在具体的设计过程中，实现教学活动设计的生活化，为学生提供更多实践的机会，使其在实践过程中逐渐提高对事物的认知，能够更好地理解教学内容。例如，在"装扮我们的教室"一课的教学过程中，教师可以在课堂中加入实践的教学环节，将学生分为不同的小组进行实践，共同探讨装扮教室的方案，并且选出最好的方案。这种生活化的教学活动，能够使课堂内容更加丰富，提高小学生动手操作的能力，还可以加强学生和教师之间的交流，改善师生之间的关系，使学生具有较强的团队意识，使每个学生都能够具备较高的团结协作能力，为学生学习成绩的进一步提升奠定良好的基础。在道德与法治教学过程中，教师需要明确的是生活与教学内容有一定的关系。所以，教师在具体的教学过程中需要重视生活实践，帮助学生更好地理解相应的生活知识。比如：绘本、儿歌、童谣是儿童很喜欢的语言表达形式，也是低年段儿童最易接受和记忆的方式，使用绘本、儿歌、童谣不仅仅是为了活跃课堂氛围，调动儿童的课堂参与度，更重要的是帮助儿童接受和记忆。低年级的儿童不能理解复杂的生活原理，即使理解，也不一定能够内化成为他们的道德规范。但是，绘本、儿歌、童谣的表达方式可以帮助他们记住课堂的关键知识点，能够在生活中不断回忆起来，增进他们在生活中理解道德并践行道德。将道德与法治内容与现实生活相联系，可以提高学生对道德与法治的兴趣，使学生能够积极主动地参与教学活动，确保每个学生的综合素质得到提升，培养学生的道德素养。

5. 立足儿童，将生活事件教学化

德育教材是为儿童编制的，是为儿童的思想道德发展服务的，以教学为基础，将儿童的生活事件教学化，主要有以下几个特点：

（1）生活事件的形式多样化。单元标题、课文标题、话题虽然不能完整地呈现一个生活叙事，但整体上有生活事件的面貌可以是一种情景的呈现，即向学生呈现具有典型性的某种生活情景，引导学生进入类似的经验与场景中，将生活事件转化为一个可以动脑、动手、表演的活动。

（2）生活事件的序列化。每册教材整体上呈现出一种叙事性，以三年级下册教材为例，本册有"我和我的同伴""我在这里长大""我们的公共生活""多样的交通和通信"四个单元，这类似于四个类型的生活事件之间的转换，整体上呈现出一种完整的叙事结构。

（3）生活事件类型多元化。教材要呈现儿童的现实生活，需要儿童使用过去已有的生活经验。儿童不是没有感受，更多的是没被唤醒。也就是说，儿童的经验更加呈现出连绵不断的特征，类似"经验流"。儿童自在的经验，自在地发挥着作用。而教育是自觉性活动，就是要促使自在的经验走向自觉，使自在的经验发挥出更大的作用。现实的生活也好，过去的经验也好，都是好坏交织。我们在生活事件的选择上，不回避负面的生活事件。正面的生活事件可以让儿童受到鼓舞与激励，负面的生活事件却可以让儿童警醒、觉悟。教材是教儿童向善，但也要引导儿童正确地面对负面事件。

（4）生活事件功能的多样化。儿童的道德成长，是在自身经验的基础上经由成人的引导而得到发展的。如果说外在引导是"阳光雨露"，那么儿童自身经验就是内驱性的力量。这里儿童的过往经验是通过叙事的方式"回望"来呈现，叙事是讲述一个事情，这是生活事件的本体功能。比如经验唤醒功能，即通过生活事件的呈现，唤醒儿童已有的经验；场景铺垫功能，即通过生活事件设定一个生活场景，充当一个教学活动的导引和铺垫；激发思考功能，即通过生活事件提出问题，引导儿童对特定问题进行思考；活动引导功能，即将生活事件作为一个教学活动的导入与提示；范例功能，即通过生活事件向儿童提供一个解决某一烦恼或问题的范例；欣赏提升功能，即通过生活事件对某一教育主题进行提升；代入功能，即通过讲述他人故事的方式，借他人的错误来映射儿童生活中的不良思想与行为等。总体来说，我们不是静态地讲述生活事件，而是站在方便教学的立场，发挥生活事件的功能性，力图使生活事件与教学活动设计完美融合。

（三）以服务儿童道德发展为核心

1. 充盈生活气息的价值观引领

培养什么样的人，怎样培养人，是教育所面临的主要问题。社会主义核心价值观的提出，不仅确定了社会的道德与价值目标，也为人的发展尤其是儿童的发展给出指引。儿童期是道德发展的启蒙期，小学阶段道德教育是社会主义精神文明建设的奠基工程，以社会主义核心价值观为指引，一方面坚持道德教育的方向性；另一方面坚持以人为本，从儿童的实际出发，充分认识这个发展阶段的启蒙性，突出教材内容的基础性、教材风格的童趣性，以培养具有爱心、责任心，具有良好行为习惯和个性品质的儿童为根本，让社会主义核心价值观得到落实。

如何有效地进行社会主义核心价值观教育？社会主义核心价值观不是抽象的概念，而是有生活基础、有生命力的真善美的价值观念。找到社会主义核心价值观的生活素材，教育的效果才能得到保障。在这个基础上，再结合具体的教育主题，包括中华优秀传统文化、法治、国情等，由近至远、由浅入深，引导学生认识和践行社会主义核心价值观，才能做到价值观教育的可亲、可爱、可信。

2. 追求文明素养的提升

中华民族的伟大复兴是一个全面而综合的历史任务，绝不仅仅是物质文明的发展，需要相应人素质的全面提升，需要精神文明的高度发展。儿童时期是生物学意义上的人向社会学意义上有文明素养的人转变的关键时期，基础文明素质的培养是小学阶段学校教育的根本任务。小学阶段的各科教学和多种活动共同承担着基础文明素养培养的任务，但生活常识、生活技能、日常生活规则规范这些基础文明素质的培养，是道德与法治课程所要承担的任务。

良好品德是基础文明素养的核心。道德与法治课程，从教材的整体结构到单元主题设计再到每一课的架构，都力图将品德的培养与各种基础文明素质的培养进行融合，努力为儿童的品德与基础文明的发展奠定基础。

3. 教材是儿童成长的"同路人"

教材，尤其是道德与法治课程的教材，要想发挥更大的教育作用，必须调试自身与学习者的关系。将教材与学习者的关系定位为对话关系，教材是儿童成长的"同路人"。

首先，每一单元、每一课的主题都有明确的内在教育目的与要求，用儿童感兴趣、有话可说、有话想说的话题呈现出来。这些话题，犹如一个个充满趣味的邀请，邀请学习者进入一个个话题，与教材一起实现对话与动态建构。这一指导思想旨在使儿童能够参与到学习中，能够向教材敞开心扉。

其次，教材不是一个与儿童对立的对象性的"它"，而是一个"我"，与儿童之间是一种"我们关系"。为了做到这一点，教材在整体风格上类似于一个"同龄人"，与儿童有同样的心灵，处在同样的成长阶段。

再次，教材作为儿童成长的"有心"的"同路人"，它的存在不是为了训导儿童，而是陪伴儿童，是在陪伴中进行教育和引导。

4. 以儿童生活为线索解构教材

课程与教材是国家意志和教育意图的体现。教材在设计时，将国家要求渗透于儿童德育的教育中，使二者有机结合起来，力图实现国家要求的有效落实。整套教材的设计思路是以儿童生活为基础的，沿着儿童生活不断变化与发展的逻辑来展开。

教材的架构是根据不同发展阶段儿童的发展，凝练出相应的主题，构成相互联系的主题场域。对小学一年级第一学期的学生而言，一个重要事件就是学校生活的开始。比如，对于这一时段的儿童来说，书包成为日后生活中的一个重要陪伴，学校的铃声是生活中一个无形的指挥，教室是学校生活空间最主要的活动场所，上课与课间是学校生活的主要生活形式。这些都是儿童新生活中的重要事件，我们遵循学生这一新生活展开的路径，找到这一路径上的典型事件，引导学生对新生活进行了解和认识，并逐步产生亲近感，与新的生活场域中的人进行交往、交流，并在这种相互作用中成长。同一教育主题，在不同年段的安排，就是以儿童在不同发展阶段面对的问题为基础。这样的结构处理，实现了教育主题前后衔接、螺旋递进。

5. 以生活事件作为教材的"原材料"

以生活事件作为教材的原材料，是教材素材选取的思路。在教材素材选择中，选择具有道德意义和教育意义、儿童可感可解的生活事件作为教材的"原材料"。所选择的生活事件可以是来自儿童或成人的生活叙事、生活故事、生活问题，也可以是来自古今中外的历史故事。能够进入教材的生活事件都是经过千挑万选的。其选择的标准：

（1）典型性，即所选用的生活事件能反映儿童成长的基本状态与基本问题，能够抓住多数儿童的心。

（2）教育性，所选用的生活事件本身具有直接或间接的道德教育性。这种教育性既可以体现在正面引导上，也可以体现在反面警示上。

（3）文化性，即在儿童生活之外的生活事件的选择上，尽量挑选有文化意义的经典事件。

教材选用的很多生活事件是儿童成长中遇到的烦恼的话题，用同龄人类似的生活遭遇陪伴使用教材的儿童，一方面使他们明白，有这些烦恼与困难都是正常的，大家都会遇到；另一方面，通过生活事件中主人翁对烦恼的态度和处理方式，给使用教材的儿童以启示和引导。这种陪伴与引导是双向的，有时候是教材中的儿童引导生活中的儿童，有时候是生活中的儿童引导教材中的儿童。陪伴少不了对话，教材中的儿童与生活中的儿童之间是一种双向对话关系，前者可以以自身遭遇为基础向后者提出各种问题，促使后者思考、体验自己的生活，后者也可以向前者倾诉、提问。正是在这种双向对话中，儿童得到了教育与引导，我们的教育目的得到了落实。

6. 以学习活动为核心设计课文

为了服务于学生的学，我们围绕学生的学习活动进行教材和课文设计。首先，单元是学生学习活动指向的问题域。其次，正文是学习活动的有机构成，起到引入学习情景（将学生引入一个特定的学习情景之中）、导入活动（通过正文导入一个学习探索活动）及以活动之间的连接、过渡与转换（通过正文总结一个活动，然后过渡、转换到下一个活动）、观点的自然生成、思想的总结提升等作用。再次，不同类型的栏目就是学习活动本身。例如，三年级教材有"活动园""交流园""阅读角""故事屋""美文欣赏"等不同栏目，对应的分别是课内课外的活动、指向自我的反思活动；经验、观点、思想的分享、交流、碰撞活动；阅读、拓展活动等。围绕学习活动设计课文是《道德与法治》教材编写的一个重大突破。这样的设计，实现了教与学关系的合理重构，为学生自身经验的融入和学习过程中整体生命的投入奠定了基础。

7. 循情据理又有实践品性

教材的整体设计，是从学生的生活经验出发的。这个经验，是一个综合性概念，有内在的感受，有理性的思考，也有身体活动的感知。但这个整体性，在自发经验的层面上往往是模糊的、不明晰的、碎片化的。教材与基于教材的教学过程，就是要帮助学生将这个模糊的状况明晰化、自觉意识化。

我们在教材设计中引导学生去回顾经历一件事的内心感受，这是将他们的情感体验唤醒，并引导他们去发现这种情感的意义，通过反思性引导使儿童将自发性的情感体验导入具有一定理性的自觉意识层面。通过教材的教学唤醒学生对生活经验的感受，引导学生通过行动去选择（自主、理性地）表达自己的这种感情的方式，如通过写信、做一个手工等方式，将这种情感凝结在行动中，逐步实现情、理、行的统一。

8.追求文化与革命传统教育的有效性

优秀传统文化是有生命力的，教育需要做的就是将这些优秀传统文化挖掘出来，通过从自在到自觉的过程，提高认识的程度和学习的效率。比如，教材通过介绍民歌民谣、传统节日、传统风俗来学习传统美德、民族精神。民歌民谣、传统节日、传统风俗就在生活中，离生活很近，离儿童很近，是优秀传统文化的载体。再比如，重视家庭的优良传统已浸润在我们的语言和文学作品中，教材通过"语言文字中的'家'"这一活动，一下子就打通了儿童走向优秀传统文化的路径。

为了提高爱国教育的有效性，教材依据爱国情感发生、发展、成长的基本规律进行编排。在低年段，儿童还没有形成国家概念，这时候爱国情感的激发是从具体活动入手，通过升国旗、唱国歌来展开；中年段则通过社会进步、交通通信等具体领域的成就来进行；到了高年段则用我国经济社会发展整体上所取得的巨大成就来激发，层层递进，自然生成，达到水到渠成的效果。

教材选取了近现代中国历史上的重要人物和史料，对学生进行革命传统教育。教材中革命传统教育采取的是"生活事件"的方式，即还原历史情景，走进革命领袖和先烈的生活世界，同样感受革命前辈和先烈作为个人的丰富情感和坚定信念。这样的教育是真实的、动人的、有效的。那么，法治教育的探索与创新如何有效展开呢？

第一，应该明确，义务教育阶段所进行的法治教育，是为了提高公民，尤其是提高青少年的法治素养，不是为了培养法律专业的专门人才。法治教育作为思政课程的一个有机构成，与思想、道德教育融合为一体。

第二，"前法律教育"与法治教育相结合。在儿童尚不能理解法律概念之前，法治教育依然可以有所作为，那就是"前法律教育"。规则规范教育、基本文明素养的培养、基础性的道德教育，都可以算是"前法律教育"。之所以称这些教育为"前法律教育",是因为这些教育发生在儿童能够理解法律范畴之前,本身不是严格意义上的法律教育,但这些教育有法律教育意义,能够为后续进行的严格意义上的法治教育奠定基础。

第三,分散与集中相结合。法律只是儿童生活的一个"主题",这就决定了在多数情况下,法律教育要以分散的形式进行,即儿童生活涉及法律问题了,就可以进行相应的法律教育。在儿童生活的特定时段,法律也会成为最为突出的主题,这时候就可以集中安排相应的法律教育内容,使用分散的学习系统化来提升法律学习的系统性。比如,在小学高年段,儿童权利意识逐步觉醒,教材就可以相应地安排公民权利与义务等相关内容的法治教育。

第四,法治教育方式的探索。案例教学等新的教学方式的推出。突出了案例的作用,让学生直接面对法律事实,然后带着问题去学习法律知识,再用法律知识来解决问题。案例也是人生叙事,能够很好地将法治教育与其他教育结合起来。

9.教学是对学习活动的指导

教材给我们道德与法治教师的建议是:第一,充分认识道德与法治课的意义,把道德与法治教学当成与语文、数学一样重要的学科去投入;第二,致力于如何基于学生道德与社会性发展需要设计、组织学习活动;第三,思考教材中已经设计好的学习活动如何"校本化""班本化";第四,重新摆正自己的位置,即由讲授者、说教者转向学习活动的设计者、组织者、参与者、指导者、辅助者。

教材只能以普遍情况为基础来设计,不能兼顾各地区、各学校、各班级的具体情况。在活动设计时,教材均为使用的学生进入活动留有入口,但如果使用教材的儿童无法参与到活动中,那预留的入口也就失去了意义。即使是以活动为核心的教材,如果教师的教只是照搬教材中的活动,依然与教材设计的初衷、与道德教育的基本要求格格不入。因此,学习活动能否"校本化""班本化"是道德与法治课教学是否有效的根本。

学习活动的"校本化""班本化"可以从以下几个方面入手。第一,教材中的学习活动是方向性的引导,甚至是可以参考的蓝本。由于融入了教学的蓝本,课文就以立体和动态的方式呈现在学生面前,从"蓝本"走向"文本"。当然,课文以教学蓝本的形式呈现,并不是说课文就是封闭式的设计,教师只能按照这个蓝本进行教学。事实上,蓝本只是一个教学参考,它的作用在于指明教学范式的类型和教学的价值取向，教师完全可以根据本班的实际情况另行设计同类教学活动。而基于完全的蓝本化学习的过程，学生对于教材，只能是站在下面、外面去研读它、学习它、记住它，而不是带着他们自己的生活、生活经验走进课程和教材，去发展属于他们自己的道德认识、道德经验和道德体验。教师对教材同样也只能是站在下面、外面去"照本宣讲"，而不能按照实际情况、按照自己的见解去讲解。因此，吃透教材，理解每一课、每一个环节设计的意图，理解教材所预设的方向、所倡导的理念、所设定的教育思路，是学习活动"校本化""班本化"的基础。第二，学习活动的改造或创新设计一定要从了解本校、本班学生的实际思想道德情况开始。只有掌握了学生的思想道德实际，才能判断教材哪些环节是适合的，哪些环节是需要改造的。第三，可以将教材中的学习活动设计作为一个参照、一个范例，用来引发对本校、本班实际问题的思考、讨论、探索，以这种方式实现学习活动的"校本化""班本化"。第四，可以对教材中的学习活动进行改造，甚至是重新设计，补充教材中所没有的活动。

（四）以生活事件为发展途径

"模仿"儿童的生活，一方面意味着模仿儿童在真实生活中的活动、思考和感受，另一方面意味着创建儿童应当、可能的生活。儿童生活存在"无事性、内在性、连续性、动态性"等局限，要超越这些局限，真正回归儿童生活的《道德与法治》教材需要在文本的策略方面下足功夫，使教材符合儿童生活的特点，建构儿童生活事件，培养儿童整理生活的思想图式。为此，统编小学《道德与法治》教材力图通过建构生活事件这汉字文本策略来模仿儿童生活，形成培养儿童整理生活的思想图式。统编教材含有三类生活事件，让儿童有能力营造有秩序、有条理、有内涵的生活。

1.时间性生活事件

建构时间性生活事件是指建构与时间相关的生活事件，即建构遵循自然时间和"人造"的社会时间的生活事件。无论是遵循自然时间还是社会时间，教材设计的时间性生活事件都意在形塑儿童生活最为基本的"时间感"，使儿童的生活秩序化、条理化。

比如，低年段《道德与法治》教材以"季节"这一典型的自然时间为线索，编排了与自然时间相符的儿童生活事件。此外，低年段《道德与法治》教材还引入了春天、夏天、秋天等自然时间，使低年段教材形成完整的自然时间线索，并以此线索展现各个季节典型的儿童生活事件，形成儿童生活的季节感。

2. 空间性生活事件

"空间"不仅是儿童生活的具体区域、场所，更是塑造儿童位置、处所经验的实践场域。教材建构的空间性生活事件就是儿童在不同空间的思维方式、言行方式的生活事件，旨在使儿童能够区隔不同的空间，形成与社会空间相符的生活方式，从而获得社会空间感。比如，高年段教材的主要框架就是以家庭、学校、社区、国家、世界这些儿童生活不断扩展的生活空间为主线。

对于儿童来说，学校是他们离开家庭这一熟悉的生活场域后遇到的第一个制度化的空间。对于初次进入这一空间的儿童而言，这是一个陌生的生活空间。如何让儿童真正"进入"学校空间，适应学校空间的生活方式，是《道德与法治》教材需要解决的问题。如在一年级上册中，一开始就设计了"我是小学生啦""校园生活真快乐"两个单元，围绕儿童在校生活所需的思想意识、行为方式等内容构建儿童学校生活事件，引导儿童建立守时、守规的学校生活意识，并在言行上做到文明礼貌、互助友爱、尊敬师生等。在三年级儿童学习转折期，教材安排了"快乐学习"单元，围绕学习观念、学习途径、学习体验、学习态度、学习方法等典型的与学习活动相关的内容，设计了儿童学习方面的生活事件，为儿童展现整全的学习图景。比如，学习不只是知识学习，还包括各种技能学习、道德学习、实践学习等。除了阅读教科书，还可以通过与他人交往、实际调查、参观访问等途径完成学习，引导儿童真正成为"学习的主人"。

3. 平常性生活事件

儿童生活具有"无事性"的特征，常被成人误以为儿童生活平淡无奇、琐碎。因此，通过这些"平常性生活事件"，儿童能够发现平常生活的奇妙、特别之处，并能体会平凡生活的点滴与不凡。

第一种是通过抓取一个日常行为或一件平常之事的方式，来构建平常性生活事件，引导儿童认识到日常生活的细小、微末之处有丰富的内涵，人与人之间有真实的联系。

第二种是以拟人化的方式，从日常事物的角度来构建平常性生活事件，以此引导儿童"站在事物一边"，采取事物的立场看待"日常事物的命运"，破除对日常事物漫不经心、熟视无睹的态度，还原事物与人之间真切、深刻的联系。

第三种是通过巧妙的设问、有趣的想象来构建平常性生活事件，使儿童能够重新发现生活，再思生活。此外，教材还通过设计想象活动，引导儿童从反面再思生活。

第四种是通过亲身实践的方式，引导儿童真正体认生活。通过建构时间性、空间性、平常性的生活事件，引导儿童学会建构自己的生活事件，从而在其平凡生活中形成自己的生活纪事，建构自己的个人生命叙事。这种以构建"生活事件"为主的文本策略，构建了一套名副其实活化了的生活化教材。

第四节　设计：有效运用教材设计情境化教学

教材就是一种教育的体现，一套好的教材设计要有教学，要有理论自觉，要有自己的主张与教学范式。教师对教材设计理论的理解与掌握是使用好教材至关重要的保障。教师要发挥好"陪伴者""同路人"的作用，让教材理念通过场域情境送达儿童，把教材中的案例和教室里的儿童生活进行联系，使教育主题和活动能真正成为儿童成长的脚手架，帮助他们从容面对生活，解决生活中的问题。教材是一种文本，文本的重要功能就是生本对话。"教材中的儿童"和"教室生活中的儿童"形成一种"我—你"之间的对话关系。他们相伴成长，一起面对并解决成长中的问题和烦恼，共同享受成长中的幸福。在对话过程中，文本中的儿童不断地向生活中的儿童提出一个又一个问题。为了理解和解答这些问题，生活中的儿童就必须理解教科书给出的准备性知识，也必须对自己的生活经验进行反思和整理。通过这种对话，学生的思想观点和认识与教科书的思想观点和认识不断融合。正是在这种融合中，生活中的儿童通过自主建构，生成一个新的意义世界，这个新的意义世界既不是教科书所呈现的世界翻版，也不是学生原本的主观世界，而是教科书与学生在互动之中创造出的一个新的意义世界。

一、聚焦：正确理解教学目标

（一）围绕教学目标理解设计意图

要正确理解课题的设计意图，就要把课题放到道德与法治课程体系的纵横坐标中去，看看这个课题希望实现的短期目标、中期目标、长远目标分别是什么，能触动儿童的关键点、生长点、疑惑点又是什么。把握好这些关键要素，课题的设计意图基本就能把握好。

（1）根据纵向连接理解设计意图

《道德与法治》教材聚焦了儿童精神世界的成长。儿童怀揣着怎样的情感看待自己、他人、社会、国家与世界，能否以理性的态度合理处理复杂生活中的事情，是决定儿童现在和将来是否幸福的重要素养。这种能力和实践智慧的培育蕴藏在每一册教材的具体内容和单元教育主题设计中，如小学低段一年级上册的"适应新生活"，一年级下册的"养成好习惯"，二年级上册的"奠基公共意识"，二年级下册的"追求有创造性的生活"。不同册次的教育主题都围绕着儿童个人、学校、家庭、社区、国家生活来展开，这些目标的体悟与达成离不开儿童在生活中与群体的交往与共处。由于儿童的生活空间与内容相对简单，因此典型场景和同一话题的教学内容也许会重复出现，但相似的场景承载着不同的设计意图。

（2）根据横向把握课题设计意图

横向定义就是把课题放在其所在单元，把单元放在其所在册次的教育主题中，通过与单元中的其他课题、不同单元在同一册次中的相互关系，来定义对课题的理解。也就是说，对课题设计意图的理解，不能只考虑其与单元主题和分册主题的纵向连接，还要考虑与同级的其他课题、单元间的横向关系。如二年级上册的整册教育主题是"奠基公共意识"，该册四个单元分别通过节假日生活、班级生活、公共场所生活和社区生活四个不同场域中的生活进行设计，通过这四个场域的生活，引导学生逐渐理解节假日生活、班级生活、公共场所生活以及社区生活中所包括的公共性。这四个场域的生活是平行的，它们共同支撑表达着"公共意识"这一教育主题。而同时，在每个场域内，四个课题间也通过不同的联系，共同形成同一个场域的主题学习。如第一单元分别安排了暑假生活、周末生活、国庆节日和秋天的节日四个并列的课题内容；第二单元的班级生活则安排了班级归属与荣誉感、班级规则、班级的责任与义务以及班级活动四个课题，前三个课题是逐渐递进的关系，最后一课题是通过活动对前三节课所学内容进行深化与巩固。对于教材里的横向定义，教师在课题完成同一主题（单元和分册）目标时区别于同级课题的具体定义，发现其与同级课题的意义关联和具体差异，进行整体思考并准确把握教材设计意图。

（3）根据现实拓展对课题设计的理解

通过纵横定义把握教材设计的基本意图，同时结合现实状态、时代变化和学生的实况对教材设计意图进行深入的理解。课题中的栏目、呈现案例及教材人物的话语，往往表明了教学过程展开和德性养成的关键点。这些关键点和方向是否与儿童的认知、情感和生活情境等因素相匹配，教材中案例中的角色是否足够鲜活，并真正触动儿童的内心，是理解课题设计意图时必须进行思考的。这是在理解教材设计意图的前提下，教师将儿童的需要与教育目标相结合而进行的深入理解，这种结合是教育扎根儿童生活，提高德育实效的关键所在。

（二）依据教学目标用好教材资源

教学大于教材。教材是重要的课程资源，是课程标准的具体化、形象化的文本，但不是唯一的课程资源。当前教师在使用教材时存在两个问题：一是把教材作为唯一的教学内容，照本宣科；二是完全抛开教材，自己拓展和发挥。教材是教师和学生进行教学活动的主要媒介，聚集了专家智慧。教师对教材的理解和领悟决定了引领学生的高度。因此，教师备课时要用好教材中的各种资源（插图、文字、栏目等）。用好教材资源有三种方式：一是利用好教材中的情境引导学生的行为，也就是说把学生置身于教材情境中，让他们设身处地去设想，如果自己是情境中的人会怎么做、会怎么想；二是利用教材中学生的言行，引导儿童反思自己的言行，反思自己是否也有与教材中儿童相似的想法和做法；三是重组教材中的情境，就是把教材中的片断情境用故事串连起来，增强教学的情境性和故事性。

（三）聚焦教学目标拓展教材内容

教材要关注学生的生活，其自身也有一定的结构性要求。教材的结构不仅可以让教材具有一定的体系化特征，而且可以有效地引领教学。在《道德与法治》教材中，课文的结构就预设了引导儿童生活建构的教学目的，并通过关注生活、反思生活和超越生活这三个紧密相连的板块来实现。所以除了用好教材资源，教师还要关注教材之外的课程资源。教师要善于加工教材，充实教材，要花时间广泛阅读与教材主题内容相关的各种资料，选择恰当的资源充实教学内容，拓展教材的时空。教材外的资源包括文字资料、图片、视频、学生的生活经验和感受、教师的生活经历和感受，以及教室、学校、社区、国家、世界等环境资源。教师应该将教材资源与开发的课程资源融为一体，拓宽教学内容的广度，使教学达到一定的高度。但教学资源的开发要遵照教学目标和课堂时空，因而必须有所选择，不能堆砌过多的"教学资源"，把教学目标的"主阵地"挤垮。所以要注意整合课程资源，做到"大道至简"，抓根本，保真实，逼近目标，才能有好的教学效果。

（四）紧扣教学目标设计教学活动

清晰的教学主线和有层次的教学活动是一堂好课的基础，设计环环相扣，重点突出，必然看到课之魅力。如四年级上册的"正确认识广告"第一课时的教学目标有两个：一是知道广告在生活中无处不在；二是了解广告的类型和各自的功能。根据此目标可确定本课的教学思路：无处不在的广告类型和功能——广告对人们生活的影响。根据这一思路可设计四个活动。第一个活动是"七嘴八舌话广告"，可让学生说一说自己在哪些地方看见过广告，并说一段自己熟悉的广告词。第二个活动是"认识广告先生"，让学生知道广告分为公益广告和商业广告，以及两类广告各自的功能。第三个活动是"广告影响生活"，引导学生认识广告对我们生活的正面影响和负面影响。第四个活动是"我们也来设计广告"，学生分小组设计一个宣传家乡的公益广告。

二、遵循：准确把握教学方案设计原则

（一）尊重学生个体差异

在小学道德与法治教学中，教师要把握学情，考查学生的认知能力与学习特点，在充分尊重学生个体差异的基础上开展教学。教师首先要充分了解各种教学方法的优势与不足，掌握学生特点，选择适合的教学方法和实例开展教学；要了解学生的认知水平和理解能力，精心设计教学方案，经过动态调整，最终探索出符合学生实际情况的教学方法。

（二）引导学生自主学习

在小学道德与法治教学中，教师要培养学生的自主学习能力，引导学生明确道德与法治教学的重要意义，激发学生的学习兴趣，鼓励他们在学习中积极思考、主动探究。此外，教师还要丰富课堂教学模式，为学生创建良好的学习环境，促使学生在具体的教学情境中进行课程学习。教师要尊重学生的学习主体地位，促使他们主动探索学习。

（三）开展校内德育活动

教师要根据教学目标要求，结合学生实际，将课程教学与校内德育活动相结合，增强德育的趣味性和实践性，提升教学的有效性。教师可将课内的教学活动与校内的德育活动相结合，使学生在实践过程中深入理解教材，激发学习兴趣，同时对学校德育活动文化形成深刻认识。总之，将道德与法治教学与德育活动相结合，有利于学生的全面发展。

（四）注重法治教育融合

培养学生的道德与法治核心素养，首先，要采用生活化教学方法来拓展课程内容，结合生活实例开展教学，培养学生的道德素养和法治观念，使其形成正确的价值观念和公民意识；还要根据学生情况，动态调整教学方法，促进教学生活化。其次，要创设具体生动的教学情境，充分利用现代教育信息技术手段，利用周边一切可利用资源开展教学，根据教学内容创设具体、生动的教学情境，针对特定知识点设置情境，使学生能够在具体情境中接受法治教育。在较为真实的情境中，学生的情感体验更丰富，更能深刻体会道德素养培养和法治观念形成的重要性。教师也可利用多媒体等手段，投放视频或图案，将较为抽象的学科知识具象化，辅助学生理解，激发学生兴趣，从而提升教学质量和学习效果。最后，要加强道德与法治教学在安全教育中的渗透。教师要重视理论知识与实际生活的联系，在安全教育中融入法治教育，加强师生互动。如教师带领学生针对安全问题进行场景模拟与实际演练，学生会在场景模拟中深化对安全教育重要性的认识，培养自身的法治意识。

三、立足：确切掌握教学设计的依据和策略

结构决定品质，课文的结构就是引导教师在教学中时刻关注学生的真实生活，引导学生在关注生活、反思生活和超越生活的过程中逐渐形成良好德性。以往的德育教材更多的是引导教师以美德模式的道德教育来进行教学，即给学生讲清某个德育目标及其道理，至于它是否会对学生的生活产生影响，那是学生自己的事情。相对来说，直接关注学生生活，并以引导生活建构为目的来进行教学，更能提升道德与法治课程的实效性。

（一）设计依据

道德与法治设计既要立足"两标一纲"的要求，如对课程教材整体系的设

计、各个领域主题的教学设计等，更要着眼于学生发展、社会发展、民族精神教育、国家意志培育等。教材编写体现的方针：儿童立场、国家意识、中国基因、世界眼光。因此，教材主要包括课程教材、儿童立场、社会生活、中国国情、世界意识等方面的教育教学设计。

1.课程教材的设计依据

"两标一纲"是道德与法治教学的依据，教材则是"两标一纲"的重要载体。设计课程教材重点要有"链接"思维，即遵循"两标一纲"与教材内容体系的"链接"关系，教材在体现和表达"两标一纲"方面，要做到思想人本化、观念行为化、主题生活化，这样的设计有利于教师更好地理解和把握教材传递"两标一纲"的意图及方法；设计教材与学生实际及社会生活现实的"链接"关系，这就是所谓教材的校本化问题，通过这样的设计，更加丰富教材的内容，并赋予教材以鲜活的生命力。

2.立足儿童立场的设计依据

儿童需要解放，也需要规范；儿童需要自由，也需要规则；儿童需要快乐，也需要磨砺、需要批评，这是培养完整的人的"需要"。统编小学《道德与法治》教材在设计上就是力求课文栏目具有童心和童趣。只有当栏目的设计符合学生的心理特点，具有趣味性，才能吸引学生积极主动参与。儿童立场的设计依据是以人为本思想方法的具体运用，不仅要设计儿童道德与法治立场观点和行为表现现状，更应该研究设计形成这些现状的原因、教学策略方法、观念和行为改善等评估方法。儿童立场的设计有个案设计和群体设计两种基本方法。个案设计就是针对不同个体的道德与法治意识和行为表现进行持续的跟踪，从中提取具有普遍规律的教育教学方法，形成针对具体问题的教学技能。群体设计针对某类型学生进行专门性设计，以发现某类学生群体共同的问题和教育教学策略。

3.社会生活的设计依据

道德与法治教学不能仅局限于教室里的课堂，其设计亦不能仅局限于这样的课堂。社会生活是道德与法治设计的重要依据，设计社会生活的价值主要包括丰富教学资源，联结社会生活，促进学生的社会性发展。就目前而言，这方面设计集中在丰富教学资源方面。使课堂教学内容丰富，具有生活性，这是道德与法治课程教学的一大进步。用社会生活素材进行教学，这与社会生活中的教学是截然不同的。在社会生活中，教学包括组织学生参与社会实践、学生行为习惯的社会生活记录与反馈，以及与学校、社区开展的德育活动紧密连接等。

4. 中国情怀的设计依据

研究国家意志的表达和中国文化的传承路径与方法，是道德与法治课程的重要教育使命，是新时代需要凸显和强化的主题，有利于提高学生的国家认同，凝聚民族情感，增强中国特色社会主义的道路自信、理论自信、制度自信和文化自信。国家意志设计重点要突出爱党、爱国、爱人民教育，设计社会主义核心价值观教育、以德治国与依法治国方略、"两个一百年"奋斗目标、中华民族伟大复兴的中国梦等在道德与法治课程中落实的路径与方法；而中国文化教育设计要突出中华优秀传统文化、中国革命历史、中国共产党党史、中国国情等在道德与法治课程教学中落实的路径与方法。

5. 世界意识的设计依据

世界主题教育是道德与法治教育主题的重要组成部分，是培育学生世界意识、世界观念、世界胸怀的主要内容。当前，世界意识的研究要紧扣十九大报告提出的"坚持和平发展道路，推动构建人类命运共同体"的思想，设计人类命运共同体的思想内涵，以及对学生思想道德形成的影响，研究人类命运共同体思想在道德与法治教学中落实的途径与策略，使道德与法治课程教学与世界变革大势密切接轨，培养具有国际视野的现代人才。

（二）设计策略

在学习中实践，在实践中设计，在设计中提升，这是教师专业成长最有效的途径，也是提高教学水平的必由之路。道德与法治作为一门义务教育阶段的课程之一，给教师带来的困难和挑战不言而喻，当然也给教师发展提供了机遇和空间，夯实好一边学习、一边实践、一边研究的路子，把困难和挑战转化为机遇和发展。

1. 设计目的有三个维度

俗语说：眼界决定境界，格局决定结局。教学设计目的定位就是设计眼界的视域，这决定了研究的品质和价值。道德与法治设计的目的有三个维度。一是有利于贯彻落实党的教育方针、德育政策、育人的目的和任务。课程是党的教育方针、目的、任务的载体，道德与法治课程更是如此，其意识形态属性强，具有极其重要而特殊的育人功能，是全面系统地落实社会主义核心价值观教育的主阵地、主渠道。二是有利于精准实施"两标一纲"。在实践中，许多教师养成了只看教材不看课程标准的习惯，这是教材观转变不足的表现，也是考试科目教学惯性使然。"两标一纲"是道德与法治课程最精练标准的内容呈现载体，教材只不过是对"两标一纲"的展示和演化。在设计目的上，落实"两标一纲"的理念价值和内容要求，不仅体现依纲扣标的价值，而且有利于更加准确定位研究目标。三是要有利于促进学生道德与法治核心素养的形成，这是道德与法治教学设计的目的归宿。其主要内容包括设计道德与法治课程的核心素养、学生的道德与法治素养状况，并形成与课程、教材的教育教学交融点，与学生长远健康成长的"连接桥"，着力解决学生学习中的困难和问题，形成有效的、可以复制和推广分享的教学模式。

2. 设计的选题有五个范畴

本课程的设计选题有思想政治素质、良好道德品质、民主法治意识、积极健康的人格和心理品质五个方面。思想政治素质选题的内容主要包括如何引导学生形成正确的世界观、人生观、价值观；如何有效加强学生的国家认同、民族精神、社会主义核心价值观、理想信念、政治素质等教育。良好道德品质选题内容主要包括：正确调整个体与他人、与社会、与自然的关系准则，明善恶、辨是非、能坚守，形成正确的人际观、家庭观、集体观、社会观、自然观等。民主法治意识选题内容主要包括培育社会主义民主平等意识，懂法、信法、尊法、守法、用法、护法意识与行为教育。积极健康的人格选题内容主要有养成明礼守信、与人为善的交往习惯。养成乐学善学、探索创新的学习习惯，养成热爱劳动、勤俭朴实的生活习惯。良好心理品质选题内容包括引导形成正确的自我认知、乐观的生活态度，培育和谐的人际关系、良好的社会适应能力。

3. 设计有五个基本要求

一是政策理论依据要精准，与时俱进，忌空洞的政策口号；二是学术理论选择要实，解读要独到，运用要有效，忌理论引用碎片化和标签化；三是问题意识必须清晰并有针对性，忌无问题和伪问题；四是强调有实证素材资料，忌理论与实践脱节或无实际材料佐证；五是研究过程要完整，工具要具体，忌有头有尾无过程环节的设计。

4. 设计的基本方法

道德与法治常用的设计基本方法有：个案设计、课例设计、问题设计、调查设计等。其中，个案设计主要采取跟踪设计，注重从特殊性中提取普遍性；课例设计包括优质课、实验课、探究课等课型设计；问题设计是针对教学实践中发现的问题进行设计，注重透过现象看本质；调查设计包括问卷调查（力求真实性，避免导向性和无意义）、访谈调查（力求对象的多样性，避免主观选择性）、观察记录（力求现象的典型性，避免流水性和琐碎性）等。

5.设计效果有四个方面

第一，政策理论上符合党的教育方针和德育政策，体现时代精神和素质教育的核心理念，遵循学生身心发展和教育教学规律。第二，具有实践价值，能针对道德与法治教育教学中的实际问题，创造性地提出科学思路、方法和措施，对教学改革实践有重大示范作用。第三，对教学水平、教育质量、培养目标有非常重要的影响，有可观察的数据指标或材料。第四，成果影响广泛，在一定范围内有示范和辐射作用。

四、实践：熟练运用课例设计方法

课例不仅是教育教学问题解决的源泉，而且是教育理论的形成和发展的"基因"。

（一）六个方面

（1）落实立德树人根本任务的思想，明确贯彻党的德育目标和内容方法；（2）落实将教与学植根儿童生活的基本理念，共同研究以人为本的教学策略；（3）共同探索从目标设定、内容选材到活动体验的综合性实践策略；（4）共同研究与社区实际相结合的、跟踪儿童品德与生活发展、社会性成长的有效方法；（5）共同探索可供区域共享的优质教学资源，促进教学的开放性；（6）共同探索最有效的、适合区域和学生实际的教学技术与方法。

（二）内容部分

道德与法治课例设计可分为：示范性、探索性、评价性、实证性、专题性五种课例类型。（1）示范性课例设计，侧重提取和分享教学经验，参与者广泛，设计目的是促进教学经验的普遍推广和应用；（2）探索性课例设计，侧重于寻找教学问题解决的方法，如解决重难点、尝试新教法或针对特殊群体等，参与范围相对较小，一般局限于学科组、备课组，设计目的是探索某个特定教学内容、教学对象的教学方法；（3）评价性课例设计，主要是考察课堂教学与"两标一纲"的达成度，参与设计者通常是专家和管理者，设计目的是衡量教师的教学水平和教学能力；（4）实证性课例设计，是考察项目研究成果与教学实际的关系，参与者是课题设计组成员，设计目的是检验项目设计成果；（5）专题性课例设计，是课程教法中针对专门问题组织的课例设计，参与者一般由专门设计人员主持，设计目的是探索某类教学的规律，获取可复制传播的教学模式。

依据道德与法治课程标准内容分类，可分为个人、家庭、学校、社会、国家、世界六大领域课例。尽管课程教学的基本目标和价值是一定的、统一的，但不同领域主题教学在目标设定、内容表现、教学组织、方式方法、育人价值、目的达成等方面各有不同。比如个人发展主题，主要包括生命安全、个性品质、心理素质、兴趣特长、人际交往、适应能力等方面的教育，这类主题教学特别强调对教学对象的深入了解，突出教学的针对性和个性化，注重行为训练和问题解决；家庭教育主题，突出家庭角色、情感、家教、亲情等，突出与家庭教育的协同链接；社会教育主题，侧重社会角色、意识、责任、社会公德、秩序等教育，强调学生的社会性发展等。所以，课例设计应针对不同教学主题分类进行专题设计，探索各种不同教学主题的教学规律与方法。

五、意义在活动中得到叠加

课堂教学活动的设计并不是松散随意的，往往是内含逻辑层次、意义丰富的设计。这样的活动设计在课堂教学中，表现为教学过程的层层深入与不断递进，活动内涵的意义层次不断叠加和累进。因此，做好课堂教学活动设计，首先要有条分缕析的逻辑层次。在厘清课堂活动所应达成的逻辑层次之后，需要教师发挥聪明才智和创造力，将逻辑层次转化为层次多样、内涵丰富的活动体系，使课堂教学活动能够实现意义的叠加与累进。课例中的活动设计并不是简单地堆积各类活动，而是根据教材逻辑、教学逻辑精心编排课堂活动，成为一个逻辑内涵丰富、意义层层深入的活动体系。在这种课堂中，生活的意义实现了不同层次的意义叠加。可见，通过活动实现意义的通达并不需要形式化、种类繁多的活动设计，而是每个活动设计都要"精"，让每层意义都在这些精细、踏实的活动中得到通达，最终实现不同意义层次的叠加和累进，在这些课堂活动中通达学生的生活意义。

第六章 拔节孕穗

第一节 要义：道德与法治课程教学法的原则和内容

统编小学《道德与法治》教材将"向生活学习"作为主导的道德学习理念，以"多元生活体验"作为各年段学生道德学习的重要方式，并贯穿于教材的各主题单元和教学环节中。道德与法治课程关注学生全方位地成长。小学德育课程标准提出四个维度的目标，分别是情感与态度、行为与习惯、知识与技能以及过程与方法。这些课程目标覆盖了学生的知识、技能习惯以及精神世界的成长，需要教师根据教材与生活去引领儿童快乐、活泼地成长。加强教育与生活的联系，教育的力量才能得到完全真正的释放，学生才能学会积极地投入生活，才能更好地健康快乐成长。关注校园生活，助力儿童向真而行；链接家庭生活；引领儿童向美而行；辨析社会生活，激发儿童向善而行。

一、原则：道德与法治课程教学法原则

（一）教学观念的转变

1. 变"教教材"为"学生活"

新教材引导我们要建立向生活学习的理念。道德内隐于生活之中，是生活的构成性要素。道德和做人的学习，不同于一般的书本学习，它必须是在生活中向生活学习。这是德育课程改革的主导思路，已经为大家所熟悉，且日渐成为德育理论与实践工作者的共识。教材中有很多环节，如请学生讲述自己已有的生活经验，呈现或者分享他人过去的生活情境，都是在引导学生向过去的生活学习，而不是只为了导课的需要，也不只是因为从已有经验出发来让学生更好地去理解。教师将创设情境，引导学生回忆、整理已有的生活经验，提取有道德价值的东西，并且学会将"回望"作为向生活寻找意义的一种重要方法，比如，你有没有发生类似的事情呢？你有没有类似的体验？你在过去的生活中

发现过什么？教师引导回归学生常态的、真实视角下的生活，把学生生活中的"意外"当作教学的起点和重点；鼓励学生讲真话，而不是诱导他们讲"正确"的话，所以宁可让学生说错误的真话，也不要让学生说漂亮的假话。教学生"会生活"，这是一种生活的反刍，而道德意义就是在这种生活的反刍与回味中，呈现于学生心中的航向灯塔。可见，向过去的生活学习，服务于当下问题的解决，服务于当下儿童的道德困惑，服务于对更美好未来生活的憧憬。对儿童当下生活的指导，不是同过去与未来割裂开，而是统一的，是为了儿童道德意义生活的持续成长。而未来，总是出现在当下的话语中，出现在对过去的反思中。道德意义，就是这样在学生对生活的过去、当下与未来的绵延中呈现与绽放的。

2. 变学知识为解决问题

现在有一种较为普遍的现象，教师设计教学课题往往就是照搬教材文本的内容，教学就是想方设法以多种方式学习教材文本知识，并为教学局部的方式创新唤起学生体验、感受而沾沾自喜。殊不知这样做只是盲人摸象，学生课堂学习的本质还是学习知识。道德与法治课程是一门以学生生活为基础、以学生良好品德形成为核心、促进学生社会性发展的综合型课程。学习者建构他们现在的生活，要活用知识，在参与中学习。所有的社会过程都包括学习，所有的学习也是社会参与的过程。学习是一个意义建构的过程，学习的目的就是能真正面对实际生活中的各种问题。

教学是为了学生在生活中实践，这就需要我们巧妙地寻找教学的生活切入点。这个点既反映教材意图，又观照教室里学生的真实生活。这个切入点就是"符号世界""意义世界"与"生活世界"联系的桥梁。教师在教学中应选取学生生活中真实可信的生动事例，采用学生乐于接受的生动活泼的方式，帮助他们认识和解决现实生活中的问题，使教学成为学生体验生活、道德成长和问题解决的有效过程。

3. 变教材文本逻辑为课堂教学逻辑

教材有着自身的文本逻辑，但这不意味着要求教师在现实教学实践中，以教材文本逻辑代替教学逻辑。深入探究教学自身逻辑，教学逻辑不能简单等同于教材文本逻辑。从教材文本逻辑到教学逻辑的设计，需要教师根据学生实际进行调整、补充甚至重构。德育课程注重学生生活的价值。道德学习是知与行相统一的过程，注重让学生在体验探究和问题解决的过程中形成良好的道德品质，实现社会性发展。教学设计与实施必须注重联系学生的生活实际，给学生自己的生活留出时间，将学生自己的生活引入教学的过程中，引导学生在自身的生活实践中发现和提出问题，并通过多种方式帮助学生解决他们生活中的问题，或者为他们生活问题的解决提供支撑。这是德育课程非常重要的任务。

4. 变被动灌输为主动探究

首先，教师要放下知识权威者高高在上的姿态，以一种引领者的角色，在备课、导入、讲授和提问等教学环节中融入双向沟通的理念，通过讲授、讨论、角色扮演、合作学习等多种教学活动形式，引导学生思考、提问和调整认知。其次，教师要为学生创造适宜的课堂氛围，以自己的情绪触动学生的道德情绪，以自己的道德认知激发学生的道德认知，充分发挥师生互动对道德教育的推动作用。最后，教师还要允许学生大胆反馈，并对学生的反馈做出及时、适当的回应，鼓励学生主动建构自己的道德认知，鼓励学生表达内心的道德情感体验，帮助他们以认知与情感相协调的方式组织和理解学习内容，并最终实现教师、学生、教师—学生—课堂情境等多层次的融合。所以《道德与法治》教材设置了许多栏目，目的是通过各种学习方式，引导学生参与到学习活动中来。当然，效果如何还要在教学实践中进一步检验。比如中段教材中的"活动园"，有教师感到"活动园"内无活动，在课堂上还是以被动灌输为主。要让诸如"活动园"的内容活动起来，让教学真正实现学生主体、主动的样态，教师需要创造性地进行教学设计和组织。教学设计和组织要根据学生现实生活中存在的问题和需要展开；同时，还要尽量提供多样化的生活体验和社会实践机会，引导学生用多种感官去观察、体验、感悟社会，获得对世界的真实感受。

（二）教学中针对内容的选择

德育课程是向生活的回归，主要体现在两个层面上：一是出发点上的回归；二是归宿点上的回归，就是使学生通过教材、教学所学得的一切能回到他自己的生活中去，用以解决他们生活中的问题，改变他们的生活、生活方式，提升他们对生活的认识、态度、价值观等。鲁洁教授指出：生活论德育的目的就是引导生活的建构。要把人培养成自觉的生活建构者，就要学会关注生活、反思生活、改变生活。生活论德育首先要从关注现实的生活开始。生活经验在关注中被"再经验"，使经验得到深化。学生的经验是新教材的主体内容，也是教学的重要元素。

（三）教学中针对方法的选择

1.教材范例的选择

在教材使用中，需要教师了解教材中例子的意图是什么？为什么是这个而不是别的？如果觉得这个不合适，可以换成什么更好？通过这种与教材的对话和追问的过程，教材意图在脑海中渐渐明晰。这是一个由教材范例这个"点"理解教材意图这个"面"的过程。理解了教材意图，教材内容的取舍就不会跑偏，而是根据学生的实际情况，选用对他们更为典型的切入点，从而更好地实现教学目标，这是由面及点活用教材的过程。准确把握了教材意图这个"面"，也会帮课堂跳出就事论事、就范例而范例的狭窄圈子，从而避免在解读教材时"只见树木，不见森林"的尴尬境地。

综上，教材中范例的选择，可以概括为由点及面读教材，由面及点用教材。最好地体现教材意图，是范例取舍的依据与关键。在教材回归儿童生活思路的引领下，教师要尝试更深入地了解学生，寻找最适合自己学生的课堂教学的切入点。所以在考虑是否使用教材上提供的范例或者是否替换这些范例时，教师要善于由点及面，准确了解这一范例背后的教材意图，再由面及点，回到自己学生的现实生活中，从班级学生的实际出发，引导学生积极主动地学在生活中、思在生活中、用在生活中。

2.教材情境图的选择

《道德与法治》教材是一套特色鲜明、适用性广泛的教材。依据小学学段学生的特点，低年段教材特别突出图画、图片在教材内容方面的特殊作用，因而成了绘本式教材。绘本式教材的最明显特点是图多字少，减少学生不识字误读的情况。所以，通过关键词把握教材内容及背后的情感价值，便是绘本式教材解读的关键之处。教材呈现了一个又一个儿童现实生活的典型场景，要特别注意的是，这些生活情景传递的不仅是事实性知识，而且引导儿童关注评价性知识与人事性知识，引导学生走出课本，回归生活，从而形成正确的生活态度和良好的道德。

3.以事论理合理选择教材

《道德与法治》教材给人的感觉很精致，耐人寻味，教材中的每一幅图、每一句话都体现出编者独具匠心。教材受其呈现方式的制约只能是从"说事"开始，点到为止。教材作为一种普遍使用的文本，虽然其中融入了儿童的生活经验，但它提出的话题、列举的事例，不可能全都适宜我们所面对的每一个班级儿童的生活经验。这就需要教师能够根据本班的实际情况对教材进行选择、替换与补充。但是这种选择、替换与补充要合情合理，既要符合学生的实际，也要暗合编者的意图。事例可以不要，但意图不可不明，这也要求我们解读教材时要善于透过现象看本质，通过事例讲明道理。

（四）基于儿童兴趣或经验的选择

儿童立场下的传统文化教育，该如何进行？第一，从学生感兴趣的生活事件或者已有的生活经验出发。在涉及中华传统文化教育的相关主题时，教材实施者需要把中华传统文化与儿童的距离拉近，设身处地站在儿童的立场，选择教育的内容和范例。比如，在讲中国人尊老爱幼的传统美德时，我们就可以从包含儿童因素的风俗切入，如"报喜"的风俗、"十二生肖"的风俗、老人"过寿"的风俗等，在回忆、感知这些风俗深刻寓意的同时，引导学生体会风俗背后蕴含的长辈对晚辈或者晚辈对长辈的美好祝愿。之所以要这样做，是因为教材不能以抽象的道德概念、理论体系为基本内容，否则又会回到原来的老路上去。如果从儿童的生活出发，不仅有利于拉近传统文化与儿童生活的距离，也有利于提升传统文化教育的实效性。只有在具体的生活场景中，儿童才能理解传统文化，感受传统文化的内在精神。第二，对接课堂教学和学生生活中富有童趣的传统文化活动。一方面，我们要努力发掘中华传统文化中儿童感兴趣的、积极健康的，且不存在安全隐患的活动和游戏，比如，春节中的剪窗花和制作中国结等、元宵节中的做灯笼和猜字谜等、清明节中的制作风筝和放风筝等、端午节中的拔河和制作香囊等活动；另一方面，要积极建构传统文化可能蕴含的儿童因素的活动。比如，我国很多传统文化都与饮食有关，可以开展有关传统饮食文化的活动。此外，我们还要积极探索其他包含儿童因素的活动，通过这些活动实现中华优秀传统文化与儿童生活、儿童经验和儿童兴趣的有效对接，提升中华优秀传统文化教学的实效性。

（五）教材语言选择科学规范性

《道德与法治》中的每一处文字表述都是教学内容和课程体系结构的重要组成部分，都与儿童的认知心理、教学目标等相关因素相契合，充分尊重儿童、理解儿童，更符合语言文字规范运用的要求，使语言文字的呈现与学科内容相互映衬，相得益彰。这样学生在学习理解文本内容的基础上，还能领悟语言运用的精妙。

小学德育课程的实效性问题是一个值得教师持续关注的重要问题。在统编小学《道德与法治》教材中，要想真正解决这个问题，离不开教师的智慧。因此，笔者希望广大教师一道积极探索小学德育课程实效性策略。

二、内容：道德与法治课程教学法内容

道德与法治课堂应用的教学法有许多：故事教学法、讨论辨析式教学法、体验式教学法、参与式教学法、启发式教学法、情感式教学法、行为训练法、活动教学法、问题教学法、情境教学法、探究教学法、家校协同教学法等等。其中故事、情境、活动、体验、案例、家校协同六种教学法是最常用的形式，基本能折射出整个道德与法治课程教育教学的方方面面。道德与法治课一般情况下由媒体（图片、视频）、故事激趣导入，创设情境后进行问题讨论——活动体验——两难辨析——最后评价回顾四个部分组成。在讨论的过程中，学生不断表达、反思、修正自己的想法。在学生思维逐步深入的过程中，教师引导学生将讨论推向深入，通过体验进一步论证。然后教师再引导学生运用辨析正反教学艺术，通过反问与追问，让学生对发言的内容做出自我评价与判断。有专家认为，当孩子们意识到你是在教育他们的时候，教育也就失去了它应有的魅力，教育应是在"无感"状态下进行的。因此，在道德与法治课上，教师只有不露痕迹、充满艺术地进行引导，才能让学生的思维能量在师生、生生、生本的对话讨论中，得到最大化的释放。

（一）故事教学法

故事是对儿童道德成长的一种积极的暗示，是一种唤醒力量，使儿童的心理状态发生积极变化，心理潜能得到有效开发。故事充溢着对真、善、美的赞美和歌颂，蕴含了人类对儿童的期待。可以说，美德就在故事中。故事具有文学性，不仅让儿童喜欢，更让儿童得到解放。故事的教育意义不显山不露水，隐性力量巨大，显现的是一种亲和力。这种亲和力让儿童产生亲切感，从而去亲近它，进而信任它，与它"真实"对话。因此，读故事、听故事，就是和同龄的小伙伴谈心、交流，即使是故事中的成人，在儿童心目中，也会把他们当作可以交谈的大朋友。当代儿童需要的是成人对他们的尊重、信任，需要的是

倾心的交谈和平等的讨论，而非一本正经的教育，更非严厉的训诫。故事的亲和力营造了和谐、宽松的环境，让儿童快乐地走进故事世界，去经历人生初始的一次又一次美丽的相遇，逐步感受社会的要求、教育的期盼以及自己的道德成长。

1. 故事教学法的内涵与功能

故事教学法就是让学生叙述他们生活中的故事。学生叙述他们的故事，有助于他们的意义世界的建构。因为故事蕴含着个体或者群体的经历和感悟，在学生叙述和反思故事的过程中，他们的这些经历和感悟会得以再现和升华。在这个过程中，碎片式的生活片段在个体讲述中获得了新的意义序码，找到了它们在个体生命历程中的合适位置。因此叙述自己的故事，看似是个体对过往生活的讲述，但这一讲述并非是在还原记忆，而是现实的"我"在对故事中的"我"进行反观和理解的过程，个体既进入故事又游离于外部进行反省。在这个反观与理解的过程中，学生的生活经验已经不再是原有的生活经验，它被赋予了新的意义。作为反思主体的自我也不再是原来的自我，而是在新的生活意义中发现了新的自我。小学生正处于爱听故事的阶段，如果在课堂上通过生动形象的故事阐述一些抽象的道德观念，让学生在听故事的同时还能有启发、有思考，就更容易实现教学目标。除了教材上的故事，教师还可以让学生讲述现实生活中的故事。这样的课堂教学更贴近学生生活，学生更有话可说，注意力更易集中并产生认同感。

故事教学法是个体发展的一种古老而经典的教学方法，它通过生动的人物角色塑造，引导学生感受真、善、美和假、丑、恶的不同道德形象，追求真善美，摒弃假丑恶。故事是人类对儿童的一种意义馈赠，寄托着社会和时代对儿童无限的期待。从另一个角度看，每个人的一生都在寻找自己的故事。往深处看，每个人也都用自己的生活创造着故事，儿童更是这样。所以在强调生活教育的当下，故事教学法应更加深化，甚至可以通过多媒体，使故事教学法更直观生动"活"起来。因此，在故事教学中，教师不仅要让学生叙述他们的故事，而且还要在叙述中启发他们有所思、有所悟。故事一直与我们同在，远在现代教育方式发明之前，远在学校出现之前，故事就在教育我们。一代一代传下来的故事，承载着人类经验及我们人类所取得的成就，表达着作为人的关切与期望，从古至今都是主导性的教育方式。故事道德与道德教育意义的特质性还在于它可以脱离学校而存在，而学校却不能脱离故事而存在。一个不讲故事或者没有故事的学校是不可想象的，这就是故事教育的积极作用。所以自我的故事是品格形成的"忠诚道路"，他人故事的道德与道德教育意义同样不容忽视，这也是他人故事如此深入人心的原因。

故事的叙事是将"我"在不同时空之中所做出的各种行动、感受、思想、情欲整合进入一个叙事主体之中，时空与事态的变化，只不过是"我"所行、所为、所思、所想留下的痕迹。因为叙事，时间的变化成了叙事序列的变化，即"我"在过去做了什么，导致"我"成了今天这样一个状态，"我"带着今天这样的状态思考着并走向未来。因为叙事，空间的变化成了叙事场景的变换，"我"在那里做了什么，导致"我"来到这里，"我"在这里又是走向另外一个地方的预备。叙事并不排斥生活的复杂性和各种行动之间的冲突，文学叙事的感人之处恰是由各种冲突所构成的高潮。生活叙事虽然没有那么多的戏剧性，但冲突也是不可缺少的因素，甚至正是因为冲突的存在，才促使我们将各种事件综合起来进行考虑。从这个意义上看，冲突实际上扮演着叙事激发的作用。叙事不单是建构品格的落脚点，还建构着品格本身。通过叙事所建构的自我认同包括道德认同，"我"是谁，"我"是一个什么样的人，其中当然包含着品格，否则"我"就是一个与动物没有区别的存在。人可以有多种多样的认同，但每种认同都有道德认同，并且多种多样的认同服从于"我是谁"这一整体性认同。叙事之所以具有品格建构性，一个重要的原因在于叙事是有道德立场的，没有道德中立的叙事。叙事建立了事实与规范的自然转换，我们讲一个故事，既是在陈述一个事实，又是在申明一个价值立场。在叙事中，事实就是价值的载体，价值就在事实之中，二者无缝对接，不存在彼和此的问题。正是因为描述与规范的一体性，我们讲述自己的故事，既是对自我行动、经历与事态变化的描述，也是价值立场的重申和确认。我们讲述别人的故事、欣赏别人的故事，既是对他人遭遇的感受，也是对他人价值立场的判定（理解、认同、排斥）。我们的品格就是在这种叙事之中，通过不断的价值确认、判断而逐渐形成的。

讲述儿童成长故事所蕴含的教育策略是多方面的。第一，如前所论，没有价值中立的故事，同样，教材所讲述的成长故事也是有价值导向的，即以理想的成长为导向。教材讲述的是"我"的成长故事，实际上是在引导"我"成长为理想的那个"我"。那个理想的"我"，既包括"我"的自主选择和努力，也包括他人、群体、国家和社会的期待。第二，自我叙事在建构自我认同的同时也在建构品格。教材讲述儿童生活的自我叙事，就是激发儿童对过去与正在经历的生活进行体验、反思与建构，使隐性的故事显性化，发现、赋予过去经验以品格发展意义。第三，如前所论，故事既是对行动、行为的"黏合"，也是对行动的激发。教材讲述儿童的成长叙事，但并不止于已有的成长叙事，而是以已有的成长叙事去激发行动，引导儿童再用行动去"书写"新的成长叙事。在教材编写中，有三种栏目是专门为文学叙事进入教材而设的。一种是"故事屋"，讲述的多是名人、伟人的故事，向学生展示人性与道德所能达到的高度；一种是"阅读角"，放置的是描述同龄人或现实生活中成年人的文学叙事，展示美德的鲜活性、具体性；还有一种是"美文欣赏"，安排的是优美的情感性、想象性的文学叙事，用文学叙事的优美形式、真挚情感和丰富的想象性去打动儿童。品德教材不是语文教材，文学叙事虽然重要，但在教材中依然是辅助性的形式，往往放在需要情感升华、典范展示、美德高度、人性之美等"画龙点睛"之处。在教材编写中有宏大叙事的自觉意识，主要从以下几个方面做出了探索。

第一，将个人叙事与"大叙事"结合起来，从个人叙事出发自然"牵出"各种层次的"大叙事"，宏大叙事不存在讲不讲的问题，而是如何讲的问题。过去的教材的问题不是讲了宏大叙事，而是孤立地只讲宏大叙事。这种将宏大叙事与个人叙事割裂开来的讲法，一个最大的缺陷就是缺乏与学生生活的联系，讲不到学生心坎里去，很容易遭到学生的抵触与反感。《道德与法治》教材不是先讲宏大叙事，而是先讲儿童的个人叙事。但学生的个人生活叙事都是以宏大叙事为背景和参照的，由个人生活叙事讲到作为背景与参照的各种层次的"大叙事"就自然而然和顺理成章了。比如，每个儿童既是个体的，也是家庭的、社区的、家乡的、国家的，由个人叙事牵出家庭叙事、社区叙事、家乡叙事、国家叙事，就比较自然。

第二，从"我"到"我们"，实现个人叙事与"我们叙事"的真正融合。"我"是独立的人格存在，但"我"又是多种意义上的"我们"。教材在讲个人叙事的同时，也在讲"我们叙事"，比如既讲儿童个体的独特叙事，也讲"同龄人"的共同叙事、群体叙事；既讲儿童个人的叙事，也讲作为家庭、邻里、社区成员、国家公民、世界人的"我们叙事"。这样做的好处是不将个人叙事与各种层次的"大叙事"对立、割裂开来，而是做弹性处理，"我"中有"我们"，"我们"中有"我"。

第三，"大叙事"的细节化。宏大叙事之所以不动人，一个根本的原因是讲得太过粗线条，缺乏感人的细节。小学道德与法治是思政课，没有历史课的叙事时序限制，有较大的叙事自由空间。我们在教材中充分利用这一空间，在保证宏大叙事基本框架正确的前提下，在宏大叙事中融入个人叙事的细节，使宏大叙事也变得生动和感人。

第四，适当提供"对抗性叙事"。在教材中使用"对抗性叙事"，不是为了解构宏大叙事，而是利用对抗性叙事让儿童理解历史与现实的复杂性，在增加民族自信的同时，也有忧患意识。

2.故事教学法在各种表达方式上的通达意义

故事教学法不是仅停留在事实层面，而是从事实走向意义世界的建构，让学生在叙述与反思中通达意义世界；在阅读与讨论中通达意义世界；在游戏或扮演中通达意义世界；在留白与续写中通达意义世界。

故事教学是通达意义世界一个重要的路径，因为一种叙事，也是一种生活的可能性，一种实践性的伦理构想。对于意义世界的丰富和拓展而言，强制植入意义并不是一种恰当的方式，因为意义本身就涉及个人的体悟与选择。统编小学《道德与法治》教材中引入了大量的绘本故事也是出于这个目的。故事只有与儿童的生活经历发生个性化的共鸣时，才能通达意义世界。换言之，通达意义世界的过程是具有独特性的。在故事教学中，有些故事学生仅仅通过倾听就能实现故事和生活经验的互动，进而通达意义世界；也有一些故事学生需要通过游戏或扮演活动、体验活动，才能更好地体会主人公的情感，理解主人公的想法和行为。在故事的主人公与倾听者对话的过程中，二者在行为、认识或情感上的共鸣是实现意义世界建构的关键。在故事教学中为了更好地让故事和学生的生活经历融合互动，教师还可以采用故事留白法，以此促进意义世界的生成。"故事留白法"是指"在运用德育故事的过程中，教师并非全盘授予，而是相机诱导，讲究'留白'艺术，善于建构并利用德育故事中的'阴晴圆缺'，激发学生兴趣，促使学生对价值体系进行自主建构，使其形成内在德性"。故事留白法之所以有效，是因为它提供了故事主人公和儿童生命对话的契机，能够让学生在共鸣之后的留白间歇中，实现意义世界的建构。虽然故事教学法是符合小学生意义世界建构特点的教学法之一，但是故事教学法要想真正通达学生的意义世界，教师必须在了解本班学生的现实经验和真实问题的基础上，再选择上述这些不同的具体方法才行。

（二）情境教学法

1.情境教学法的内涵与价值

情境教学法是一种创设与教学内容相适应的情境的教学法。道德与法治教师最主要的功能是体现在教育情境的设计上，这一情境必须能够引人入胜，具有感染力，教师应调动学生的积极性，使其主动参与其中，成为情境的服务者。在情境设计之后教师的作用应尽量淡化，如果教师作为情境的要素出现，其职业角色就应当尽量淡化，而且必须具有挚爱、真诚和自身道德人格魅力。这样把知识与情感融入课堂，能够更好地激发学生的学习兴趣。从教学理念上来看，情境教学提倡把学生经常带入情境中，让他们通过自己的观察与发现，持续获得生动的表象。这样的情感体验，能促使学生能够通过亲身的感受去认识事物。这种方法要求教师根据生活化教学内容的需要营造教学情境，并积极主动引导学生在这个情境中设身处地思考、体验、感悟。教师可发挥多媒体技术的生动性和直观性教学优势，带给学生身临其境的教学方法，有助于渲染课堂氛围，加强学生的真实体验，激发学生的学习兴趣。对于小学道德与法治课程采用的情境教学法，教师可结合学生的现实生活创设生活化的教学情境，既符合学生的认知规律，又能强化学生的真实体验，促进课程生活化教学。如讲"上课了"一课时，上课铃声一结束，教师就可以创设这样的生活化教学情境："同学们，上课铃声结束了，我们开始上课，你们应该做什么？不应该做什么？"有的学生回答"不说话，认真听讲"，有的学生回答"不能吃东西"，有的学生回答"不能睡觉"等。经过师生之间的短暂互动，学生会明白上课要遵守纪律，认真听讲，端正坐姿、态度，不影响自己也不影响他人。然后，教师开始正式授课，通过正反对比的教学情境引导学生了解哪些行为是遵守课堂纪律的行为，哪些不是。正面的教学情境如"窗外走廊走过一群人，同学们都没有看，老师要表扬你们，为什么"；反面的教学情境如"开始上课了，有的同学仍在说话，老师要批评他，为什么"，要加强学生的真实体验，加深学习体验。如教学"上学路上"一课时，教师可利用多媒体设备和道具等设计过马路的情境，让学生在课堂上亲身体验，并以"红灯停、绿灯行、黄灯亮了等一等"为口号，对学生进行行为训练。这样，学生在行动中了解和加深了对交通信号的印象，从而学会自觉遵守交通秩序。

通过情境创设，再现生活样态。教学实践证明，有效教学活动的开展离不开教学情境的创设，尤其是道德与法治课程不可能让学生每一件事情都亲身经历，所以为了让学生更形象、直观地感受知识，教师要以启发性和真实性原则为指导，积极创设形象丰富的情境教学来再现生活，如运用图像、实物、活动、问题、主题讨论等创设情境，增强学生的学习情感体验。以"学会自救自护"为例，考虑教材中介绍的一些意外，不可能是所有的学生都熟知的，因此，教师为了增强学生的生活情感体验，可通过创设问题情境导入学习：在生活中自己受到过哪些伤害？如何有效解决？此时学生的学习情感被有效激发，纷纷从自己被抓伤、咬伤、摔伤、烫伤等多个视角讲起。

综上所述，情境教学法强调个体参与实践活动，并与社会的情境互动，以获得意义的建构，突出个体与情境之间的一种相互作用，而且对学习的关注更多的是基于学习的主体。对于情境的关注与重视也反映了学习观从认知到情境的范式变革，可以说当前的学习观往往是基于"情境"的。

在道德与法治教学中运用情境教学法，不仅可从外部激发学生的学习积极性，还可内在强化学生的情感体验。情境教学法的有效实施，对于师生之间"教学共同体"的形成也大有裨益，有助于更好地推动建设有效课堂和优质教育，从而更有助于道德与法治课程促进关键能力目标的实现。

（1）有助于培养学生的规则践行能力

实施情境教学，就是从学生的兴趣与能力提升的需求出发，育人以情，育人以境。情境教学法为枯燥的道德与法治知识创设了贴近生活的情境，真切的体验使道德与法治知识不再苍白无力，能够帮助学生拉近与社会道德和法律的距离，让学生在真实情境中了解、践行规则的常识、意义和价值，掌握正确践行规则的方法，最终通过正确判断和不断实践，养成良好的规则践行习惯，形成正确的价值观，从而提升规则践行能力。

（2）有助于培养学生的自我保护能力

自我保护能力，是小学生法治意识核心素养中的一大关键能力。教师需要合理创设生活情境，让学生在已有的生活经历下，重历生活，发现问题，了解自我保护的正确行为，了解自我保护的重要意义和价值，学会自我保护的方法，进而养成良好的自我保护的行为习惯，以达到培养学生自我保护能力的目的。

（3）有助于培养学生的行为管理能力

行为管理能力，是小学生道德行为核心素养中的一大关键能力。行为管理能力的培养，不仅需要学生知道公共场所的正确行为常识，知道遵守道德行为是良好公民的体现，更要学生能按正确的行为方式去实践，寻求养成良好行为习惯的方法，最终达到养成良好行为习惯，形成正确价值观的教育目的。学生行为优秀不是真正的优秀，行为习惯优秀才是真正的优秀。所以，教师要注重培养学生优秀的行为习惯。而情境的合理引入使学生得到充分真实的情感体验，有了真实的情感体验这一前提，才有学生行为管理能力认识、判断、实践、内化的过程。

2.情境教学法运用中的关注点

情境教学法具有学生能力培养的一般普适性。但学生的关键能力的培养则需要情境的创设和策略的运用。因此，在关键能力培养中，对这一方法需要理解以下几点。

（1）情境是外在的，教育一定要追求本质

一般教师创设的教学情境，带有人为因素，是外在赋予的，但置于其中的教育应当追求本质理解、本质提升。因此，教师在使用情境教学法时，不能"形大于质"，更不能在"形"上花太多的时间与精力。情境是"助推剂"，真正教育的发生并不依赖情境。所以，无论是自我保护能力还是规则践行能力的培养，一定要把研究的重心放在如何利用情境让培养的过程更贴近教育的本质的追求。

（2）情境是虚拟的，但教育一定要真实

我们创设的绝大多数情境是虚拟的，即使空间是真的，但教育的情境仅是一种"假设"，包括在真实的场景中的活动设计与组织，都带有"假设"的虚拟性。但我们要记住的是，情境的"虚拟"不能迁移到教育的"虚假"。无论是教育的对象、过程还是成果，我们都要追求真实，唯有如此，才能让道德与法治课的教育价值得到最大化的体现。否则，教师和学生的主体性就会贬值，渐失自我，主体存在性逐步被物化，学习情场化（情绪化）就会倾向严重，教育工具化、功利化、庸俗化就会不断强化。教育的引领性和创新性不断流失，教育诚信、教育活力和教育公平面临严峻的挑战，教育尊严、教育形象、教育影响力不断衰减，结果事与愿违。

（3）情境是片段的，但教育一定要可持续

因为受到上课时间的约束，我们的情境教学只能是片段式的，但置于其中的教育本身需要长远设计，从课内延伸到课外，从片段中明知识、学方法，最终能够在现实生活中践行、内化。因此，我们不要寄希望于一个情境的创设能解决所有的问题，要更多地让"生活"真正成为学生习得各种学科关键能力的"真实情境"，周而复始，循序渐进。

（三）活动教学法

1.活动教学法的内涵与价值

活动是小组合作学习的重要形式。小组合作的过程，是师生互动、生生互动的相互协调、相互促进课堂教学的进程。活动教学法也称活动型教学法，是一种新型的教学方法，一般是指教师根据教学要求和学生获取知识的过程，为学生提供适当的教学情境，根据学生身心发展的程度和特点设置，让学生凭自己的能力参与阅读、讨论、游戏、学具操作等，去学习知识的课堂教学方法或过程。这种教学方法的特点是学生参与活动，通过听觉、视觉、空间知觉、触觉等，在大脑指挥下协同活动而获取知识。

在道德与法治教学中，教师积极创建活动教学法模式，促使学生积极主动地参与到课堂学习中，把感知学习与实践操作相融合，通过主动思考、分析和探索激励学生参与小组合作学习，在形式多样的活动中掌握道德与法治知识，体验互动、交流、互进的学习进程，从而提升学习能力和素质。活动教学必须把握好"度"，即小组成员参与的广度、互动探究的深度和小组合作的效度。为了使小组合作活动获取真正的实效，教师应灵活开展好活动教学，除了利用传统的活动教学形式，还可以采取如小组讨论法、游戏法、组间竞赛法、辩论会等。这里的游戏法是儿童自愿参加的，以娱乐为主要目的的活动。游戏是少年儿童生命成长中最重要的组成部分，对小学生的发展有着正面的、不可替代的作用。教师要用游戏给学生创造一个宽容、开放的学习环境，牢牢吸引学生的注意力，让道德与法治课堂充盈着生机与活力。教师还可以结合学生的生活经验、个性特长、爱好兴趣等学情，设计角色扮演、社会实践成果展示、自拍学习微视频等活动形式，创新实施活动教学，以多样化的活动来充分展现小组合作学习的优势，激励学生融入活动课堂，促使儿童在合作活动中有实际收获。活动教学法具有如下特点：从词语的构成来看，活动教学法可以分成两个关键词，即"活动"和"教学"。"活动"，即这项教学法是以活动为中心，重点在于让学生参与进来，凸显以学生为主体地位；"教学"，毋庸置疑，依然是以课堂为基础来开展的，概括地说，就是教师需要把教材内容与学生实际生活相结合，根据能力培养目标，在课堂上进行复原或重现，通过学生的积极情参与，从不同的层次、不同的角度、不同的深度等帮助学生进行学习、了解、分析、辨析、实践，以促进行为能力的养成。

道德与法治学科关注的是儿童的生活实际，其最大的课程特点就是以儿童的生活为基础，通过学生的社会生活实践来提高儿童的道德水准，做到知行统一，学会做人和生活。其课程内容来源于儿童的生活，所学的相关知识和能力也直接指导儿童的实践活动。在这里，活动是课堂的主要教学形式，是沟通课堂与生活的有效桥梁，也是儿童付诸实践、检验成果的最佳路径。活动的有效开展是课程顺利实施的关键。小学儿童的年龄特点、心理特征等都决定了在课堂的学习过程中，只有通过生动有趣、富有育人价值的活动，才能吸引学生动手动脑、积极参与，才能加深学生的体验和感受，促进学科关键能力的培养和提高，才能更好地折射到实际生活中，对学生进行有效的生活协助，切实提高课程实效。

儿童的生活世界是广阔的，牵涉方方面面，如家庭、学校、社区等。除了儿童与儿童、儿童与老师，还有儿童与长辈、儿童与他人、儿童与自然等更多层次的关系处理；除了道德品质，还有团队合作、自我管理、社会探究等诸多因素影响着学生的道德生活品质。单靠教师课堂上的讲解，既枯燥又无趣，学生也只是被动地倾听和接受，并不能很好地导之以行。因此，道德与法治课堂应该有更为宽广的开放性，以更有意义、更有趣味的内容和题材全方位地引导学生，通过学科活动来培养学生的学科关键能力。

2.活动教学法运用中的关注点

（1）活动组织的针对性

为了活跃课堂气氛，激发学生的学习积极性，教师会精心设计活动进行教学。要想做到"活而不乱"，关键是要注重活动设计的有效性、活动组织的针对性和活动教学的全员性。一般情况下，一堂课中组织1—2个主题活动较为适宜，做到既让学生"动一动"，又让学生"动静相宜"。这是比较符合儿童心理需求的。所以，在活动教学法的运用中，我们要体现活动带给学生关键能力培养的直接体验性，但也不要"唯活动"论，在活动时间、活动次数、活动方式、活动主题、活动评价等方面都要做到有针对性。

（2）活动开展的时效性

用活动教学法培养学生的学科关键能力，要注意时间、场合与方式。在普通教室开展活动教学，要顾及空间大小、时间长短。一些体验性活动的开展可以充分调动视觉、听觉、触觉等感官，但一定要注意不造成相互干扰。

（3）活动教学的全员性

活动教学法要面向全体，这就要求教师必须在备课过程中充分"关注到每一个学生"。这一方面的能力培养，可以借助小组合作学习的方式，让所有的学生都参与其中受到教育。

3.活动教学法能促进师生社会化

活动教学法的重要功能就是要引导学生通过活动正确地观察社会、理解社会、适应社会，为将来参与社会、改造社会做准备，促进学生的社会性发展。第一，引导学生学会观察社会生活中的道德与法治现象，引导他们把自己对道德与法治的认识理解放置到现实环境当中，而不是离群索居，两耳不闻窗外事。特别是在信息化网络环境中，要把学生从虚拟的、完全自我的环境中拉回现实生活场景，逐步适应现实生活。第二，在活动教学中让学生正视社会中的生活，坚信良法善德的正能量价值。真实的社会生活鱼目混珠，良莠不齐，道德与法治社会化教学的使命就是引导学生学会甄别并崇尚真善美，远离假丑恶，弘扬社会良知和正义。第三，道德与法治是一门思想性很强的课程，但思想不付诸实践是空想。因此，实践是道德与法治教学的重要目的导向。要积极引导学生的道德与法治实践，使其感受道德的美好和法治的威严与公正，践行有道德的生活，懂得遵法、守法、用法。

（四）体验教学法

1.体验教学法的内涵与特征

良好的道德品质不是单靠课堂知识传授就能完成的，还必须在教育教学实践中通过不断确立信念、陶冶情操、锻炼意志、规范行为才能形成。小学道德与法治课程理念来源于生活，反过来又有效地指导生活实践，所以教师应组织开展丰富多样的教学生活实践活动，以理论指导实践，以实践检验理论，引导学生主动参与活动，加深对实践生活的体验，从中得到收获，并最终在生活中得以落实，从而实现"润物细无声"的教学效果。小学道德与法治课教学中的"体验"，应当是学生在教师结合教学活动的引导下，对教学情境的感官经历和经验内化。体验式教学法是以体验为基本特征的一种教学观和教学形式，从学习者的角度出发，设置适合学习者实践的教学环境。学生的体验式学习必定是要经过"做"来达成，然而这个"做"并非只有身体力行，还必须包括脑部的思考。体验式教学法一般适用于距离学生生活现实较远的教学主题，如扮演律师、法官、历史人物以及南北方差异生活情景等，以虚拟情景呈现。通过体验式教学法，学生能够从中找到共鸣，在体验过程中充分理解教学内容，有效地增加情感体验，促进心理健康发展，有效地提高学习效率。

（1）改善课堂氛围，增加情感体验

在道德与法治教学中，教师需要为学生树立正确的"三观"，让学生正确地了解整个社会，促使学生成长为一个对社会有用的人才。小学道德与法治课程的主要目的是让教师在教学中，规范学生的行为习惯，提高学生的道德素养。因此，道德与法治教师在教学过程中不能过于严肃，应多与学生进行交流，改善课堂氛围，在轻松愉悦的氛围中提高教学效率。教师在利用体验式教学法进行教学时，要从学生的生活实际出发，引导学生多与自己交流，了解学生的心理以及性格。通过调查发现，体验式教学法是促进学生良好品德形成的重要因素，能够保障小学生的健康成长。因此，道德与法治教师要重视这种教学方法，利用这种方法引导学生积极地参与到课堂教学中，让学生在亲身体验中感受到自身的不足，促进学生良好道德品质的形成与发展。

（2）注重角色扮演，培养学生良好的道德品质

角色扮演是一种参与性很强的、富有乐趣的方法，非常有利于培养学生的道德思考能力和道德选择能力。当学生必须去扮演某一道德角色时，他就真的进入了这个人的内心，想他所想，去体验角色。学生扮演的角色越多，就越能理解不同年龄、不同性格、不同职业、不同种族的人的生活态度和道德意识，体验到不同社会角色的道德特征与规范。因此，当道德与法治教学中需要角色扮演的时候，学生都会非常积极参与。为了充分地展现每个角色的形象，教师要根据学生的实际状况进行角色安排。例如：通过平时的了解与观察，发现有的学生平时不爱学习，经常会出现骂人、打架的不良行为。这种情况下教师就可以设置情境，让学生演示打架的情景，并让这位不爱学习的学生扮演调解员。这样学生就会通过角色扮演认识到骂人、打架的危害，从而对自身进行反思，促进身心得到良好发展。教师要充分认识到角色扮演的重要性，在日常教学中要多与学生交流，了解学生的想法及动向。这样才能够在教学过程中有针对性地进行教学，充分发挥体验式教学法的优点，促进学生良好道德品质的形成。

（3）小组合作，强化团队精神

对于一个班级来说，团结精神是必不可少的。为了提高学生的团队合作精

神，教师可以在道德与法治教学过程中进行情境创设，让学生在情境中体验。在体验式教学中，教师要明确自己在课堂中的角色，引导学生融入到情境中来。例如：教师在对三年级"我们是一个集体"这一课进行教学时，教师可以组织学生一起创设一个情境。比如，模拟校运会，将学生分为三个不同的小组进行拔河比赛，让学生在比赛中体会到团队协作的重要性，从而提高学生的团队协作意识，提高班级的凝聚力，促进整个班级的共同发展；也可以利用语文周、英语周、数学周、艺术周等各种社团活动进行相应模拟学习。

（4）利用学生的好胜心解决教学问题

小学阶段是学生最渴望得到关注的阶段，这个阶段的学生好胜心比较强，教师可以利用学生的这一心理来解决教学问题。在教学过程中会遇到一些生活难题，教师可以创设一个情境，让学生在情境中发现解决的策略。例如：在道德与法治课堂中讲解到有关消防知识时，教师可以引导学生一起进行情境创设，在情景体验中掌握急救知识。教师可以选出几名学生扮演不同角色——医生、消防人员、伤员，通过实际操作如何灭火、如何对伤员进行急救，加深学生对这类知识的掌握，提高学生自我防护意识。结合此类情境体验，教师还可以延伸到热爱生命、珍惜生命等教育，提高学生在日常生活中的安全防范意识，保障他们安全健康成长。

体验式教学法的意义是学生在学校或教师安排之下体验各种学习活动，不仅从事有意义的学习，也从活动中习得各种生活的实用能力，并将之应用于实际生活情境。一般而言，体验式教学法有四个特征：

一是强调亲历。体验是学生自己的体验，观赏、参观访问、情景模拟、角色扮演等具体的体验活动，都要求学生作为主体亲自参与亲自经历，所以亲历性体验是体验式教学法的主要特点。学生参与体验并从中感悟出相应的知识及经验，将知识及经验内化，以此达到亲历的作用和效果。在活动的过程中，学生所有的感觉器官和情感体验都被调动起来参与其中，也就是多途径地进行学习感受。

二是重视感受。在体验式教学法中，教师把学习设计成一幅幅场景，将学习内容融于具体形象之中；学生则直接参与到情境当中，几乎所有的感觉器官都被调动起来参与体验活动。在体验式教学法中，学生的感受是在具体的情境之下对事物现象和情境氛围产生的一种情绪上的自我感知。

三是重视直觉。体验式的学习，可以使学生获得经验和具体化的感觉，但又不是让学生的收获仅仅停留在这个层面上，学生还要在教师的引导下对这些直觉性的体验进行升华，升华为科学理论、道德观念、情感态度和价值观，也就是要让学生从直觉中感悟出一定的道理、道德观念等。

四是强调意会。意会是主体对事物的一种潜意识的、情感性的理解和把握。在体验式教学法中，学生通过对事物的体验而形成的知识感受，有些是无法用语言表达和与他人进行交流的，也就是说只能意会不可言传。

2. 体验教学法的意义价值

教师运用体验式教学法来指导道德与法治课的教学，根据教学目标，对学习内容进行生活化加工，通过启发体验，调动学生原有的生活经验，引发他们对原有经验的价值判断或情感共鸣，进而深化他们的感知和领悟，帮助学生更好地向前发展。

（1）有利于培养学生的道德认同能力

体验式教学法，不仅是为了帮助学生更好地理解掌握相关知识，更是为了培养出具有道德认同能力等学科关键能力的人，促进学生的全面发展。新课改之后，小学道德与法治课创设了大量贴近学生实际生活、贴近当下时代发展的情境，倡导启发学生体验，引导学生了解社会主义核心价值观的内涵、了解社会公德存在的意义和价值、了解判断正确道德行为的方法，从而能按照正确的道德方式去实践，认同他人的正确道德行为并效仿，最终发自内心爱党爱国爱家乡，形成正确的道德观。

（2）有利于培养学生的实践探究能力

新一轮课程改革理念指出，要紧密联系学生的生活实际，从学生的生活经验和已有知识出发，引导学生开展观察、操作、假设、推理、交流、合作等活动。作为教学过程中学习的组织者、引导者和合作者，教师要让学生在学习过程中通过动手操作、实践应用、自主探索等主体活动去亲近课堂、体验课堂，真正成为学习的主人。学生在体验式学习中，可以了解参与生活实践、探究自然的意义和价值，了解探究自然、科学的一般方法，能创造性地解决自然科学领域的一些问题，积极参与生活实践、社会探究的活动，进而形成爱思考、会实践、能创造的品质行为。

（3）有助于学生将理论迁移于生活，提升学生能力

马克思主义唯物辩证法认为：一切事物都是普遍联系的。学习迁移正是基于此发挥着应有的作用。现代教育心理学理论认为：学习迁移是指已获得的知

识、技能、方法和态度对学习新知识的影响。简而言之，迁移就是一种学习对另一种学习的影响。此外，运用所学的知识技能去解决问题也是一种迁移，体验式教学法探讨的就是这种情况。知识来源于生活，又要服务于生活，新课改之后的小学道德与法治课堂依然是基础教育阶段对学生进行道德与法治教育的主阵地。在具体的道德与法治课程教学过程中，教师通过创设贴近时代、贴近生活的体验活动来激发学生情感体验，培养学生的创新意识和实践能力，把课堂学到的理论迁移运用到自己的现实生活中，从而印证理论，收获成就。道德与法治教育通过这种方式得以回归生活，促进学生的生活和学习，形成一个良性循环，提升其学科关键能力。

3. 体验教学法的设计建构

体验有两个核心要点：一是亲身做，二是意义获得和情感升华。体验与表达一样，都是经验重构的方式，只不过表达的重构侧重经验的条理性，而体验的重构则侧重经验的意义性、情感性。基于对体验本性及体验与经验关系的理解，教材中有意识地设计了从经验到体验转换的环节。"亲身做"是体验的核心要点之一，教材抓住体验的这一特点，以"活动园"的方式为儿童创设"亲身做"的广阔空间。"活动园"是教材主导性的栏目，数量、种类最多，为了节省版面，诸多本来属于"活动园"这一栏目的内容，直接与正文连接在一起，而不再用"活动园"这一栏目来标识。归在"活动园"栏目下的活动，既包括班级内的现场活动，也包括课外社会实践活动。班级内的现场活动，既可以是小组、全班性的群体活动，也可以是指向个人的个体活动。所有这些活动，无论是何种类型，都有一个基本特性，即都需要儿童亲历去做。来自儿童经验的"活动园"，不是对儿童已有经验的重复，而是通过亲历做，体验现时的"做"，也对过去经验进行再唤醒。

为了使"活动园"中的亲历做真正达到体验的程度，教材中每一个活动之前或之后都有从做走向验的阶梯性设计。这些设计的目的是搭好阶梯，帮助儿童由"做"走向"验"，从活动中获取意义、体会情感。

活动之前的阶梯性设计有三种形式。第一种形式是情境创设，使儿童进入问题情境，带着问题去活动。第二种形式是从儿童经验中抽取出来"一个经验"，这是每个儿童都熟悉的经验，但未经他们细细体味。这就需要通过活动让儿童仔细体味到同类经验，并从中获得意义。第三种形式是明示活动意图或倾向，让儿童带着目的与倾向去活动。

总之，在小学道德与法治教学中，教师要认识到体验式教学的重要性，并在教学中积极利用这种教学体验，多与学生进行交流，发现问题并解决问题。《道德与法治》教材遵循儿童生活的逻辑，以儿童的现实生活为课程内容的主要源泉，要求教师要关注学生的实际生活，设计有效的活动，引发学生在体验中感受。情境恰是体验的一扇窗口，是体验过程的门户。创设符合教材主题、充满生活化的真实或模拟的情境，能迅速吸引学生的注意力，调动学习热情，活跃学生思维，激发求知欲。心理学研究表明，感知的材料越鲜明、越具体、越贴近学习者的"经验"，体验的过程就越快捷、越深刻。教学中，教师根据教学内容创设各种教学情境，能够让学生获得更多的体验。体验式教学法着力培育学生的独立性、社会性、实践性、挑战性等品格，不仅为学生走向社会实践提供了方法指导，也为改革学校教育模式、课堂教学方式提供了有益的借鉴，是适应创新型人才培养的教学总思想、总策略。

（五）案例教学法

1. 案例教学法的内涵与价值

案例教学法就是教师通过对具体的案例情景进行设置，对学生的分析、讨论以及思考进行引导的活动一般情况下，案例的选择是由教学的目标以及内容来决定的，具体来讲，就是使学生在实际构建的案例情景中进行思考、探索，有效地培育学生对问题的发现、分析以及解决能力，进而达到教学质量的提高。

案例教学法是一种以案例为基础的教学方法，案例本质上是提出一种教育的两难情境，没有特定的解决之道，而教师于教学中扮演着设计者和激励者的角色，鼓励学生积极参与讨论，不像传统的教学方法，教师是一位富有学问的人，扮演着传授知识者的角色。其基本理念是：

（1）运用典型案例，走向生活世界

教师从实践中提取鲜活的现实典型事例，运用视频、文字、剧本表演等多种方式呈现案例，为学生创设问题情境，增强现实感体验，引导学生通过对案例的分析和讨论，走向生活世界，创造性地将理论与实践相结合，从而让学生领悟书本知识，陶冶情感意志，开启创新思维，提升综合能力。

（2）学与教和谐统一，实现教学相长

案例教学是互动式教学，让学生由被动接受知识变为主动探索。案例式教学法强调教学过程是通过师生、生生的对话与互动，不断促进教师与学生自我生成和建构的过程，通过语言、信息、精神等交流来实现学与教的和谐统一。师生共同进步，实现教学相长。

（3）合作交流与成果分享，遵循学生认知规律

案例教学实质上是一种研究性学习。一是强调自主学习，遵循学生认知规律，基于学生已有的经验，鼓励学生在思考分析中主动形成认知结构。二是强调合作学习，学生在有难度的问题情境中形成一个学习共同体，大家相互交流，共同合作，成果分享，最终得出较为完善的结论。

2. 案例教学法的意义价值

（1）理论认识与实践的有机融合

传统教学策略重理论轻实践的弊端在新课改中得以革除，关注实践问题，深化理论认识成为案例式教学的目标和要求，这是案例教学法的特征之一。案例的运用与理论的学习并不是相悖的，相反，通过案例分析，获得的理论是广泛的、深刻的，这也是学习最有效的途径之一。

（2）培养学生分析、解决问题的能力

案例教学法主张培养学生分析问题、解决问题的能力，这是案例教学法的特色所在。案例教学呈现给学生的信息量之大、问题情景之复杂、解决进程之多变、获得的结果之不确定性等，都是传统课程所不具备的，学生面对新问题、新情景，不仅要学会识别、筛选信息，更要调动知识储备、实践智慧去判断各种信息，进而重组问题、解决问题。在分析、讨论和评价过程中，结论是开放的、发展的，学生的理解力、想象力、逻辑能力、心理意志等创造性品质也因而得到锻炼和提高，他们获得的不仅有具体的知识，更有如何学习、如何创造的意识和能力。

（3）培养学生交流与合作的团队精神

案例教学法重视学生的交流与合作能力的培养，反映了全球化、信息化社会对人的要求。案例教学的过程通常要经过小组、大组、班级合作等活动来完成，其中充满着思维和个性的碰撞，在合作中互相沟通，在沟通中增进合作。学生不仅学会了如何尊重他人、关心他人，也提高了说服别人以及聆听他人意见的能力。学生不仅获得了合作与交流的意识，也更强化了交流与合作的能力。只有懂得尊重他人、与人合作，个体才能拥有和享受自由、自主。有了交流与合作，自由和自主才有意义和价值。

（六）家校协同教学法

"推动这个世界的手，是推动摇篮的那只手。"人在家庭中的幸福成长以及所留下的美好记忆，完全得益于父母和家庭成员推动的那只手。父母应给孩子留下健康成长、成才真实而良好的记录。家是儿童启蒙的摇篮，也是最具有安全感与归属感的地方。家庭教育与学校教育一体两面，分别主导着学生的学习与生活，家庭教育是学校教育强有力的支持与补充。道德与法治课程要从学校延伸入家庭，需要扭转家长单纯追求应试效果的功利性心理，阐明道德教育的深层内涵与长远效应，帮助其正确认识道德与法治对于学生成长的重要意义。学校可通过开设家长课堂，鼓励家长与孩子共同学习，相互促进，在日常生活中更加注意自身及孩子的言行举止，在纠正自省的过程中逐步构建家庭道德环境。苏霍姆林斯基说："应当使每个人懂得：在社会面前，他的责任和对社会最重要的义务就是教育自己的孩子。孩子的首席教养者、第一位教师，就是母亲和父亲。"家庭是社会最基本、最重要的构成元素，家庭环境教育是育人的起点和基点，家庭环境教育与学校教育、社会教育相比，具有早期性、及时性、长期性、直接性、感染性、灵活性、亲历性和互动性等特点。不同的家庭环境对孩子所产生的影响不同，酸甜苦辣都是营养。孩子在鼓励中生活，将学会自信；在赞扬中生活，将学会公道；在忍耐中生活，将学会宽容；在羞辱中生活，将学会自卑；在争吵中生活，将学会诡辩；在埋怨中生活，将学会责怪；在偏爱中生活，将学会嫉妒；在缺乏温暖中生活，将学会冷漠；在打骂中生活，将学会脾气暴躁；在寂静中生活，将变得寡言孤独。由此可见家庭主题教育的重要性。链接家庭协同推进教育，促进学生成长具有重要意义。

1. 链接家庭生活，引领儿童向美而行

（1）小报链接引成长。教师可以引导学生利用周末时间，布置手工合作作业，让学生与家长一起查找资料，采用画画、剪贴的形式做成小报，并将小报在班级宣传栏中展出。这样的形式，内容丰富而生动，交流广泛而自由。

（2）寻访链接领成长。作为一门基础性的学科，道德与法治课程与生活之间的联系非常密切。为了让学生的学习体验得到丰富，教师需要精心设计学习活动，设计出生活化的体验活动。教师可以依托学校创设的各种节日课程，回归家庭，着力"寻访最美劳动者"。学生通过在节假日的寻访活动，真实而深切地感受到身边劳动者的本领和美德，对家乡和家乡人的可亲可敬之情油然而生。以上案例中，教师从真实生活的人物和事件入手，引导学生参与体验，丰富情感生活。如此链接家庭的实践活动，让学生能够在实际的生活体验中获得真知，促进道德素养的提升。

2. 家校协同教学法的意义与内容

走进家庭生活是走进生活的必然构成部分。家庭生活是低年段学生生活的重要组成部分，在教材中所占比例也比较大。一年级上册"家中的安全与健康"单元、一年级下册的"我爱我家"单元、二年级上册"我们的节假日"单元以及二年级下册的"做个开心果"和"传统游戏我会玩"单元都与家庭生活密切相关。然而学校课堂上能够展示与呈现的家庭生活显然是有限的。所以，低年段教学要完成好相关单元与课题的教学目标，必须注重家校之间的沟通与合作，开发联合家庭文化资源，以丰富和补充课堂教学的不足。如收集和加工来自学生家庭的典型案例，增强课程教学的真实性、亲和力、针对性和说服力。

家校协同教学法是把家庭当作课程学习主题，不仅是为了让学生了解、认识家庭，学会过健康和睦的家庭生活，还是为了传承中国家庭优秀传统文化，发展现代家庭文明，从家庭作为"社会细胞"的视角促进学生的良性社会化进程。作为道德与法治课程领域之一的家庭教育，其与一般家庭教育的内涵完全不同，它以儿童生活视角、儿童角色、儿童社会性发展为主要内容和教育导向，侧重于儿童的家庭意识、角色与责任、生活常识、亲情关系处理、邻里和睦等教育。一般家庭教育则是父母主角、主场、主导，阐述父母的责任义务、家庭关系调节艺术、教育子女的方法等。道德与法治课程的家庭教育意义主要表现在如下几个方面：一是培育儿童热爱家庭生活的情感，启蒙良好的家庭生活观念。这点看起来是多余的，事实上，许多孩子将家庭的爱心、照顾、温情视作理所当然，如不加以正确引导，久而久之，家庭的爱与温暖换来的可能是衣来伸手、饭来张口的依赖习惯，及至成年后的啃老恶习。因此，教育引导孩子懂得珍惜、学会爱家庭之爱，理解家人的辛劳，才能达成父慈子孝、母贤子孝的目的。二是引导孩子学习家庭生活，养成健康文明的家庭生活习惯，包括学习了解家庭关系及相处之道，学习力所能及的家务劳动技能，懂得安全使用现代家庭用品、工具和邻里和睦的道理，等等。三是适度弥补现代家庭变革对儿童教育的不足。受中国现代社会变革、城市化变迁的影响，家庭结构小型化、家庭成员工作机制化、邻里关系陌生化，家庭教育功能日渐萎缩。道德与法治课程如何与常规家庭教育结合，主动承担起家庭教育对孩子人格品性教育的短缺，是需要深入探索的问题。四是弘扬和传承优良家教、家风、家训等家庭美德和文化，将中国传统的优秀家庭文化与现代家庭文明结合起来，发挥家庭文明对社会文明、政治文明的基础性、支撑性作用。

道德与法治课程的家庭教育的主题内容以社会生活为基础，是道德与法治课程建构与教学思路的主线，家庭生活是其中重要的组成部分，由小学低年段、中高年段至初中阶段，形成螺旋递进的家庭教育内容层次格局。在小学低年段，将家庭教育主体融入日常生活之中，突出尊重父母长辈、感恩、健康安全的家庭生活及行为习惯、力所能及的家务劳动等主题教育。在小学中高年段，家庭教育以专门领域主题呈现，在承接、持续加强低年段家庭教育主题的基础上，扩展家庭关系认识、家庭矛盾理解和调解、家庭经济生活等内容，初步将家庭教育引向其作为社会细胞的认识视角，进一步促进学生的社会性发展。这种回归不是简单重复，而是进一步接近法学、社会学、伦理学意义的家庭教育内涵的扩展和价值提炼，是一种全面的系统提升。

《义务教育品德与生活课程标准（2011 年版）》有关家庭教育的内容主题明确的有两条："爱护家庭和公共环境卫生""爱父母长辈，体贴家人，主动分担力所能及的家务劳动"。相关联的有"按时作息，生活有规律""养成良好的饮食和个人卫生习惯""生活中自己能做的事情自己做""知道初步的保健常识并在生活中运用""了解天气、季节变化对生活的影响，学会照顾自己""在成人帮助下能较快地化解自己的消极情绪""做事认真负责，有始有终，不拖拉"等 7 条，占全部内容标准的 21%。品德与生活有关家庭教育主题的重点在健康、安全、生活能力、习惯等方面。《义务教育品德与社会课程标准（2011 年版）》有专门的领域表达，共 5 条课程标准内容。这些内容除了持续强化品德与生活相关教育内容之外，还增加了邻里关系、家庭经济生活、家庭关系处理等内容，扩展了家庭教育的社会性，更加丰富了家庭教育作为社会细胞存在的教育内涵。《青少年法治教育大纲》就家庭教育主题的表述分总体内容和分学段的教学内容与要求两个部分。其中，总体内容要求是"结合青少年与家庭、学校、社会、国家的关系，分阶段、系统安排公民基本权利义务、家庭关系、社会活动、公共生活、行政管理、司法制度、国家机构等领域的主要法律法规，以及我国签署加入的重要国际公约的核心内容"。在分学段内容中，小学一至二年级要求"初步建立对家庭关系的法律认识"，其他阶段没有明确的内容要求。这里的"家庭关系的法律认识"主要体现在宪法对公民基本权利与基本义务的规定以及未成年人保护法、预防未成年人犯罪法、民法总则等法律法规中有关家庭成员、家庭关系的规定。显然,《青少年法治教育大纲》着重从法律对家庭关系规范的角度提出教育要求,让学生初步了解家庭关系的法律常识,初步知道维护家庭的权利能力和行为能力,增强学生的法治意识。

3. 家校协同教学法的路径选择与方法

结合家庭主题教育内容和目的要求,其主要教学方法包括启发式教学方法、情感教学方法、行为训练方法、家校协同教育方法等。其中,启发式教学方法主要用于启发儿童对父母长辈养育之恩的感知和体会;情感教学方法主要是烘托家庭温馨氛围,激发感恩家人的内在情感;行为训练方法主要用于家庭生活技能训练,学会安全、健康地生活,懂得做力所能及的家务劳动;家校协同教育方法,一方面是调动家长参与主题教学活动的积极性,另一方面是在更广泛空间和更持续的时间中协同关注、帮助学生发展。家校协同教学起步于生活经验,落脚于真实生活实践。教学融合现代家庭文明、中华优秀传统家庭文化、学生责任感、实践能力等培养,内涵丰富,目标达成较为全面。家校协同教育是当下教育发展的热门话题,也是道德与法治教学走出学校、走向社会的重要平台。不少学校在这方面做了大量的努力,形成了一定的模式和方法。

很显然,家庭教育融入学校教育的渠道和方法是丰富多样的,但它是否对学校教育及儿童成长起到正面引导作用,关键看学校教育的指导思想。以"亲子共读"为特征的家校协同教学法继承了中国家庭教育的优良传统,寓情于景,寓情于理,寓情于行;同时,还赋予家庭教育的现代育人价值,发掘家庭文化环境和氛围对儿童潜移默化的影响作用,有效实现道德与法治课程教学走出学校,让家校协同成为社会文明建设的桥梁。

4. 家庭教育要得法

在家庭教育中,家长要懂得去除内心的焦躁不安,不攀比,不紧张,放松心态陪伴孩子,需要情绪平和,关注成长,才是引导教育孩子的"回家"之路。心安定,人长成!

（1）家长对孩子有三大责任

第一,抚养,即给孩子提供吃穿用,让孩子能正常地生存和生活;第二,监护,即给孩子提供安全保护,别让孩子受到人身和心灵的伤害,更不能丢失;第三,教育,即给孩子提供良好的教育,让孩子学会生存,学会生活,学会做人。在这三大责任中最容易被忽略的是教育的责任,而这其实是更重要的责任。

（2）家长对孩子应有三个态度

第一，尊重孩子不打骂。孩子的自尊心是很强的，也是很脆弱的，打骂孩子最伤孩子的自尊心。第二，信任孩子，多鼓励。孩子需要信任，在被信任中建立自信，特别是家长的信任很重要。这就需要家长多鼓励孩子，给孩子以勇气和力量。第三，教育孩子，多引导。孩子有错误自然要批评，但不要训斥责骂，因为孩子的错误是成长中的错误，既不能遮掩袒护纵容，又要耐心帮助孩子认识错误、改正错误。

（3）家长对孩子做好三个关注

第一，关注孩子的情绪变化，特别是孩子情绪低落、情绪反常时，其背后一定存在某种缘故，弄清原因，帮助孩子排解；第二，关注孩子交友，特别要慎交网友，不允许女孩子与网友约会；第三，关注孩子课余都干什么。课余是孩子自己支配的时间，进行正常的活动应该给以支持，严防做不正当的事情。

（4）家长对孩子出现三个苗头不放过

第一，发现孩子精神萎靡不振，要及时了解原因，帮助孩子振作起来。第二，发现孩子大手大脚花钱，要问清钱的来源，如果是家长给的，要教育孩子节约，把钱花在最需要的地方。如果不是家长给的，要警惕并弄清来源，及时教育。第三，发现孩子说谎，要特别注意，这是品德问题，否则，孩子将越来越难以管理。

（5）家长对孩子做到"三禁止"

第一，禁止打骂体罚。因为打骂体罚孩子不仅不能解决问题，还会对孩子造成严重的身心伤害。第二，禁止讽刺挖苦。因为讽刺挖苦不仅不能激发孩子进步，还会伤害孩子的自尊心，导致孩子自暴自弃、破罐破摔。第三，禁止教唆违法犯罪。这是极个别家长的问题，若存在，这会给孩子造成终生的污点，影响孩子一生的幸福。

（6）家长教育孩子要做到三个一致

第一，家长和学校老师的教育要求要一致。第二，夫妇两个对孩子的教育方法可以不同，但教育要求要一致。第三，对孩子过去、现在、以后的教育要求可以逐步增加、提高，但基本要求应该一致。因为不一致，孩子会无所适从，影响教育效果。

（7）家长要主动进行三个沟通

第一，要主动和学校老师沟通；第二，夫妇双方和家中老人在对孩子的教育上要互相沟通；第三，父母要主动和孩子沟通。

（8）家长要有三个注意

第一，注意身教，给孩子做榜样，要求孩子做的自己以身作则。第二，注意有些事情不需要孩子知道的要回避孩子，不要在孩子面前吵架，免得产生负面影响。第三，注意家庭和谐，给孩子创造美满幸福的家庭。教育孩子无小事，家教同样如此。

总之，教学有法，教无定法，只要有利于生活化教学的方法，教师都要大胆尝试，不断总结，不断创新。学生只要细心地观察生活、生动地再现生活、真实地体验生活、用心地感悟生活，就能从中不断汲取成长的养分，不断提升自身的综合素养。

第二节　策略：教学逻辑生活化的具体策略

一、指引：教材逻辑生活化

课堂教学逻辑的生活化并不是盲目的、随意的、漫无边际的，而是以教材逻辑为指引的。小学《道德与法治》教材每册每单元每课都蕴含教材预设的、以回归生活为理念的教育逻辑。这一教育逻辑规定了儿童需要学习的某一生活领域中的具体主题与具体学习方法。因此，教师在追求教学逻辑的生活化时，并非单打独斗，而是在吃透教材预设的教育逻辑的基础上，借助教材的力量，将本课的教学逻辑生活化。

在实际教学中，有些教师在把握教材逻辑上还存在一些问题。较为常见的是教师仅仅根据教材的版式设计来"猜测"教材逻辑，而非深入挖掘教材内隐的整个逻辑线索。比如，在"吃饭有讲究"第一课时的教学中，部分教师的教学逻辑仅仅是以教材版式中凸显出来的"六步洗手法"作为主要的教学内容。但回到教材文本，可以看到教材预设的整体逻辑是以"如何洗手"的内容，引出儿童用餐行为习惯的学习主题。如若教师关注到上述教材逻辑，那么，有关用餐行为习惯的教学内容，显然不止如何洗手的问题，还包括饭前对碗筷的清洁程度的检查、吃饭过程中食物残渣的摆放、饭后刷牙以及注意食物是否安全卫生等。可见，在教材本身的教育逻辑中，教学内容本是相当丰富的，不会像实际教学那样单薄。

教师设计生活化的教学逻辑，仍可以将教材逻辑作为指引，打开教学逻辑生活化设计的思路。然而，把握教材逻辑，只是教学逻辑生活化的前期准备工作，真正要将课堂教学逻辑生活化还需要把握儿童生活。

二、起点：儿童生活真实化

从教材预设的教育逻辑回到课堂教学逻辑中，可以看到教学逻辑具有多种可能性。相同的教材在不同区域的课堂，教学逻辑应该是不同的。这种不同的根本原因在于不同的儿童生活"现实"。不同课堂的教学逻辑，其逻辑起点应是不同的。教师要将教材逻辑转化为具体的教学逻辑，将教学逻辑生活化，首先要从儿童现实生活需要、生活困惑出发，承认儿童真实的、多样化的生活经验，关注和接纳儿童特有的经验方式和经验表达方式。

（一）从儿童当前的生活需要、生活困惑出发

鲁洁教授指出，回归生活的德育课程的第一个内涵，就是"从生活出发"，包括从"生活中的现实，生活中的需要，生活中的问题、困惑"出发。那么，课堂教学逻辑的起点或出发点就应该是儿童生活的需要、儿童生活的问题和困惑。换句话说，我们的课堂教学逻辑要以儿童生活现实为逻辑起点。

以部编版小学三年级上册《道德与法治》第一单元"快乐学习"为例，就教材的教育逻辑而言，其展现了学习作为人性活动的本来状态，引导儿童感受和认识学习对个人成长的价值，让儿童对学习有正面、积极的情感体验，能够树立正确、全面的学习观。如若教师教学只是一味地按照教材逻辑进行教学，那么，这样的教学逻辑显然没有针对性。就学习体验而言，儿童对学习的现实体验肯定是多样的，有积极、有消极、有淡漠等等。在这些实际情况面前，如果教师的教学逻辑只是浮光掠影般地呈现教材内容，单方面地建构学习活动的愉悦性，那么，教学对儿童很可能没有实质意义。可以看到，儿童难以产生积极、正面的学习体验，各种原因不一而足。这些原因中既有一些个人的内在原因，也有许多外在因素。如对那些有积极学习体验的儿童来说，他们的这种学习体验可能是无意识的，难以意识到自己为什么会有这种体验；对那些有消极

学习体验的儿童而言，可能因为生活中有过多的课外班、兴趣班，学习对他们而言是多而杂的，也许存在着愉悦的体验，但更多的是忙碌、辛苦、劳累的体验；针对那些对学习没有愉悦体验的儿童而言，可能还有其他一些内、外因导致他们没有正面的、积极的学习体验。对于这些不同的原因，教学如何处置呢？是置之不理，还是以此为教学逻辑起点展开教学？这是教学逻辑能否生活化的前提。如若不能面对儿童的生活需要、儿童生活中已有的矛盾和困惑，那么，这种教学逻辑即便是指向儿童生活的，也很难说是回归生活。这是因为教学逻辑的起点如若不在本班儿童生活的现实中，那么，儿童仍会把这些关于儿童生活的教学内容视为外在的、与自身生活无关的其他儿童的生活问题。换句话说，这看似生活化的教学仍旧不具有"返身性"，儿童不能把在课堂中学习的内容返回到自身上，将课堂学习的内容与自身生活关联起来。这种课堂教学最终的实际效果对本班儿童而言，仍旧是泛泛而谈，没有针对性。

（二）承认儿童多样化的现实经验与经验方式

教学逻辑的生活化应以儿童现实的经验与经验方式作为逻辑起点，承认儿童现实生活经验的多样性，珍视儿童特有的生活感受、生活体验、生活思考，接纳儿童当前的、特有的经验方式。如在二年级上册"我爱家乡山和水"一课的课堂教学中，教师引导儿童回顾对家乡的生活经验，教师的教学逻辑仍旧是引导儿童去回顾家乡的风景名胜。不可否认，儿童对家乡山水的经验可能会与家乡的名胜联系在一起，但儿童看家乡的山水，仅是从名胜的角度来看吗？有没有其他角度？也许，儿童眼里的家乡山水不仅是家乡"名胜"，还包括他熟悉的、常常身处其中的"家乡山水"，如家门外的小桥、溪流、树林、田土等。他们对家乡山水的经验方式，也不同于那些观光客的经验方式。后者仅仅是以观光、看客的方式在经验着"家乡"的山水；而儿童对家乡山水的经验方式具有实践性、活动性、游戏性、连续性等特点。因此，要将教学逻辑真正做到生活化，应该做到将教学逻辑的起点置于儿童特有的经验方式上，让课堂教学逻辑能够从儿童视角出发，使课堂教学能够真正关注儿童的经验方式。

（三）接纳儿童现有的经验表达方式

教学逻辑的生活化也应该以儿童现有的经验表达方式为起点。儿童的经验表达方式是什么？和成人经验的表达方式有何不同？这些逻辑是教学逻辑在追求回归儿童生活上应该着重考虑的。对于小学低年段儿童而言，他们整体的语言水平都很有限。但在课堂教学中，教师引导儿童常有的经验表达方式就是语言、文字等单一的表达方式。这样的课堂教学仍旧没有回归儿童生活。在一年级上册"我们有精神"这一课的课堂教学中，教师以展现儿童生活中"有精神"的生活照的方式，帮助儿童整理生活经验。这是符合回归生活理念的教学设计。在课堂教学中，教师呈现了一张班级中的儿童的照片。照片中的儿童手拿自己的毛笔作品，面带微笑，看起来很有精神。此时。教师特意走到这个儿童身旁，追问他当时拍照片时的心情和感受。对于教师的这些问题，这个儿童有点儿不知所措，他坐在自己的位置没有发言。之后，教师再追问，这张照片是什么时候拍的、在什么场景下拍的。该儿童仍旧沉默不语。对此教学细节，我们想到的问题是，此刻教师为什么要执意让儿童使用语言来表达自己？在课堂教学中，能不能用其他更为"接童气"的方式，引导儿童表达自己的经验呢？经验分可表达的经验和不可表达的经验。对可表达的经验，其表达经验的方式也可以是多样的。除了常见的、主要的语言、文字的表达方式之外，还有其他"言"传和"身"传的方式，如画一画、唱一唱、演一演、做一做等。对于儿童当下实在不可表达、难以表达的经验，如一些自我感受、体会，也可以引导儿童慢慢地整理这些内在的、难以言表、只可意会的经验，不应强求他一定要向外表达出来。上面的例子中，教师引导儿童表达儿童"有精神"的状态，完全可以预设儿童多样化的表达方式。那个儿童也许很难言说自己拍照片时的精神状态，但他完全可以在班上"重做"自己照片中的行为。这种重现自己照片中的样子，本身就是对自己经验的表达。这种表达方式，一方面，可以让这位儿童重新感受和体会当时自己的精神状态；另一方面，其他同学也可以在这位儿童经验的现场表达的过程中，感受"有精神"的状态到底是什么样的。可见，真正接童气的课堂教学逻辑，应该尽可能地关注和接纳儿童自身的经验表达方式，尽量避免单一的、只关注外显的、可见的、言语表达的经验方式，恢复儿童多样化的经验表达方式。

（四）以儿童生活的"可能"为方向

以儿童生活的"现实"为起点只是教学逻辑生活化的一个向度，另一个向度就是儿童生活的"可能"。鲁洁教授的德育思想中的一个关键性思想就是道德教育的本质乃是其超越性。这种超越性就在于人既存在于现实生活中，又存在于可能生活中。"人也总是存在于两种生活形态之中，一是存在于现存的生活之中，这种生活是由人和现存对象之间的相互关系所构成的；另一是存在于不断生成中的可能生活里。"因此，回归生活的德育课程，不仅包括生活的现实维度，也包括生活的可能维度。儿童生活的现实仅是德育课程回归生活的起点，它的目的更在于引导儿童建构"更好的生活"。"所谓更好的生活也即是较之现存生活更具人性的生活，是使人得以更好生成和发展的生活"。据此，回归生活的德育课堂不仅要将教师的教学逻辑起点置于儿童生活的现实，也要将自己的教学逻辑朝向儿童生活的可能。

比如，儿童对家庭生活早已习以为常。但这种习以为常、司空见惯反而会阻碍儿童对家庭生活的感受和认识。要重新打开儿童家庭生活的可能，就需要帮助儿童整理家庭生活经验，重新感受和发现家庭生活的可能。如，在三年级下册第四单元"四通八达的交通"一课的教学中，大多数教师已经有意识地引导儿童表述他们的出行经验。从实际教学来看，儿童能够简单地表述自己的出行经历，如坐父母的电动车上学、坐汽车拜访长辈、坐火车或飞机外出旅游等。但除此之外，儿童可说的内容似乎不多，而且容易呈现同质性的描述。儿童乘坐交通工具出行的经历就只有这些吗？以生活可能为方向的教学逻辑能不能打开儿童的出行经验？如日常生活中坐电动车上学，儿童觉得很平常，没有什么特别可说的，教学逻辑能否以儿童可能的出行经验为方向，将儿童引向更多的出行情景，让儿童回顾或是想象自己的出行经历？有了这种朝向儿童生活可能的教学逻辑，那么，儿童就有可能重新发现生活，对生活产生新的认识和体验，这本身就打开了儿童生活意义的可能。

三、整理：课程逻辑教学思路

（一）儿童思维的整体性

"先见森林，后见树木"的教学活动设计思路建立在学生整体化学习的基础上，其核心是让学生在清晰的目标引领下开展学习，在感悟学习意义的前提下从事学习。小学《道德与法治》教材设计有分册教育主题，作为一个学期的教学活动的整体目标，各单元教学从不同的生活领域完成这一整体目标。不同的领域间也存在一定的逻辑思路，或由近及远，或由小到大，有的考虑了与学生生活时间的同步，有的考虑了学生逐渐扩展的心理空间。单元内课程安排也有自己的内部逻辑，或并列或递进，或从分到总。各课内的栏目间也有一定的逻辑安排，常常看到的是"回望"生活经验—发现问题—反思问题—解决问题等。从"整体"视角出发，从宏观至微观，先帮助学生构建宏观学习框架，形成理解具体学习目标的"大视野"，这样有助于学生对学习的"高位"和整体理解，有助于培养学生的格局意识。其具体做法是：基于每册教材的教育主题，从教材单元主题出发，联系学生成长实际，从整体上确定目标，统筹单元话题之间的逻辑联系，全盘考虑每课的活动设计。以二年级下册第一单元"让我试试看"为例，本册教材的教育主题为"追求有创造性的生活"。本单元从"尝试做事"和"快乐做人"两个并列的角度，围绕"让我试试看"这个中心，引导学生敢于挑战、勇于尝试，为有创意的生活奠定基础。第一课聚焦敢于尝试做事；第二、三课聚焦快乐做人，第四课通过学习种植整合整个单元；在做事中学做人。当厘清了以上宏观上的整体逻辑后，就可以明晰每一课教学活动的目标核心指向了。"挑战第一次"培养学生勇于自我挑战的勇气。"学做'快乐鸟'"聚焦自我，学会调整自己的情绪，培养乐观精神。"做个'开心果'"引导学生走出自我，学习与周边世界和谐相处。"试种一粒籽"引导学生在种植观察的过程中体验成长和收获，聚焦的是学生的过程性成长。

（二）思维导图的逻辑深化运用

现实课堂教学中常出现逻辑性深化的思路不明确、课堂教学效果不明显等问题，所以老师在选择和组织教学内容、教学活动时，应当有明确的教学逻辑深化意识，充分考虑教学活动之间的逻辑延伸与连接关系。道德与法治课堂教学活动常见的逻辑关系大致有：并列式、补充式、递进式、转折式、分总式等。并列式关系的各个活动指向帮助学生产生不同角度的认知、体验，促进教学目标的达成；补充式关系的活动旨在帮助学生对上一个活动的认知体验进行补充和拓展，开阔学生的思维；递进式关系的活动强调引领学生通过参与活动深化，提升在上一个活动中产生的认知体验；转折式关系的活动旨在帮助学生在经历活动的过程中产生体验冲突，引导学生发现问题并激发其尝试解决问题、自主学习的欲望，从而帮助学生获得认知体验与道德性发展；分总式关系的活动是在课题导入后，通过几个或并列或递进的活动，达成分层教学目标，然后在此基础上教师通过一个整体活动引导学生概括提升，对前面几个活动进行总结，使整个教学过程得以升华。这里需要特别强调的是，并列式教学活动设计不能是几个同质活动的简单叠加，让学生产生重复的体验，而是在并列关系的不同活动中，引领学生从不同角度产生指向教学目标与道德生长的体验。

（三）学生逻辑思维能力的培养

学生道德的生长源于他们在生活中的自主体验、感悟与发现。学生的道德行为习惯，是学生根据自身的道德认识、道德情感、道德意志、道德行为等在具体生活情境中进行判断选择而产生的稳定的行为方式。这一过程中隐含着无数的逻辑推理与验证过程。良好道德行为习惯一定有着合理的道德逻辑，以合理的道德逻辑为依据的道德言行才是具有稳定性和说服力的。因此，培养学生的道德逻辑思维能力是道德与法治课的重要目标。

在课堂活动实施中，教师应注意有意识地、恰当地运用逻辑思维方法，在促进教学活动顺利实施的同时，培养学生的道德逻辑思维能力。小学道德与法治课程的核心要素是综合性实践智慧。实践智慧的核心能力包括把握总体的能力、向生活和经验学习的能力、整合能力和随机应变能力。这些能力的建构都是建立在对学生逻辑思维能力的培养之上的。教师要关注逻辑思维方法的引领，及时帮助学生在比较中选择更好的方法，最后再对学生零散的判断依据进行总结。在此过程中老师引导学生面对复杂的生活情境时，能根据当时的情况进行观察、比较、分析、综合、抽象、概括、判断、推理等，提升了活动的逻辑品质，训练了学生的道德思维能力，也培养了学生的生活智慧。

四、突破：以复原社会文化经验的"生活基底"为突破口

回归生活的德育课程不仅回归儿童的生活，归根结底要回归"人"的生活。儿童的生活经历必然是有限的，要借助更为广阔的社会文化经验，才能回归"人"的生活。这些社会文化经验既有反映过去人类文明、作为人类结晶的内容，又有那些尚未完成、反映当前人类社会生活实践的内容。这些社会文化经验都是儿童不可或缺的"成长阶梯"，都是提升、扩展儿童生活经验必不可少的工具。

面对这些社会文化经验，教学逻辑容易继承一个惯性的教学观念。这种教学观念认为"社会文化经验"作为外在的"知识体"，是超越儿童当前生活的。因此，有关社会文化经验的教学只能是一个由外而内的传授过程，儿童所做的学习努力仅仅是接收这些"知识体"。这种教学逻辑仍将教材内容视为知识体系，将教学实践视为一个个给儿童传授知识点的过程。这种逻辑常常出现在教

材中的有关中华优秀传统文化、革命传统文化，以及那些反映当前社会生活实践内容的教学中。解决上述教学逻辑知识化的问题，可以考虑教学逻辑的"生活化"思路。教学逻辑的生活化并不把这些社会文化经验视为有待传授给儿童的、外在的知识体，而是着力复原这些社会文化经验的"生活基底"。也就是说，这些社会文化经验并不是空洞的概念符号，它们本身就携带着"生活"。因此，生活化的教学逻辑旨在恢复这些社会文化经验的"生活基底"，让儿童感受这些文化经验并不是在生活之外。那么，如何复原这些社会文化经验的"生活基底"呢？

（一）重现生活处境性

面对社会文化经验，儿童有时难以感受这些经验与自己生活的相关性，对这些经验有距离感，这一点并不难理解。因为许多社会文化经验来自不同的时代，它本身携带的生活样态与当下的生活有许多差异性。因此，针对社会文化经验的课堂教学，其教学逻辑首先应着力重现这些社会文化经验背后的生活处境，让儿童感受到社会文化经验并非镜花水月，而是来自沉甸甸的生活。

统编小学《道德与法治》教材内含了许多我国优秀的传统文化的教育内容。如若课堂教学仅仅是让儿童阅读典故内容，然后让儿童根据内容寻找有效信息回答教材预设的问题，这样的教学并不能打动儿童，不能让儿童从传统文化中真切地感受德性品质，反而有可能加重儿童的种种疑虑，甚至怀疑其真实性。那么，如何让这些经典的文化经验鲜活起来，变成儿童生活中的"活性因子"呢？那就是回到生活。在真实的共同生活中，当课堂教学能够将社会文化经验背后的生活处境展现出来时，这些社会文化经验对儿童而言就不是概念符号，而是关于生活的真实再现。

（二）显现生活共通性

教学逻辑的生活化还可以着力显现社会文化经验的生活共通。社会文化经验尽管是对人类社会生活更高的凝练，但它在本性上仍是生活的。因而，要使社会文化经验"接童气"，并没有不可逾越的困难，只需尽可能展现社会文化经验的生活共通。儿童在生活中有许多交友困惑：朋友不和"我"玩，除非"我"请客买零食；朋友让"我"在选班委时一定要投她的票，等等。朋友间如何相处？谁是"好"朋友？什么是"真"友谊？这些交友的困惑不仅出现在儿童生活中，也出现在不同时代的成人生活中。对这些共同的生活话题，人们进行了许多严肃的思考和讨论，并常常以典故的方式记叙下那些值得流传后世的友谊典范。这些共通的交友经验是提升和扩展儿童交友经验的"成长阶梯"，如若课堂教学能够揭示这种生活的共通性，那么，对儿童而言，这些社会文化经验就是值得不断学习的生活经验。因为这些生活经验能够启迪自己的生活，解决自己的生活困惑。

（三）点明人文价值性

教学逻辑的生活不仅要展现社会文化，其经验本身具有生活处境性、生活共通性，更应该点明社会文化经验所蕴含的人文价值性。

（四）构建文化在场性

在社会文化经验中，有些是既成的人类文化经验，有些是尚未完成、仍在不断变化的经验。对于后者，儿童不再是只能间接接触，而是完全可以置身其中的。然而，对于这部分内容，在课堂教学的实践中仍有知识化倾向的危险。要避免这种知识化倾向，需要构建儿童"生活者"的身份，让儿童能够真切地感受他不是在他人的社会生活，而是正在面对自己所处的社会生活。这种生活化的教学逻辑就是要复原儿童对社会文化经验的"在场性"，让儿童以"生活者"的身份积极介入社会生活，置身在社会实践的真实中，感受并认识自己所处的社会生活。

重现社会文化经验本身的生活处境性、生活共通性，展现这些社会文化经验所关联的人世、人心与人文价值，建构儿童社会文化经验的"在场性"，都是对课堂教学如何处理社会文化经验的一些具体策略建议。这些策略的共性在于恢复社会文化经验的"生活基底"，让儿童感受这些文化经验并非概念符号，而是生活本身，以此帮助儿童能够拥有社会文化经验，让儿童经验能够借助这些文化经验得到真正的生长。

第三节　途径：如何优化道德与法治教学

小学阶段是学生"播种"的启蒙期，是开启人的社会化的基础阶段，也是道德与法治课教育的培土育苗阶段。小学生的思想比较单纯，重在习惯养成和生活指导，教师需要通过活动体验实现教育感知，将思想观念引导融入润物细无声的语言、文字、行动之中。相对而言，小学是"最听话"的阶段，教师的一言一行将对学生的日常行为产生深远而细微的影响。"要给学生心灵埋下真善美的种子"，将立德树人的宏大叙事浸入童趣化的教学过程，促进小学生接受新知识、新理念，收获内心启迪和心灵孕育。

在道德与法治课堂教学的组织调控中，既定的教学目标是"灵魂"和"统帅"，教学程序是"蓝图"，教学评价是手段，合理组织课堂结构是核心，连接学生生活、洞察学生心理是基础，运用教育机智艺术地处理突发事件是保证，而营造融洽适宜的课堂氛围则是根本。《道德与法治》教材看似简单，实则内涵丰富。课堂教学活动的设计并不是松散、随意的，往往是内含逻辑层次、意义丰富的设计。这样的活动设计在课堂教学中表现为教学过程的层层深入与不断推进，活动内涵的意义层次不断叠加和累进。要坚持克服和杜绝教学无目的、无计划、"老牛赶山"式的随意教学现象，以及背离教学目标和教材内容，或夸夸其谈、卖弄学识、哗众取宠，或天南海北、评是论非、发泄私愤的"无政府"教学现象。组织课堂教学应该是以教学设计和备课的教学程序为"蓝图"。这"蓝图"就是观念指导，就是事先的安排打算，就是实践时要遵守的规范。结构决定品质，优化课堂教学结构是上好一堂课非常重要的环节，要突出抓好两方面工作：一是抓好"开头"和"结尾"，安排好"过渡"和"照应"，使整体课堂结构严谨，井然有序，首尾衔接，浑然一体；二是合理安排教学节奏，使教学过程张弛有度，节奏分明。课堂导入在整体教学组织结构中占有突出重要的位置。教学过程则要疏密相间，难易交替，快慢相隔，张弛交替，跌宕起伏，节奏分明。同时，好的教学结尾，既要收束集中、升华提高学生整堂课的思维，还要能进一步引发学生课后的思考，耐人寻味。道德与法治课主导的学习方式是"向生活学习"，包括生活的三个维度：过去的生活、当下的生活与未来的生活。"过去的生活"是引导学生通过"回望"的方式唤醒过去的生活经验，让这些经验成为学生学习的基础，也成为教学中最有意义的教学资源。无论对于学生，还是对于教师，课堂本身就是生活，基于生活的情境，顺着生活的逻辑走，生活逻辑才会为道德教育服务，这才是真正的生活德育的课堂。要有效构建德育情境，引入德育目标，建境为人，适境而生。社会属性的形成必然依赖于人所处的特定社会环境，人的发展必然受到环境的限制和影响。教育环境就像种子成长所需要的土壤、阳光和雨露，同样的种子生在肥沃程度不同的土壤里，接受不一样的阳光雨露，它们的生长速度、高度肯定会有所不同。

从目前现状看，道德与法治课程教师大部分属于兼职教师。道德与法治课程对教师有严格的要求，不管是多么和蔼可亲、认真负责的教师，如果教不好课，是无法靠关爱激起学生的学习兴趣的。同时，如果教师缺乏激情，缺乏对学生真诚的爱和谆谆教诲的热情，甚或对学生冷嘲热讽，即使教师学问再高，学生也是敬而远之，课堂气氛是不会和谐融洽的。教师一定要用心灵，用激情，用对学生高度负责、真诚的关爱去营造课堂气氛。教师要鼓励学生尤其是后进学生的每一个细小的进步，要真心尊重、细心保护学生，尤其是后进学生的自尊心和上进心。我国明代教育家王阳明曾说："今教童子，必使其趋向鼓舞，中心喜悦，则其进自不能已。譬之时雨春风，沾被卉木，莫不萌动发越，自然日长月化，若冰霜剥落，则生意萧索，且就枯槁矣。"就是说：良好的课堂氛围，犹如"时雨春风"，学生自会"趋向鼓舞，中心喜悦，其进自不能已"，还何须教师再去另外劳心费神地组织控制课堂、维持课堂纪律和秩序呢？

一、备课：创新备课环节，探索完整流程

道德不只是一系列价值观念和行为规则，也不只是一些外显行为，而是一个包括观念、意愿、判断、决策、行动等在内复杂的实践智慧的系统。在这个复杂的系统中，根据对生活现实情况的判断，如何做出决策、如何行动等都是非常重要而关键的因素。这些有关"如何"的知识就是道德中的程序性知识。程序性知识多是通过练习、行动等方式获得。程序性实际就是指怎么做，呈现的是做的步骤、线路。课堂通过一个个活动、环节逐步展开的过程，就是我们所说的课堂步骤。课堂教学的过程，是学生跟着教师一步步的教学策略、教学设计学习思考，达到教学目的的过程。教师怎么设计，学生就怎么学习；教师怎么引导，学生就怎么思考。所以教学策略实际上是塑造学生的思维过程。教师备课时应先认真解读教材。一读，读通故事，明白故事表达的内容。二读，读懂故事，读出故事表面显性的信息和文本隐含的信息。三读，读出教材与学生之间的关系，了解学生已有的认知水平和知识能力贮备、对故事的感知度及将要让学生掌握的预想。四读，读出思维训练点，为思维训练架起活动的桥梁。五读，读出教法，教法是在前四读的基础上读出来的，也是在反复研究教材及了解学生学情的基础上悟出来的。教学设计中，教师要把自己设想成一个学生，

自己设计提问，自己来回答，如此才能构建一个整体性的备课流程。同时结合每个单元的教学目标，引导学生参与到备课环节中。这样一来，备课便不再是单独孤立的环节，而是作为课堂教学的有机组成部分，与其他教学环节环环相扣。

（一）构建备课流程

教师需依据课程标准与《青少年法治教育大纲》，分析学生的心理特征、个性特点和每个班的具体学情，围绕每个单元的教学主题，从学生实际生活经验出发，构建教学主线，组织教学内容。完整备课流程的实施，使各单元及备课时的情感态度、行为习惯、知识技能、过程方法等教学目标辩证而统一，实现教学过程的有序性与整体性，提升教学效果。

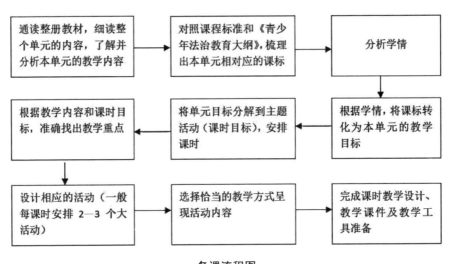

备课流程图

（二）引导学生参与

第一，教师要将学生作为备课对象、备课内容，结合学生情况，研究分析学生的心理个性特点、学习兴趣所在、学习长短之处和原有学习水平等。第二，教师还应将学生作为备课参与者、备课合作者，使其从备课阶段开始就参与到教学过程中。例如，一年级下册"我不拖拉"这一课的备课环节，要求学生分组参与进来，收集整理寒号鸟的外形特点、生活习性、故事传说等资料。这样做一方面可调动学生的学习积极性、主动性，使学生的主体地位得到充分展现；另一方面可使学生提前熟知、理解教学内容，在学习过程中能够将注意力集中于问题思考与问题解决上，对学习内容的吸收内化效果将会更佳。

（三）教育工具运用

教育工具在小学道德与法治学科教育中扮演着非常重要的角色，利用多媒体等教育工具，可以有效地将视频、动画、声音、图像等内容完美地契合在小学道德与法治学科教育活动中。将教育的新工具应用在具体的教学过程中，可以将教学的知识内容通过形象直观的形式呈现出来，进入学生的视野。这样就避免了传统的教学过程中固化的具体知识的乏味性，增强了学习的趣味性，能够让学生以积极的心态参与到学习过程中来，激发学生的学习兴趣，提高学生的学习能力。学校需要从根本上出发，积极促进学习效果的实现，借助于多媒体视频、动画、声音、图像等元素多样化的涉及，从而积极地将教学的知识内容丰富化，激发学生的学习兴趣，使学生在道德素质层面得到进一步的深化提升。

在实际教学过程中，我们应该如何操作才能达到教学与学生生活的有机结合呢？笔者认为应从课前、课中和课后三个环节着手。

二、课前：关注学生生活

俗话说得好，良好的开端是成功的一半。课前工作到位是我们上好课的关键。这里从以下两个方面阐述。

（一）教师备课

要结合学生的社会生活、知识经验来重组教材，抓住课文的目标、课中的关键词，根据学生需要来删、选、增、补教材内容，使之更好地为教学目标服务。在实践中，具体有以下几种方法。

（1）发挥时间上的近距离效应。当今世界千变万化，学生生活在充满各种信息的社会，教师在教学中适当引入一些社会热点问题来取代教材中滞后的内容，可以拉近教材与学生的距离。教材从编写到实际实施总有一段时间，而且一旦使用又有相对持续的年数，很难跟上时代的步伐，所以总是滞后于现实生活。谈论发生在现在的热点事件有助于激发学生的学习兴趣，有助于学生对知识的理解，有助于激发学生的情感，有助于目标的有效达成。

（2）在空间上舍远求近。教材呈现的内容往往是些"常规性"的例子。适合于农村的就不适合于城市，同样，适合城市的又远离了农村。面对这些内容，我们完全可以舍远求近，结合校情、区情统筹处理。

（3）在思想上要力求避虚求实。品德教育一贯的弊端是"夸夸其谈""知行脱节"。要解决这个问题，我们就应该静下来思考，从学生的实际情况出发，在处理教材时避虚求实。这样，学生在一堂课上的状态一直是兴趣盎然，教师如春雨般"随风潜入夜，润物细无声"！课堂教学虽然仅40分钟结束了，但是肯定会在学生的内心和行为中延续。

（二）学生课前活动

课前活动是有意识、有选择地再现学生的社会生活场景。这些活动可以丰富教材中有限的内容，充实教材，开拓学生的视野，丰富学生的感知，为课上学习打下基础，还可以培养学生的探究学习能力、社会交往能力、与人合作的能力、创新思维能力及道德实践能力，发展学生自主自立的精神。课前活动主要包括社会调查活动、资料搜集活动、参观访问活动、社区服务活动等。

（1）社会调查活动。课前组织学生开展社会调查，对所关注的问题通过亲身体验，可以增加学生的感性认识，开阔视野，帮助学生领会有关的思想观点和道德认识。

（2）资料搜集活动。课前让学生搜集与课文有关的图片、文字、数据、音像、影视等资料，建立学生多维认知表象，不仅能激发学生主动参与学习的积极性，更有助于加强感性体验。学生通过活动不但开阔视野，还能增进对学校的认识和对未来学校的憧憬。

（3）参观访问活动。俗话说：耳听为虚，眼见为实。课前让学生深入生活，接触社会，亲身感受课文所讲内容，能够有效地培养学生的道德认识和道德判断能力，激发良好的道德情感，指导行为实践。

三、课中：教学联系学生生活

中国古代思想家墨子说："染于苍则苍，染于黄则黄，所入者变，其色亦变。"荀子也有类似的观点："蓬生麻中，不扶而直，白沙在涅，与之俱黑。"这都体现了个体在不同情境影响下发展的可能性与可变性。择美造境，境美生情，以情启智，情智融合，这是需要教师精心创设和付出智慧的。教师应开展丰富多彩的活动，充分发挥学生的主动性、自主性、创造性，让学生动脑、动口、动手，在生动活泼的活动中体验、感悟，获得道德认识、情感、行为的发展。

其形式主要有以下几种。

（一）问题情境

问题情境是讨论交流活动，是在民主、和谐、热烈的课堂气氛中进行探讨、交流，引导学生在思维碰撞、讨论辩论中生长。问题是教与学的焦点，是小组合作学习活动的核心。陶行知曾说过："创造始于问题。"教师巧妙利用学生学习中的问题，来指导学生参与质疑、探疑、释疑等学习活动，是开展小组合作学习的主要形式。在小学道德与法治教学中，教师敏锐捕捉、有效归类学生出现的知识性、思维性、生成性、生活常识性、课堂行为性等问题类型，并精心创设课堂教学情境，将问题融入教学进程，才能更好地激起学生参与小组合作学习的兴趣和热情，促使学生在入情、入境中进行有效的合作探疑，实现释疑解惑。

所谓问题情境，是指在新奇未知事物刺激下，学生在形成认知中，突然提出问题或接受教师提问，产生解决此问题的强烈愿望，并作为自己学习活动的一种情境。学源于思，思考是进步的基石，如果学生都是带着问题参与课堂学习，不但可以激发学生学习的兴趣和动力，学生对知识的理解和掌握也会更加深刻、牢固。因为学习的过程是一个主动的过程，为了解决困惑，无论是注意力还是思维活动都会更加专注和活跃，从而使学习效率得到了保证。所以，在教学过程中，我们要精心设计问题，在适当的时机进行提问，引导学生大胆质疑，带着问题参与到学习活动中来，激发学生求知的欲望和动力，提高教学质量水平。

1. 问题情境的分类

从其在课堂教学程度中的位置与时间，可分为"全课问题情境"和"阶段问题情境"。从其设计的形式，可分为"阶梯式问题情境"和"辐射式问题情境"。

（1）"全课问题情境"的创设艺术

从心理学角度分析，在每堂课的起始阶段，学生对新课的内容和教师在新课中的教学活动或多或少地怀有好奇心和期待，注意力也比较集中。有经验的教师总是能牢牢地把握这一有利时机，把本节课所要学习的新知识创设成若干问题情境，用新颖的方式、生动的语言提出来，以满足并强化学生的新奇感，激发学生的求知欲。我们把这些创设初始时，整节内容的概要性问题情境称为

"全课问题情境"。它的基本要求是：一是能反映本节课的教学目的；二是能包含该教材的知识重点；三是有一定的趣味性和迫切性。

（2）"阶段问题情境"的创设艺术

"阶段问题情境"是指教师在教学过程的各个阶段，围绕每一个全课问题情境创设的一系列小问题。连续的阶段问题情境，能持续地激发学生的学习热情，为课堂教学顺利开展提供可靠的保证。

（3）"阶梯式问题情境"的创设艺术

为了培养学生的思维能力，教师在教学过程中要善于创设条理明晰、合乎逻辑与学生认知心理特点的"阶梯式问题情境"，引导学生由浅入深，自现象到本质，从具体到抽象，一步一步地进行深入的思考和探究，做出科学的推理和正确的判断，最终抓住事物的本质特征。实践证明，在课堂教学中经常创设这种阶梯式问题情境，对培养学生思维的逻辑性和深刻性有着重要的意义。

（4）"辐射式问题情境"的创设艺术

"辐射式问题情境"是以某一知识点为中心，引导学生从不同方向、途径、角度，在尽可能短的时间内，去发现、寻找与此中心有密切联系尽可能多的知识点，它对培养学生思维的敏捷性、独立性和创造性都有重要意义。辐射式问题情境的创设既有利于培养学生思维的发散性，也有助于学生全面系统地理解教材的内容。

2. 问题情境在教学中的运用

（1）利用真实情境设计教学问题。对现实问题进行探究并联系相关教学中的知识点，是新课改所提倡的教师教学的方式以及学生的学习方式。这样的探究方式与道德与法治的教学特点相符合。说到探究就离不开问题，探究和相关情景、案例问题的选择和设计，是教师引导学生进行有效果的自主学习、探究学习和掌握学习精髓的重要载体。换句话说，就是教师根据道德与法治教学的内容和本次教学目标，选择现实生活中的真实案例，设计教学问题，强调让学生在真情实境中，将课本知识与问题情境联系起来去自主探究学习。

（2）深度分析案例问题体现的生活道理。要清晰展现教学的思路，并在教学之前理清教学的过程，以"问题"为主线，有矛盾、冲突甚至"悬念"，才能引起学生兴趣和深入思考。教师要跟上时代的变化，跟上教材的变化，设身处地站在学生的角度去思考，才能让法治意识培育有明显的效果。在教学方式上，教师可以采用学生分组合作的课堂形式，在抛出与真实案例相关的问题后，引导学生在小组之间自行讨论案例中所体现的，与本次课堂相关的道德法治知识点，并以小组汇报的形式展示。最后教师可以根据学生所展示的全部知识点，对本堂课所分析的案例进行深度剖析，将学生对问题的理解进行升华，从而加深学生对所讲授的知识点的印象，提高课堂效率。

（3）对相似案例进行归纳总结。教师在对学生的讨论结果进行总结之后，还应引导学生自主去寻找相似案例进行分析、归纳总结，引导学生利用自身所掌握的道德法治知识，对自己所寻找的真实案例中所涉及的问题，进行探究与深入思考，并以小组的形式提出自己对问题的见解以及解决方式，并通过小组之间不同见解的交换来达到对抽象的理论知识的深化，通过自主分析、归纳总结的方式提高学生发现问题、深入分析问题并提出解决方式的能力。

（4）注重现实生活问题的解决。从本质上讲，现实生活问题的解决就是在真实情境下解决问题，提高学生的实践能力。其它强调让学生在真实的问题情境下，将所学知识迁移到新情境中去解决实际问题，这时知识才能转变成为学生的素养。教师在教学过程中要尽量根据教学目标和教学内容改变传统教学中的那种随意、零碎、杂乱、无序的情境设计，以主题为中心、情境为载体、问题为桥梁、探究为途径，将情境预设成为与教学内容相关的一个主题系列。通过一系列问题设计，将情境与教学内容紧密联系起来，引导学生在现象和本质的统一中探究，从而使教学的主题性、整体性、逻辑性更强，并实现情境由小到大、由远到近、由国家社会到自身的有机连接，使学生树立良好的道德与法治意识，自身得到全面的发展。

（5）通过追问达成教学目标的实现。新课程标准指出，教师是在参与儿童活动的过程中，引导活动向正确方向发展、带领儿童向着课程目标前进。教学过程中的主要矛盾，就是学生现有的认知水平及能力与课堂教学目标之间的矛盾，这一矛盾的解决过程就是教学目标的完成过程。达成目标的教学方式有很多种，问题情境中教师适时地追问是常见方式，能非常有效地提升学习活动的意义，并促进目标达成。

3. 问题情境中必要的技术使用原则及德育要求

通过话题引入、故事阅读、故事讨论、联系生活、游戏体验的方法，鼓励学生从故事、生活、游戏等不同角度去思考，对主题进行质疑、辩论、思考、讨论，培养学生的思辨能力，提高学生的价值判断能力，加深思考问题的深度，初步建立起积极、健康的人生观、世界观和价值观。

（1）引导学生对问题进行深入思考和探索

通过思维活动不断地重组和修正经验，学生在此过程中提升了自己的理解和关注能力，进一步在开放的环境中进行独立的思考，勇敢地探究和积极地讨论。经过反复的互相询问解释和解决，以及多次的"提问和解决"的过程，学生对问题的讨论逐渐深入，并建立起合理的思维法则和有效的解决法则。教师在学生的学习过程中，帮助他们发现问题的不同层次和多方面关联，在一步步的研讨中深刻地认识问题，有针对性地解决问题，使思维走向深刻。

（2）促使学生学会以批判怀疑的态度看待事物

在要求学生自主寻找和解决问题的同时，引导学生进行批判性的思考培养创造性能力。学生在"提问和解决"的过程中，不断地更新自己的以往经验，调整应对策略和解决手段。于是当学生再次面对类似的问题和事物时，他们会全面地、独立地、创造性地看待，并分析现有条件，做出自己的价值判断和评价。所以，这种思考能力不是一种简单思考，而是批判性地思考。

（3）鼓励学生逐步养成倾听和反思自我的习惯

独立自主的学习并不意味着抛弃伙伴和团队。课程强调学生的团队合作，要求学生在学习过程中，学习表达自己的意见，同时注意聆听他人的想法，提炼他人观点中的主要内容，并学会尊重不同于自己的意见。在此过程中，学生重新反省自己的已有知识和经验，更新无效的内容，互相得益。

（4）帮助学生初步建构起健康、积极向上的人生观、世界观和价值观

本课程的内容从儿童生活出发，分别从自然、自我和社群的视角，看待人与三者的关联，帮助学生在学习过程中明确自然、自我和社群之于人类的价值和意义。学生在学习后，能初步认识和亲近自然，了解和发展自我，关注他人和学会交往，由此筑起一个良好的自我心理环境和人际交往环境，形成健康人格，树立起积极向上的人生态度。

问题情境能培养学生爱提问、爱思索的习惯，激发学习的兴趣，提高语言表达能力和思维能力。学生在课堂上不仅敢于说出自己的见解，学会了抓问题的关键，能用联系的方法看问题，而且学会了批判性地思考问题。

（二）活动情境

活动情境是情境模拟活动，是将现实的生活环境，想象性地移入课堂，让学生进入其中进行模拟操作，引导学生在情境体验和行为演练中生长。道德学

习活动归根结底是为了帮助学生更好地生活。小学道德与法治课程强调在生活中学习生活，指向对学生生活实践智慧的培育，扎根学生生活是本课程的重要特点。因此，本课程的学习遵循学生生活的逻辑，以学生生活的实际需要和问题为出发点，创设源于学生生活现实的活动情境，在学生参与活动的过程中，注意唤起他们的生活经验，引导学生在反思自我生活、镜观他人生活的视野中，过好明天的生活。

如在教学三年级上册"我是谁"一课时，教师引导学生模拟表演不同场所，体会如何当好自己的角色。通过实际及模拟情景，让学生以第一身份或第二身份的经验参与，设身处地代入他人角色，由自我中心到考虑别人的想法、感受和权利，以增强其感同身受的能力，提高参加者的道德层次。这里的角色代入可通过阅读活动、电影观赏、话剧观赏或表演、辩论、问题处理或问题解决等实现。其重点在于活动后的讨论，分享各人代入角色的经验及感受，让学生在其中了解考虑别人感受的重要性。

活动情境创设是一种全新的教学模式，其主旨在于借助创设的情境开展教学活动，为学生营造轻松、活泼的课堂氛围。这与小学生的年龄特征、性格特点是相符的。因此，活动情境教学模式对于促进小学道德与法治教学水平，具有重要的意义。

1. 小学道德与法治教学中存在的问题

（1）学生缺乏学习自主性。素质教育提倡教师在教学中要以学生为主体，而教师则负责对学生进行引导，使学生进行自主学习，从而促使学生能够在学习过程中进行自主思考和探索。在小学道德与法治教学过程中，受到传统思想根深蒂固的影响，导致教师并没有完全注意到学生在学习当中的主体地位，忽略对学生自主学习能力的发掘。因此，教师在教学过程中并没有留给学生自主学习的空间，而是仍然沿用以教师为主体进行知识传授，学生被动地接受知识的教学方式。在这种教学方式之下，学生的自主学习能力始终得不到提升，严重影响教学质量。

（2）学生缺乏学习兴趣。小学道德与法治课程是一门理论知识较多，比较枯燥的课程，而小学生年龄较小，注意力集中时间较短，因此，无法对道德与法治产生较大的兴趣。但当前教师在开展小学道德与法治教学过程中，并没有注意到这一点，仍然以理论知识的教授和灌输为主，忽略了积极地进行教学方式方法的改革，增加教学的生动性和趣味性，来激发学生对这门课程的学习兴趣，长此以往，将会导致学生对学习道德与法治课程兴趣索然。

2.教学中创设活动情境的智慧

（1）运用信息技术创设活动情境，激发学生的学习兴趣。当前越来越多的信息技术手段被运用到教学活动当中来，并获得了良好的应用成效。教师应利用生动有趣的图片、音乐、视频创设学习情境，刺激学生的视觉、听觉来焕发激情，有效改善课堂气氛，激发学生的想象力和创造力。

小学道德与法治教师在教学过程中应当积极地运用这些信息技术手段，将其与活动情境创设教学模式进行良好的结合，使其在道德与法治教学中发挥显著的促进作用。例如在讲解"美丽的冬天"这节课时，教师可以借助信息技术手段，在课前上网搜集有关的雪景图片、打雪仗、堆雪人等视频，在课堂上借助多媒体展示给学生，创设一种冬天的生活情境，增强课堂的活泼性和趣味性，从而调动学生的学习兴趣，促使学生能够更加积极地参与到课堂学习当中，提升其自主学习能力。教师在课堂中引导学生观看图片、视频，分析冬天的特征，激发学生对冬天的向往，从而加深学生对知识点的理解和印象。

（2）结合实际生活进行情境教学，加强学生对知识的运用。教师在道德与法治教学中，开展活动情境创设教学模式时需注意，创设教学情境要结合实际生活。小学生的生活范围较小，因此，只有结合生活实际创设教学情境，才能够使学生具有熟悉感，不仅更便于学生理解，同时也更利于激发学习兴趣。

（3）教学中教师有意识地联系学生的生活现实，创设活动情境。一方面，教师充分利用学生已有的生活经验，通过呈现在校园生活中学生所经历过的活动照片，唤起学生已有的经验。学生在回忆以往的生活情境中向生活学习规则，发现了按要求进行集体活动的规范要求。另一方面，教师注重由书本情境向生活情境迁移，在围绕教材情境开展讨论活动时，注重引导学生说说生活中自己有没有类似经历，当时自己是怎么想、怎么做的。结合学生熟悉的生活场景展开的学习活动，帮助学生反思了已有的生活经验，强化道德认知，为形成其日常生活行为习惯奠定基础。尽管在道德认知层面，学生是认可在日常生活中所明晰的行为规范，但在生活中真正做到执行规范，还需要教师的进一步引导。此外，现实的生活是复杂的，教材上呈现的只是最常见的普通生活场景，我们教学时还应指导学生在复杂的现实生活情境中进行辨析、判断选择，懂得在不同情境中妥善、灵活、机动地处理问题，形成行动的实践智慧。这才是德育课堂活动的重点与难点问题。

课堂活动本身就是学生生活的一部分，是学生在教师指导下参与生活、体验生活、创造可能生活的过程。卢梭认为，儿童为善为恶都不是出于认识，而是在其行为背后有他们特有的看法、想法和感情。当学生出现问题时需要的不是口头教训，而是使他们从经验中取得教训。因此，道德学习不是在替别人解决问题的过程中学知识、学技术，而是让学生在课堂生活中发现和暴露自己现有的问题，帮助他们在解决自己问题的过程中形成生活的智慧，改善自己的生活，从而获得积极的情感体验，愿意在生活中实践和行动。

（4）生成性是活动情境实践的核心。学生不仅是道德教育的主体，同时也是自我发展的主体。学生的体验是开放性的，对于同一事件，不同的学生会有不同的体验，这个在课堂上是很难预设全面的。而这种开放性体验正是学生产生情感、形成道德的基础。小学道德与法治课程格外珍视学生独特的生活体验在学生成长中的价值，倡导在开放性体验中引导学生建构对生活、生命和世界的理解。鼓励学生主动走进自然、亲近自然是小学道德与法治课程倡导的自然观念之一。

把"听他人说体验"转为"自己参与获得体验"，通过参与活动，学生用自己的眼睛去观察，用自己的心灵去体会，在亲历中实现对自己生活经验的再认识、再反思、再修正、再建构，如此才能产生真实的道德体验，扎根内心的道德情感。活动是为了完善未来生活而准备的。如果课堂学习情境中形成的道德认知、情感与智慧止于课堂，那这样的学习便是与学生生活割裂的，是与"我"无关的学习。德育课堂不仅要从生活中来，更要回到生活中去。课堂教学终究要在学生的生活现实中发挥作用，让学生用课堂所学到的改善自己、家庭、学校和社区中的真实生活情境。这样不仅能在生活中不断巩固、实践、丰富和完善课堂学习中生成的认知、情感、技能，同时也能够使生活变得越来越好。

（5）意义在活动情境中得到升华。小学道德与法治课堂教学应多以活动情境来创设课堂特色。这种特色体现了新教材基本的德育教学观，即德育课堂是通过各种各样的教学活动展开的。这种活动化的德育课堂教学能够打破以往说教式、灌输式的德育课堂教学方式，让学生在各种学习活动中受到自然而然的道德教化。成人生活已经成为儿童生活世界一个不可缺少的组成部分。生活德育课堂不应该回避这个挑战，而应该积极地抓住时代的变化，将之转化为新的教育契机。这要求我们教师在情境设计中，一方面强调以儿童的生活为主体框架，教师的参与不能打破儿童生活的整体性，不能为参与而参与；另一方面也不要回避，而是去积极发现在特定的儿童生活中，教师以何种方式进入儿童的生活，引导儿童形成整全而积极的生活观。

活动是教学的载体，是连接孩子与未来生活、教师与学生、校园与社会的桥梁。教师努力建构课堂活动，以通向生活实践的桥梁，通过教育主题为引子，以课堂活动情境为载体，引导学生寻找方法，向实践迁移，在实践中举一反三，真正解决实际问题，从而促进学生道德成长。

（三）两难情境

两难情境是选择辨析活动，是以自由讨论促进学生道德判断的发展，在教学过程中，摆出具体的人和事，或设置具体的道德情境，或演示具体的道德行为，让学生自主地辨析和选择。教师鼓励学生做出道德判断，引导学生在辨析是非正误中生长。道德判断既是"认知推理"，也是"情绪直觉"的过程，是不同情境下认知推理过程和情绪直觉过程共同作用的结果，设计两难情境问题，应该凸显问题的矛盾冲突，将问题的两个最核心的对立面呈现出来，将学生置于"左右为难"的境地，而不是模棱两可、似是而非的场景。如教学"向谁学"这一课时，教师以课件出示我们生活中一些好的事物和坏的现象的情境，引导学生选择辨析，高效运用教材的辨析环节，引导学生在生活中辨析，在辨析中成长，真正实现培养学生公共意识的目标。

1.两难情境教学实践方法

（1）单一辨析夯成长

低年段教材中，很大一部分辨析图片都以"这样做对吗""这样好不好"等为标题，以图片或绘本故事呈现学生熟悉的生活场景，道德判断的指向性非常明确，如二年级上册第三单元"大家排好队"之守规则懂礼让。学生依据生活经验，经过简单的辨别是非，可获得正确的道德认知，形成基本的规则和法制意识。

（2）多维辨析导成长

此类辨析不是简单的对与错的辨析。"儿童生活化"立场的确立，要求教师站在儿童的立场上，从儿童视角理解他们遇到的问题。

2.两难情境的问题技巧

（1）判决问句。问题包括"对不对""可否"，指出道德问题所在。

（2）解释问句。问题包括"为什么"等要求列出支持其立场的理由。

（3）复合问句。问题包括"如果……呢"，令情境复杂化，或"但你只有……"突出限制，让学生必须做出抉择。

道德两难情境还可以运用故事演说、话剧、多媒体创作等活动，再加以小组讨论来引起学生兴趣、参与及反思。

3.两难情境设计解析

教师设计两难情境的意图是通过两难问题，主要聚焦规则践行能力和道德认同能力的培养，激发学生的逻辑思维，培养学生的思辨能力，通过思辨的活动方式，指导学生进行学习和思考，内容安排贴近生活实际，直指学科关键能力的积累与有效运用，对生活实际有实实在在的指导作用。

本课程以社会主义核心价值体系为指导，以满足学生的身心需要为目标，以学生社会生活为基础，注重学生在主动学习的过程中，初步掌握认识社会事物和现象的方法，提高道德判断和行为选择能力，发展学生主动适应社会、积极参与社会的能力。

两难情境借两难直面人生的真实问题，把道德两难情境作为德行教养的背景，以活动推进德行教养训练，精心设计日常起居、人际交往中可能遇到的真实的道德问题，让学生在对话、感悟、探究中明辨是非，身体力行，知行合一，创新范式，教学相长。

（四）评价情境

评价情境是自我展示活动，是教师在课中为学生提供自我展示的时空，让他们凸现个性，展示才能，引导学生在师生评价和生生评价中生长。同时，生长性学习还要注意课后的延伸，让学生带着问题和兴趣走出教室，离开课堂后还能持续地生长。如在"我学会了"一课中，教师推出"露一手"活动，将课堂作为平台，让学生充分地展示自己的书法、绘画、歌舞、弹唱、表演等。

1.道德与法治评价目的

目前，道德与法治课程尚无统一课程标准，依据的是"两标一纲"。在评价目的定位上，原有《义务教育品德与生活课程标准（2011年版）》《义务教育品德与社会课程标准（2011年版）》都强调是为了激励儿童发展，不断改进教学，提高育人质量。《义务教育品德与生活课程标准（2011年版）》将评价目的定位为"激励每个儿童的发展，促进每个儿童的品德发展与生活能力提升"，这个目的意图将评价的重点确定为儿童品德和个性修养的个性化、多样化发展。《义务教育品德与社会课程标准（2011年版）》将评价目的定位为"积极促进学生发展，全面了解和掌握学生在道德和社会认知、判断、行为，以及发现和解决问题等方面的能力，以帮助教师改进教学，提高教学的实效性，保证课程目标的实现"。显然，道德与法治课程评价目的直指人的发展，人的道德与社会性发展是评价内容主体。由于人的道德与社会性发展具有反复性、内生性、个性化等特点，统一性评价并不适合本课程。与一般知识性课程相比，本课程的教育教学目标不在于使学生能掌握、识记多少价值观、社会规范和生活常识，而在于他们价值观的内化程度、社会规范的践行状态和生活常识的运用状况。因此，在评价目标导向上，本课程以学生道德、法治意识和行为的动态发展为对象，以激励、引导他们形成良好的道德和行为习惯，奠基初步的人文知识素养，促进其良性社会性发展为评价目标。这就使得本课程评价必须与一般知识性学科评价以"掌握学科知识内容体系为主要目标，注重知识内容体系的阶梯性、阶段性鉴定"等特点完全区别开来，另辟蹊径，探索符合学生道德与社会性发展的评价机制和策略。

2. 道德与法治评价依据

教学对象的实际状况是我们选择评价策略的重要依据。学生道德与法治意识和行为习惯发展评价，更应关注教学对象的个性心理特征及其成长环境，使评价更具有针对性和积极性。在教学对象的认知上，人的道德与法治意识和行为习惯发展的复杂性是本课程实施与评鉴的认知原点。一个人的道德与法治意识和行为习惯发展进程十分复杂，一方面受制于家庭环境的影响，更广泛受制于同伴、区域文化乃至国情和世界变化的影响；另一方面，学生道德与法治意识和行为习惯的养成、价值观倾向并非如其他知识性学科那样基本是一张白纸，而是已经打上了家庭、个体生活经历、区域社会习俗、文化等的印迹，本课程的实施就是力图使这种印迹朝着良性、正向的方面发展。所以，学校、课程、教科书只有在深度融汇个体的心理人格特征、家庭、社区、国情和世界变化诸要素的背景下，才能发挥更好的引导作用。教学对象的道德与法治意识和行为习惯发展特点，决定了本课程教学评价必须放置于丰富的、鲜活的社会生活领域，必须充分考虑儿童已有的道德体验、生活经验和文化底蕴，必须综合考察教学对象的学习表现与生活表现之间的联系，而不能从本本出发、从教条出发，探索建立认知和操行相统一、综合性和简约性相统一、显性表现和隐性品质相统一的多元、开放、整体性的评价机制和方式。

基于本课程内容的综合性、生活性、实践性、开放性，以及课程内容呈现的原则性、理念性、观念性等特点，本课程教学评价要尽可能将抽象的课程内容，转换为学生具体的道德行为习惯和社会体验行动，并以学生的行为表现所反映的课程内容要求作为评价的内容。这一点也是本课程与一般知识性课程在评价内容方面最大的区别，它表明本课程的内容不是静止的、固化的、教条的知识，而是动态的、个性化的、内化生成的品德行为习惯和社会性发展状态。这就要求本课程的评价在内容选择上，必须跳出认知、记忆等书面、表象化的评价方式，及时跟踪学生的日常行为表现并加以评价。必须转变终结性、甄别性的评价价值取向，寻找常规的、发展性、过程性的评价策略和机制。

3. 道德与法治课程评价具有特殊性

皮格马利翁效应告诉我们，当我们怀着对某件事情有非常强烈期望的时候，我们所期望的事物就会出现。对一个人传递积极的期望，就会使他进步得更快，发展得更好；反之，向一个人传递消极的期望，则会使人自暴自弃，放弃努力。道德与法治课程在教学目标设定、教学对象认知、教学内容选择、教学方法技巧等方面的特殊性，决定了其教学评价的特殊要求，决定了本课程评价不可能照搬既定的教科书而以本为纲，不可能定制统一的标尺来衡量学生社会性的差异性发展，更不可能对发展变化中的人格与道德养成用十分明晰的分数甚至等级鉴定方法加以鉴定。个性化、发展性、过程性、整体性、行为性评价是本课程评价策略和机制建构的不二选择，但这样一来，本课程的评价就不具备一般意义上评价的"标尺"和甄别价值，评价的约束力、引导力的软弱乏力和模糊性反过来制约了本课程实施，直接削弱了本课程的目标和价值。这也正是本课程有效评价模式和机制难产的理论根源和现实困境。

4. 评价主体的多元化

一方面可以从多个方面、多个角度出发对教育活动进行更全面、更客观、更科学的评价；另一方面，由原先的评价对象成为评价主体的教师和学生，在进行评价的过程中，也不再处于过去单纯的被动状态，而是处于一种主动积极参与的状态，这充分体现了他们在教育评价活动中的主体地位，十分有利于教师、学生不断地对自己的教育活动和学习活动进行反思、自我调控、自我完善和自我修正，从而不断提高教育的质量和效率。教师进行教学评价时要更关注学生日常生活中的道德表现与践行能力，重点考查学生现实生活中的道德行为，挖掘学生行为背后的道德动机，并采用生活化的评价方式予以学生客观评价，以了解道德与法治生活化教学的成效，方便后续调整和纠错。

教师在评价内容、评价主体、评价方式上进行转变，具体实施教学评价时，评价内容除了纳入知识、能力外，还要纳入情感态度价值观方面的表现；评价主体要多元化，除了教师本人、学生，还要纳入家长；评价方式上，实行形成性评价与终结性评价相结合、课内教学与课外学习相结合的全程评价模式。期间，教师可采用观察、谈话、个案跟踪等方法获取学生思想品德发展状况的信息，再采用生活情境观察、生活情境问卷等方法，评估学生品德的真实状态。如此，通过教学评价的科学化、规范化、生活化，提高小学道德与法治教学的实效性。

（1）师生评价。教学方法技巧是教师教育教学理念、思想及其对课程价值把握的直观反映，直接影响学生的习得，因而是教师实施课程教学最直观的评价视点。教师在教学活动中与学生共同成长，是道德与法治课程的又一特殊性。本课程的教学活动评价不仅具有教师评价意义，也从一个侧面反映出儿童道德与法治意识和行为习惯发展状况。因此，评价教师教学技能和过程应该与评价学生的学习策略和效果，在教育价值上高度统一起来。《义务教育品德与生活课程标准（2011年版）》明确强调"把了解儿童作为教学的基础""以活动为教与学的基本形式"；《义务教育品德与社会课程标准（2011年版）》也强调"创设多样化情境""拓展教学时空""有效组织适宜的教学活动"等。可见，活动教学、实践教学、体验教学等是本课程教学的主要形式，这与一般知识性和技能性学科传统的讲、练、记、用的教学模式迥然不同。有专家总结出本课程教师教学的"激、启、发、疏"四要点和学生学习的"学、问、做、赏"四法则，这体现了本课程教学活动的一般规律和技法。但对教师教学活动评价显然不能简单停留在活动形式上，而是要深层次关注贯穿于教学活动中的教学思想、德育理念、人生观、价值观、世界观，特别是要关注其与学生道德发展需要、社会生活需要、情感需要等的关联度，关注其对学生道德与法治意识和行为习惯发展的教育成效。

教学是教师和学生之间的双边活动，学生是主体，教师是教学活动的策划者和组织者。教师在课前研读教材，研究学生，心中要有明确的教学目标，而且要清楚自己所组织的教学活动指向的是哪些学科关键能力。因此，教师对于教学中学生关键能力的培养情况是最有评价权的，也应成为达成度评价的评价者，剖析自己教学中对学生进行学科关键能力培养的情况。人都有被别人赏识的愿望，学生更是如此。在道德与法治课程的实施过程中，教师要多使用激励性的语言，这个对德育功能来说非常重要，那么，如何有效评价学生呢？

①表扬学生，得法悦心

教师表扬学生，有时就像医生给病人开药一样，不能随意。开药有开药的规范和注意事项，比如吃多少、什么时间吃药、会有什么可能的过敏反应。同样，表扬是一种情绪的药，也有类似的规范。很长一段时间，教育强调赏识教育，强调给予学生积极正面的情绪情感体验，但是很多教师发现在日常教学过程中，过多的"你真棒""你真聪明""你真可爱"等这些表扬，对学生反而起了负面作用，没有激励学生成长，却成了麻醉剂。学生对这种过多的表扬的感受，首先是因为教师给出表扬的基准太低，不相信；其次是有些学生会沾沾自喜，认为自己做得好是"天生"的，不需要努力的，所以对他的行为改变没有什么效果。

表扬要科学、适时产生效果，要回答好四个问题：第一，表扬之后学生的哪些行为加强了？是赞赏学生的努力过程或其他可控的可改变的行为，还是只是表扬了那些非常简单的任务，或者只是针对他的能力进行表扬？如果是针对可改变的行为，那么学生可能更容易将注意力放在努力上。如果是一些非常简单的任务，对于小学高年级的学生来说，他们会把教师的表扬理解为，教师认为自己能力低。另外，如果针对能力进行表扬，例如表扬是使用聪明、智商高这一类的词汇，学生会认为自己得到表扬是因为天生的原因，这种并非后天努力能够改善的。作为学生问自己的问题，可能是：我为什么成功或者我为什么失败。第二，表扬是否增加或减弱了学生自主性？表扬是否减弱了外部因素或者内在因素的影响来加强学生的自主性？表扬的内容是具体的、有明确信息的，还是为了控制将来的行为的？如果表扬是具体的，更容易激发学生内在的兴趣。如果表扬是为了让学生将来有同样的表现，学生很容易把学习当成是为了得到外在的奖励而进行的。很多家长在孩子得到很好的成绩时往往会这样鼓励孩子："表现得不错，下次继续努力。"这种奖励往往起到反效果，就是这个原因。学生并非出自自身的兴趣而完成任务，而是为了得到老师的夸奖而完成任务。这个时候表扬是一种外部的奖赏。学生认为他们这样做是为了得到父母或老师的赞赏，而不是为了自身兴趣。自主性的问题是：我为什么这么做？我是对这个任务本身感兴趣，还是我这么做只是为了得到赞赏？第三，能力和自我效能是如何被影响的？表扬是提供关于个人能力的正面信息，还是通过社会比较来提供个人能力的相关信息？在这个问题上，学生问自己的问题是：我是否有能力做到。类似的例子非常简单，很多家长往往会将自己孩子的成绩与别人家的孩子的做比较。每一个经历过"比较"的人都能够明白，这种表扬经常会产生负面的结果。第四，表扬传递了哪些标准和期待？表扬是描述性的、能够指导完成和参与任务的，还是只是传达了低期待或者激发了一些不可能的高要求？比如，在指导学生完成一项分类任务时，教师表扬学生"你能够很好地做到按照不同的类别分类"。这里也有老师对学生的期待，希望学生能够继续这样做，所以表扬中可以包含对任务标准的要求。但是，如果评价过高，像有些教师会非常热情地这样表扬："太棒了！我从来没有见过这么细心的行为！"学生可能反而会感觉不太舒服或者非常紧张。这可能是因为这种表扬暗含的期待对于学生压力过大。表扬这一行为看上去非常容易，每一个人都会，但实际上好的表扬是需要教师因地制宜、因人而异和更多智慧的。

②尊重学生，适时评价

学生对事物的认识是从无知到知、学习、实践呈螺旋式上升。教师要尊重学生的自我看法，不急于肯定或者否定他们的观点，而是给予他们足够的时间，让他们学会思考，自我反思，自我修正。在教学过程中，教师不要急于将自己的评价、判断告诉学生，而是师生一起合作，探索出"真相"，把评价的权利还给学生。这样不仅培养了学生自尊、自信的个性品质，还培养了学生认识社会和实践探究的能力。

在学生问答问题过程中，教师要尊重学生的期待，节制道德评判性表扬。小学低年段的学生对教师的表扬尤为在意，当儿童在回顾自己的生活事件时，教师不宜滥用道德评判性表扬，因为表扬的泛滥会让人误以为只要回答问题的学生都是道德高尚的，未被提问而回答问题的学生就是德性有待提升的。而提问和不被提问的决定权在教师手中。教师不能以回答问题与否作为学生道德是否高尚的评判标准。再者，教师要尊重学生的人格，少做负面评判。

③学生表达，慎用评价

教师要慎用道德评判性表扬。在回归生活的思路下，学生的生活事件成为课堂教学的重要资源，而生活事件无疑是具有道德意味的事件。学生讲述之后，期待教师做出积极回应。在这种情况下，多数教师遵循鼓励性评价的原则，对学生的讲述进行道德评判性表扬。在班级授课制背景下，教师的提问难以保证顾及所有学生，那么教师的道德评判性表扬行为，就会暗含一种评价倾向：被提问到的学生都是有道德的学生；未被提问到的未得到表扬的学生就不是有道德的学生，或者说其道德问题有待判定。小学低年段的学生特别期待教师的表扬，所以一节课结束，没被表扬的学生就会有失落感。这从学生争相发言，却在没获得发言机会后表现出的失望的眼神中就可以看到。所以，教师在评价时，要针对学生表现出的良好品质做出评价。

在生活德育中，教师对儿童讲述的生活事件，会有自己的一个预设和评判，如果不追问而根据自己的关注点和已有的知识储备，去理解儿童的生活经验，往往会出现误判。因而，教师要多问为什么，少对儿童的生活下定论。教师要有意识地引导儿童学会互相尊重彼此的生活，在公共生活中要学会试着从他人的角度理解他人，而不能只从自己的角度去理解他人。教师需要引导儿童学会适应公共生活的道德思维方式。同时，教师要注意自己语言的使用，尊重学生的多元生活，少给学生贴标签或根据一些表象做道德评判，以免不经意间课堂本身所流淌的道德倾向，与课程本身的教学目标不相合。

④巧用评价，悄然润物

教师在评价的过程中，要注意评价的艺术。A. 真诚的口头评价。针对不同的年龄段，学生喜欢的评价语言也不尽相同，但口头评价必须讲究真诚而又激励。B. 婉转的书面评价。有时候，我们可以将评价转换成书面形式进行交流，评价不需要面面俱到，要抓住关键点，用婉转、简洁的书面语言给予学生指导和鼓励，呵护学生的自尊心和自信心。C. 丰富的肢体评价。肢体评价是一种无声语言，若使用得当，会起到有声评价所无法企及的效果。当学生进步时，教师可以摸头表扬；当学生难过时，老师可以拍拍他的肩膀表示安慰；当学生犯错时，老师可以抱抱他，让他有战胜错误的勇气。相信在潜移默化之中，学生的关键能力会得到很大的培养。

⑤节制物奖，尊重期待

尊重学生的评价期待，节制物质奖励且慎用道德评判性表扬。对于小学学段的学生，教师多数会采用物质奖励的方法，如金钱或礼物、奖状、奖章等物质形式的奖励，并认为物质奖励可以引起学生的注意力，激发其学习动机。物质奖励会激励本来无意从事该活动的人的行动动机，但是对于那些原本就富有吸引力的活动，情况却相反。相关研究发现，物质奖励会降低内在动机，对内在动机产生所谓"侵蚀效应"。小学生虽然注意力集中度欠佳，但是一二年级的学生有着强烈的好奇心，对于教师的提问往往充满热情，这是源自内在驱动力。但是若加入物质奖励，就会将内在动机无意间转成了外在刺激的作用，并且对于未被提问到的学生，会由要举手回答问题，变成得到物质奖励而举手回答问题，削弱了小学生对问题本身的兴趣。物质奖励可以让学生集中注意力，激发学生的学习动机，但是也伴随着负面效应，即学生会将对自己生活的关注转移到对奖品的关注上，而不是认真完成相应的学习任务。特别是教师将竞争机制加入之后，极大地刺激了学生外在学习的动机，集体荣誉感成为驱动学生的力量，自己表现好，觉得是在为小组争光，很自豪。这自然是一种积极的课堂附产品。但这样做的结果是学生的外在动机得到了强化，而内在动机却被遗忘。所以，教师要节制外在的物质奖励和具有竞赛性质的刺激，以培养学生的内在学习动力，使其具有持续性并不断得到积极的强化。

⑥对生评价，内容方法

第一，评价内容。

A.思维能力评价：学生发现问题、提出问题、分析问题、解决问题等能力。

B.表达能力评价：学生能清晰、连贯、有条理地表述自己的理解和观点。

C.合作能力评价：学生在善于倾听和批判性地接受同伴的观点与意见的同时，不断修正和完善自己的观点。

D.学习态度评价：学生对课程活动的参与和投入的程度。

第二，评价方法，采取横向与纵向评价相结合原则。

A.即时评价：通过观察与谈话，采取教师点评、学生互评。

B.阶段性评价：每个主题学习结束后的作品汇报与成果展示。

C.发展性评价：每个学期学生自己对学力的综合评价。

（2）生己评价。新课程评价观中明确指出：把学生当作评价的主人，让学生对自己的学习和表现负责，使他们更多地看到自己的能力和闪光点。学生是课堂教学的主体，教师的教是为学生的学服务的，学生的学习效果如何，是评价一节课成败的主要因素。所以，学生不仅是课堂教学的对象，还应该是评价课堂的主体。因此，在进行达成度评价时，我们要让学生成为评价的主体，通过自我评价的方式，把学科关键能力显现出来。

新课改要求我们把评价的权力还给学生，让学生成为评价的主人，以让学生在自我评价的过程中学会自我鼓励、自我欣赏、自我提升。可见，学生的自我评价已经成为课程评价的一个重要方面。在课堂学习中的自我评价，是面对课程学习过程中的各种生成，学生要善于适时地进行自我评价。这样有助于调节学生的学习心态和方向，有利于学生形成正确的道德判断能力。课堂教学中的自我评价，可以增强学生的课堂主体意识，使学生养成良好的自我反思、自我超越的习惯，更好地达成学科关键能力培养的目标。

（3）生生评价。小组学习、同桌互助等学习方式在我们的课堂上越来越普及。学生的习得过程往往与同伴有着密不可分的联系。在这些互动、互助的学习过程中，同伴之间的交流往往更多、更深入，所以同伴是学生习得过程的直接参与者，也应该成为达成度评价的主体。让学生在小组合作之间进行互相评价，可以加深同学之间的相互了解，同时也能让学生更加清楚地认识到自身的优点与不足，更有利于学生的健康成长。当然，小组互评应该在教师的引导下客观、公正地进行。小组评价可以口头互评，评价的内容包括学习态度、上下课的守纪问题、团结友爱、整洁卫生等。在小组评价中，学生既反思了自己的不足，又学习到了别人的长处，进而取长补短，还学会了从思辨的角度看待人和物。

（4）其他人员评价。杜威的"教育即生活"理论告诉我们：只有将教育与生活紧密联系，才能使教育回归它的"自然本位"。课堂教学是与学生的生活息息相关的，大多数情况下，班主任或学生家长等虽然没有直接参与到课堂教学中来，但他们与学生的生活是紧密联系的。课堂教学中凸显的学科关键能力，会转化为学生的行为在日常生活中显现。班主任、家长等与学生日常生活紧密联系的相关人员，是这些关键能力转化生长的见证者，也是可以作为评价者的。

鼓励家长参与评价，其用意在于更好地发挥家校协同助推教育的优势，促进学生的全面发展。实施多元评价，多维度地提升学生的关键能力，就应该把家长评价纳入评价体系之中，让家长参与评价，倾听家长评价，促进家校共育，为孩子多维度的发展保驾护航。如：开展听课开放周，让家长走进课堂，了解学校的授课以及孩子的课堂表现情况；开展校园艺术节，邀请家长观看节目，直观了解孩子活动的参与情况；体育节中的亲子跳绳，让家长为孩子助威呐喊，增强孩子挑战困难的信心，提高他们的社会参与能力，而亲子配合跳绳会让孩子明白只有相互之间紧密配合才能取得胜利，孩子践行规则的能力油然而生。家长还可以对孩子在家的表现、对孩子的期望、对学校教学的建议进行评价，让孩子的关键能力在家校和谐的氛围中得到良好的发展。

总之，在开展道德与法治教学时，教师要善于挖掘教材中的重要元素，根植学生生活的土壤，多维链接学校、家庭以及社会，不断研究适应教学发展的新模式，使课堂模式更加多元化，从而引领儿童向真、向美、向善而行，以萌发"爱美""乐善""求真"的意识，使他们成为洋溢着生命情感的个体，甚至不自觉地把自己的情感移入大自然、移入生活、移入他人，也为从小培养儿童卓越的素养做有效的铺垫，助力儿童活泼地成长，提高儿童的文化涵养。

四、课后：走进学生生活

课后活动是课堂教学的延伸，其目的在于让学生在社会及生活现实中实践道德要求，培养学生的道德行为能力，养成良好的道德行为习惯。

通过在学校或社区中的服务活动，学生从服务别人中学习及实践应用的道德价值和行为，营造良好的道德文化环境。

第一，与学校活动相结合。通过课堂教学让学生明白一些道理，但如果不在实践活动中付诸实施，容易导致学生的知行不一。

第二，与家庭教育相结合。学生的大部分时间是在家庭中度过的，结合教学，充分发挥家庭教育的优势，对形成学生的良好行为习惯至关重要。如教学"我的责任"课后，布置学生回家与家长商量，给自己找找"岗位"（如扫地、收拾碗筷等），促进学生的道德内化，增强教育的实践性。

第三，与社会实践相结合。教师在课后创造条件让学生积极参与社会实践，体验社会生活，能更好地提高学生认识社会、参与社会、适应社会的能力。如教学"我生活的社区"一课后，教师让学生结合本地区公用设施的使用情况，发现其中存在的问题，开展小宣传和小建议活动，回家向自己的父母和周边的人宣传，或写一封倡议书，或给当地政府提一条合理化的建议等。

《义务教育品德与社会课程标准（2011版）》中指出："教育的内容和形式必须贴近儿童的生活，反映儿童的需要，让他们从自己的世界出发，用自己的眼睛观察社会，用自己的心灵感受社会，用自己的方式研究社会。"在教学实践中，教师应以"生活为中心"，通过提出核心问题，创设生活情境，精画思维导图，激活生命因子，驱动学生的文本理解、品读深悟、补白续说，让说写演艺和表达力得到生长，助力儿童生长。

参考文献

[1] 习近平.决胜全面建成小康社会 夺取新时代中国特色社会主义伟大胜利——在中国共产党第十九次全国代表大会上的报告 [M].北京：人民出版社.2017.

[2] 习近平.坚持依法治国和以德治国相结合，推进国家治理体系和治理能力现代化 [N].人民日报，2016-12-11(001).

[3] 高德胜.迎接时代挑战，提升教师德育能力 [J].中国教育学刊，2020(6)：1.

[4] 朱小超，陈文成.让道德与法治课"活"起来 [J].中学政治教学参考，2019(5)：33-34.

[5] 宣璐,余玉花.试论新时代道德教育中的法治内涵[J].基础教育,2020(2):5-10.

[6] 朱熹.四书章句集注 [M].南京：凤凰出版社，2005.

[7] 姜国钧.传统道德教育的基本途径与根本缺陷 [J].湖南师范大学教育科学学报，2013(3)：69-73.

[8] 樊浩.现代道德教育的"精神"问题 [J].教育研究，2009(9)：26-34.

[9] 范进学.论道德法律化与法律道德化 [J].法学评论，1998(2)：34-41.

[10] 刘晓虹.从群体原则到整体主义——中国传统价值体系中的群己观探析 [J].文史哲，2002(4)：112-119.

[11] 鲁洁.关系中的人：当代道德教育的一种人学探寻 [J].教育研究，2002(1)：3-9.

[12] Alasdair Macintyre.After Virtue：a study in moral theory[M]. University of Notre Dame Press，1981：23.

[13] 唐君毅.唐君毅集 [M].北京：群言出版社，1993：488.

[14] 檀传宝.论信仰教育与道德教育 [J].北京师范大学学报 (社会科学版)1997(2)：48-53.

[15] 梁治平."礼法"探原 [J].清华法学，2015(1)：81-116.

[16] 中共中央马克思恩格斯列宁斯大林著作编译局.马克思恩格斯全集(第3卷)[M].北京：人民出版社，2002：194.

[17] 高德胜 . 论小学《道德与法治》教材的"叙事思维"[J]. 课程·教材·教法，2019(6)：11-20.

[18] 高德胜 . 叙事伦理学与生活事件：解决德育教材困境的尝试 [J]. 全球教育展望，2017(8)：56-66.

[19] 高德胜 ."接童气"与儿童经验的生长——论小学道德与法治教材对儿童经验的处理 [J]. 课程·教材·教法，2018(8)：11-20.

[20] 柏拉图 . 理想国 [M]. 郭斌和，张竹明，译 . 北京：商务印书馆，1986：397-409.

[21] 杜威 . 学校与社会·明日之学校 [M]. 赵祥麟，任钟印，吴志宏，译 . 北京：人民教育出版社，1994：142-143.

[22] 马张余 . 浅析小学德育教育中存在的问题及其解决措施 [J]. 中外交流，2017(51)：226.

[23] 杨万里 . 小学德育教育中存在的问题及其解决措施 [J]. 速读，2017(01)：73.

[24] 赖文 . 试析小学德育教育中存在的问题及其解决措施 [J]. 时代教育，2016(24)：240.

[25] 李向红 . 新时代学校德育融合课程体系建设 [J]. 现代教育，2019(14)：35-37.

[26] 陈健萍 . 从"品德与生活"到"道德与法治"的教学观念转变 [J]. 课程教育研究，2018(26)：78-79.

[27] 周自兴 . 道德与法治教育的有效融合——写在"道德与法治"课程实施之际 [J]. 江西教育 .2016(29)

[28] 郭玉 . 小学道德与法治课堂有效教学策略思考 [J]. 学周刊，2019(2)：56-57

[29] 刘莹 . 小学道德与法治有效教学策略研究 [J]. 基础教育，2018(9)：226-227.

[30] 章乐 . 引导儿童生活的建构：小学《道德与法治》教材对教学的引领 [J]. 中国教育学刊，2018(1)：9-14.

[31] 晏焱，李敏 . 开创道德与法治教育新格局:基于人教版一年级《品德与生活》和统编《道德与法治》教材的对比分析 [J]. 中小学德育，2017(8)：8-11.

[32] 张悦，张新颜 . 以"我"为主，将道德与法治教育融于生活：统编小学《道德与法治》教材分析 [J]. 中小学德育，2017(8)：12-14.

[33] 刘汝敏. 小学道德与法治课堂教学中提升学生核心素养策略 [J]. 现代中小学教育，2018(7)：25-27.

[34] 钟启泉. 核心素养的"核心"在哪里 [N]. 中国教育报，2015-04-01(07).

[35] 冯霞，熊享涛. 浅谈"体验式"教学激活小学道德与法治课堂的路径 [J]. 课程教育研究，2018(11)：83-84.

[36] 邓春元. 新课改背景下如何创建小学道德与法治高效课堂 [J]. 科普童话，2017，(31)：1.

[37] 陈光全，鲜于文珍. 奏响道德与法治价值教育的强音——道德与法治课程价值性的深度思考与实践创新 [J].2018(4)：50-54.

[38] 闫闫. 德育学科核心素养及课程转化路径——基于课程价值视角 [J]. 教师教育论坛，2017(10)：19-26.